Narratori

SILVIA CAVALIERI

L’argine delle erbarie

SOLFERINO

Questa è un'opera di finzione in parte ispirata a fatti realmente accaduti. Personaggi, luoghi e avvenimenti, se reali, sono rielaborati ai fini della narrazione.

SOLFERINO

www.solferinolibri.it

ISBN 978-88-282-1461-8
Prima edizione: aprile 2024

L'argine delle erbarie

Alle mie figlie,
Bianca e Anita

Sulla scena

Si viene dimenticati. Dopo tre generazioni
vengono tutti dimenticati. Può succedere
che una persona che si ricordi ci sia.
Che magari le suoni familiare il tuo nome.
Ma alla fine nessuno sa che tu hai vissuto.

Auður Ava Ólafsdóttir

Sotto l'argine di Secchia. La Bassa

Alla Cà Granda

Cavallieri Pietro – Sisti Rosa

Lugli Desiderio – Vincenzi Teresa

Cavalieri Giovanni Battista (1877) – Lugli Matilde (1880)

Cavalieri Angiolina
(con Rovatti Aldo)

Rovatti Lina
Rovatti Zurno
Rovatti Isa
Rovatti Uber
Rovatti Elisa

Cavalieri Amaglia
(con Bellodi Umberto)

Bellodi Livio
Bellodi Lola
Bellodi Lalla
Bellodi Luigi

Cavalieri Dolores†

Cavalieri Ines
(con Dotti Leo)

Dotti Zulma
Dotti Sauro

Cavalieri Dolores
(con Marri Arturo)

Marri Deanna
Marri Denisa

Cavalieri Rosina
(con Maretti Giuseppe)

Maretti Liuba
Maretti Loris

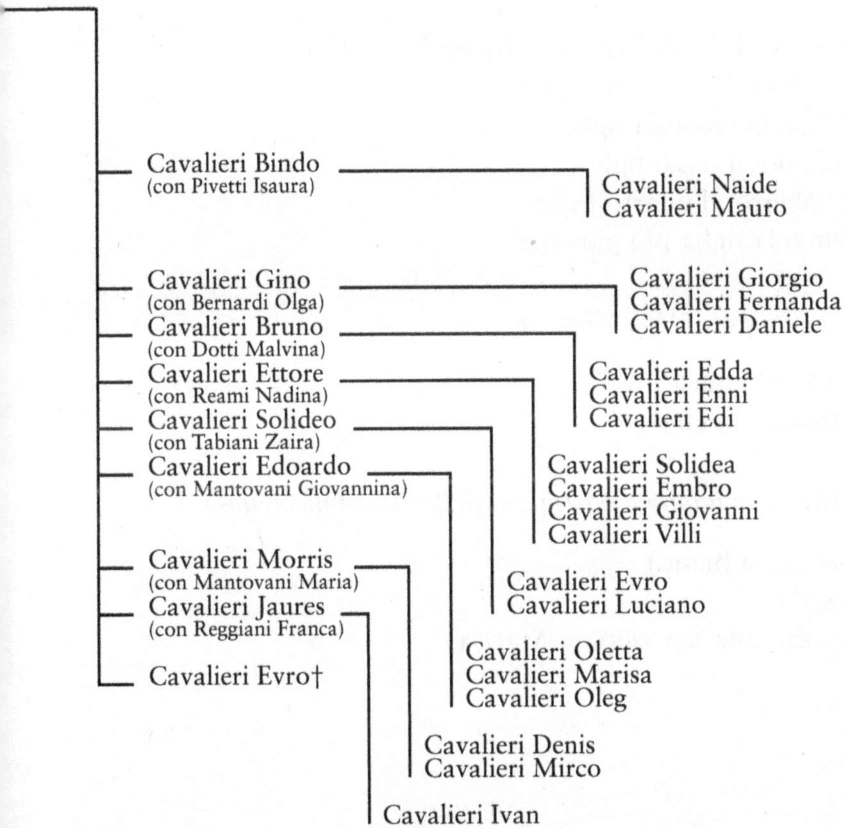

Cavalieri Bindo
(con Pivetti Isaura)
Cavalieri Naide
Cavalieri Mauro
Cavalieri Gino
(con Bernardi Olga)
Cavalieri Giorgio
Cavalieri Fernanda
Cavalieri Daniele
Cavalieri Bruno
(con Dotti Malvina)
Cavalieri Edda
Cavalieri Enni
Cavalieri Edi
Cavalieri Ettore
(con Reami Nadina)
Cavalieri Solidea
Cavalieri Embro
Cavalieri Giovanni
Cavalieri Villi
Cavalieri Solideo
(con Tabiani Zaira)
Cavalieri Evro
Cavalieri Luciano
Cavalieri Edoardo
(con Mantovani Giovannina)
Cavalieri Oletta
Cavalieri Marisa
Cavalieri Oleg
Cavalieri Morris
(con Mantovani Maria)
Cavalieri Denis
Cavalieri Mirco
Cavalieri Jaures
(con Reggiani Franca)
Cavalieri Ivan
Cavalieri Evro†

La famiglia delle erbarie

Liuba: la bambina
Armida: madre di Liuba
Zaira: madre di Armida
La Strulghina: la guaritrice di Cavezzo
Seme: l'anatroccola
Isaura: madre di Zaira e Zenone
Zenone: gemello di Zaira
Duilio: padre di Armida

I Reami

Vedova Reami, Rosa Pacchioni: la madre
Nadina: la figlia maggiore
Olga: la seconda figlia
Salesio: il terzo figlio
Umberto: il quarto figlio
Pina: la figlia più giovane

Al Pioppeto degli Zingari

Delia: l'amica
Amalia: la guida

Altre partigiane e partigiani della Bassa modenese

Anita, la Bianca
Egidio
Umbertina Smerieri, la Marisa

Verso la sorgente di Secchia. L'Appennino

I transumanti

Giulio: giovane pastore
Brenno: suo zio
Ancilla: madre di Giulio e sorella di Brenno
Anna: moglie di Brenno

La scultrice

Ljuba

Parte prima
Acque

Ogni argine è un sogno senza spiegazione

Giancarlo Sissa

1
La piena

Quando Secchia straripò la Nadina era al sesto mese di gravidanza. Era il 27 agosto 1934, di domenica, e la pianura tornò a farsi acqua. Un fiume ignoto invase le golene, perentorio nel suo scrosciare. Con il trascorrere delle ore la pioggia si diradò fino ad arrestarsi e il paesaggio divenne conca immobile. Smisurato stagno, dal quale ogni tanto spuntava il disopra di un casolare, il tetto spiovente e gli scuri visibili a metà.

Il pomeriggio dopo lei camminava lungo l'argine, ridotto a un viottolo sottile che affiorava dalle acque. Gli occhi fissi in basso, secca; la serietà del volto la invecchiava. Aveva smesso di uscire perché sua mamma l'aveva serrata in casa. Ma l'alluvione aveva dischiuso una terra di nessuno, in cui lei si era presa il diritto di riemergere.

La curva del ventre cominciava ad abbozzarsi. Il leggero palpito che ormai da qualche giorno avvertiva dentro di sé era tornato al suo ritmo pacato dopo quella notte, tumultuosa per colpa del temporale e di quel che s'era insognata. Una donna alta e sottile era venuta a farle visita, la carnagione olivastra ma pallida e la faccia scavata dalle tribolazioni. Vestiva di nero e stava seduta a un tavolaccio di legno, sotto un porticato che assomigliava a quello della canonica, con la testa reclinata su una ragazza giovane a cui copriva il viso. Anche nella desolazione serbava un suo garbo dimesso. Alla Nadina sembrava di conoscerla. Remota eco. Intorno a loro, un gruppo di donne vestite a lutto, i cui volti di recente memoria già si andavano scontornando.

Si era risvegliata scrigno, pregna di presagi, ma quel sentore di pienezza era svanito in un baleno e ora la pianura, fattasi arcaica e ostile, rifletteva solo il suo spaesamento. L'orizzonte vacillava davanti ai suoi occhi, in una familiarità ferita. Amputata.

Sua madre, la Rosa Pacchioni, l'aveva mandata a cercare Umberto e la Pina, perché era preoccupata: il fratello aveva già tredici anni, non era più un bambino, ma la sorella minore era voluta uscire con lui a vedere il fiume spagliato che aveva trasformato la campagna in una palude. E per la più piccola, la vedova si sentiva in ansia.

Il giorno prima, lungo lo stesso argine

Il cielo era scuro, ma l'Armida decise di uscire lo stesso. Tuonava da ore e Secchia era gonfia e cupa, lei però si era messa in mente di portare lo sciroppo di sambuco ai Bergamini. Il vecchio viveva ormai in accartocciato affanno; la tosse non gli era calata nemmeno con l'estate. Lo sciroppo non lo avrebbe guarito, ma poteva almeno lenire quella pena. Sua madre lo aveva preparato a giugno, con i fiori che Giulio aveva portato giù dall'Appennino in una notte di San Giovanni che né lei né lui avrebbero scordato mai più. A casa del giovane pastore avevano reagito con molta stizza a quella repentina partenza fuori stagione: «Chi ci bada alle pecore se te vai via? La Bassa è troppo lontana, dio bono!».

Ma Giulio era riuscito a organizzare tutto così bene che alla fine l'aveva avuta vinta ed era sceso in pianura a portare il sambuco all'Armida. A rivederla, anche se solo per poche ore.

Non c'era un'anima in giro per le campagne in quella domenica livida; così lucide e vuote non le aveva mai viste. Procedeva a passo veloce, con gli stivali di gomma, esperta. Avvertiva il fiume farsi grosso, ma lo badava di sottecchi perché non la aggredisse alle spalle. L'argine la guidava verso la casa dei Bergamini, lungo la via di Sotto: bastava girare a sinistra subito prima del Pioppeto degli Zingari. I canneti e il fogliame nascondevano il letto, dove l'acqua scorreva densa come una colata di caffè mescolato col latte grasso, appena munto. Trascinava a valle vecchie reti e carcasse di animali che erano rimaste impigliate per mesi negli arbusti, lungo la riva.

Avrebbero avuto il loro da fare giù al Ponte della Motta i *Luj*, i sabbionai, a raccogliere tutta quella roba. Erano più di cinquant'anni che la famiglia Lugli faceva quel mestiere lì: la sabbia era un bene richiesto e, nell'ansa sotto casa loro, Secchia ne depositava parecchia. In quelle terre, dove ognuno imbastiva col fiume la sua precaria trama, i *Luj* sfidavano Secchia in un corpo a corpo: dal fiume prendevano tutto quello che potevano, in ponderato rutinario affanno. E dire che in origine non possedevano nulla. Avevano imparato a spingersi al largo con la loro barchetta; per primo il padre Giovanni, poi il figlio Emilio e dopo i nipoti, tanti e gagliardi. Anche di contro alla corrente, si staccavano impavidi dalla riva strizzando gli occhi per aguzzare la vista e raccogliere tutto quello che il fiume trascinava a valle: fieno da dare ai muli, ciocchi di legna per fare quel poco di caldo, carcasse di polli di recente annegati; se le penne erano dure da strappare allora la bestia era ancora buona da mangiare, se no la rigettavano nell'acqua. Andavano fino al centro del fiume con una pala, scavavano sul fondo e tornavano a riva; qui scaricavano la sabbia sull'argine per poi trasportarla, con un vagoncino su rotaia che ricordava quello dei minatori, fino al punto di raccolta verso la strada, dove era venduta ai muratori che venivano a prelevarla col biroccio.

A quei tempi Secchia, scendendo verso Po, accumulava tanta sabbia da formare veri e propri lidi e la sua acqua era così tersa che ci si poteva nuotare dentro.

Ma quel pomeriggio di fine agosto la spiaggetta al Cantone stava per essere inghiottita dalla piena. L'Armida ragionava che forse anche la casa dei *Luj*, schiacciata sotto l'argine, sarebbe stata sommersa da tutta quell'acqua che stava cominciando a creare una cortina densa. Non le era sembrata così tanta, la pioggia, quando aveva deciso di uscire. Solo che in due e due quattro il fiume era diventato un altro. Sembrava un cane rabbioso, un cane che era stato il tuo cucciolo ma ora l'aveva morso una bestia infetta e non ti riconosceva più.

La ragazza stringeva la bottiglietta di sciroppo nella tasca del vestito dagli orli sdruciti, ormai zuppo. Aveva abbottonato la mantellina in fretta, controvoglia, e i rigagnoli le si erano infiltrati sotto. Sentiva la pelle raggelarsi, l'umidità raggiungerle le ossa, ma finalmente in fondo al carradone le apparve la casa dei Bergamini. Scese giù lungo il viottolo che digradava dall'argine verso le case coloniche del Cantone e, dopo qualche minuto, entrò nella grande aia, stranamente deserta. Si diresse sotto il portico e bussò, energica.

Venne ad aprirle la figlia del vecchio Bergamini. Morta la moglie, la *resdora* era diventata lei. Aveva il volto tondo di sole e la pelle secca e rugosa lungo i bordi della bocca, più distesa sulla fronte, ristretta. La squadrò come se non la riconoscesse attraverso l'uscio schiuso, si scostò lasciando solo un varco sottile come se dovesse far entrare un fantasma. L'Armida non sembrò farci caso e le chiese come stava il vecchio.

«*Seimper quel*» le rispose ruvida l'altra. Sempre uguale. Guardò la pozzanghera che si era formata sotto gli stivali dell'Armida e sembrò volergliene per quello scompiglio che stava portando dentro l'ampia cucina. L'aria odorava di stantio, come se nessuno aprisse una finestra da anni.

L'Armida tirò fuori la boccetta con lo sciroppo: «Da prendere con un'orazione a san Biagio» recitò.

La donna le allungò una bottiglia di latte che aveva preparato sulla tavola. La ragazza la fissò dritta in faccia stringendo gli occhi a fessura. Quell'altra, con uno strattone sgarbato, la spostò dall'uscio e glielo fece richiudere per non far entrare il temporale. Poi si diresse con passo risentito in cucina, da dove uscì con un cartoccio di quattro uova dentro le mani tenute a conca. Le porse alla giovane e le fece capire che era tempo di levare il disturbo.

L'Armida sentiva il vestito bagnato incollarsi alla pelle, il corpo diaccio. Avrebbe voluto dare un'occhiata al vecchio. Da quando si era rimbambito era diventato gentile, ma la figlia si era messa di traverso, ben piantata in tutta la sua stazza al centro della cucina, aveva appoggiato le mani ai fianchi e la guardava perentoria: «*Adèsa l'è ōra ch'at vāg a cà*». Adesso è ora che vai a casa. L'Armida guardò fuori dalla finestra: l'estate non era che uno sbiadito ricordo ormai. La campagna era immersa in un turbine liquido, che la tingeva di un umore tetro. Uscì senza salutare, decisa a ripercorrere la strada a ritroso più veloce possibile. La fitta pioggia, inarrestabile, aveva sospinto la terra ai primordi. I campi traboccavano acqua, l'atavica palude delle foreste padane incombeva sinistra. Sentiva i giunchi risalirle lungo le gambe, come serpi. Aveva deviato senza accorgersene e si era ritrovata sul greto del fiume. Doveva risalire, perché presto Secchia avrebbe spagliato e anche di quella terra avrebbe fatto il suo letto.

All'improvviso l'aria riecheggiò di un boato lugubre e la luce del giorno scomparve, l'Armida mugugnava scongiuri. Il freddo le arrivava alle ossa e sentiva il morso della fame incattivito dall'umidità. La terra si era fatta molle e, mentre i piedi le sprofondavano, sentiva l'intrico vegetale avvinghiarle le gambe, in una brughiera oscura. Scorgeva ancora il profilo dell'argine illuminato fiocamente dalla luna che era stata piena due giorni prima, e puntò in direzione della golena, sfiancata ma risoluta.

In quella parte della Bassa la golena la chiamavano *i Saldèin*, i Saldini. Era una terra comune incastrata tra il fiume e l'argine che si allargava fino a un chilometro, di cui i contadini a turno si prendevano cura. Andavano a strappar via le erbe cattive, ci coltivavano anche, mantenendo la riva lustra e spaziosa. Verso l'acqua, la terra si faceva sabbia fine e si creava un lido. Nelle domeniche di sole, già dalla primavera, ci si potevano trovare dei gruppi di giovani vestiti a festa, che venivano dal Cavezzo o fin da Carpi per fare il picnic: ammucchiavano le biciclette contro il tronco delle piante, appoggiavano sull'erba le borse di vimini con dentro le vettovaglie, si sedevano sul terreno e tiravano fuori i dischi. Erano vestiti eleganti ma sportivi, da scampagnata. Ce n'era uno che si metteva sempre la cravatta. Lo chiamavano Laerte ed era il padrone del grammofono. Non lo faceva toccare a nessuno, sceglieva i vinili con zelo da un contenitore a forma di parallelepipedo di pelle color verde scuro. Li sfogliava con le dita tozze e lisce, osservando rapito le copertine. Finché non ne estraeva uno dal mazzo, lo sfilava dalla custodia e cominciava ad accarezzarne i bordi con voluttà. La stessa che riservava alle giovani contadine che passavano sull'argine, quando le madri erano affaccendate lontano coi fratelli più piccoli o già nelle grandi cucine a preparare il pranzo della festa per tutta la famiglia, insieme alle cognate e alla suocera. Quando passava l'Armida, da sola il più delle volte, gli schiamazzi della nutrita brigata si facevano così roboanti da sovrastare il motivetto orecchiabile che ondulava dal grammofono. Ormai sapevano che lei non sarebbe venuto nessuno a difenderla né a reclamarla, e allora smollavano i freni e si lasciavano scappare oscenità che le loro madri si sarebbero fatte il segno della croce solo a sentirli.

L'Armida camminava a testa bassa, senza dar viso di calcolarli, la rabbia nel cuore. Si avvicinava sempre troppo, perché a casa sua non avevano la radio e la musica la stregava. Quelle lingue biforcute le restituivano l'evidenza del suo corpo trasformato, fattosi presenza ingombrante a sottrarla di forza da quella invisibilità in cui si era scavata la sua tana di bambina. La musica allora spariva sotto gli insulti sfacciati, ma lei aveva imparato a far sparire anche il gracchiare di quelle voci: stringeva gli occhi a fessura e le inondava di acque, che le arrugginivano fino a scolorarle del tutto. Voci trasparenti. Svuotate di suono e di peso.

Quella domenica però nessuno era andato in scampagnata ai Saldini, intrisi oramai d'acqua come se fosse novembre. Dentro quel buio precoce, l'Armida stava riguadagnando la breve salita che l'avrebbe ricondotta sulla cresta dell'argine, quando fu sferzata a terra, come se si fosse levata d'improvviso una raffica di vento. Ma le foglie restavano immobili, seppur chiassose, punteggiate com'erano dalla pioggia che le tempestava. Promessa di luminosità per un indomani che si fece d'un tratto remoto.

L'uomo le fu sopra e la trascinò a terra senza che lei potesse capire da dove fosse spuntato. La smalta le trapassò le vesti sottili, spolte da ore. La sentiva impiastricciarle i capelli mentre scalciava furente con il residuo di forza che ancora non le era stato lavato via. Ma non lo spostò di un millimetro. Il suo fiato le intrideva la faccia: sapeva di denti marci mescolati con l'acquavite di vinaccia che trasudava anche dai suoi vestiti. Doveva averne bevuta così tanta da essersi sbrodolato il bavero e fin sul petto della camicia logora, di cotone azzurro. Il puzzo di *cagnusso* che saliva dai suoi abiti ti mandava lo stomaco a rovescio. Gli mancavano parecchi denti, ma non era vecchio. Lo sguardo nebbioso, il corpo sgangherato rovesciato su di lei, macigno ottuso a paralizzarla. Si slacciò le braghe e in un attimo le fu dentro annientando la sua resistenza. Cominciò a dimenarsi concitato finché il muso gli si raggrinzò in una smorfia. Si sfilò dalla ragazza e corse via verso Secchia col passo biascicato di un cane rabbioso.

L'Armida restò sdraiata sotto il diluvio per un tempo che nessuno avrebbe mai potuto quantificare. L'argine era rotolato lontano, la luna era coperta di nubi. Non c'erano canti di grilli né fruscii di serpi a riempire quella notte deserta. Solo il ticchettio stolido del temporale, squarciato di tanto in tanto da un fulmine nervoso, preannunciato da un tuono che non sapeva più prometterle minacce. Si era accartocciata su se stessa, conchiglia disabitata, buttata dalla piena sul letto sfasciato di Secchia. Si lasciò avvolgere dal buio bagnato di valve, le uova schiacciate dentro il cartoccio che aveva acquattato sotto il vestito a colarle lungo le gambe, in un liquido schiumoso.

Si risvegliò con le narici piene d'acqua, alle porte di un'alba tardiva. Scattò in piedi impietrita, e vide che i Saldini non esistevano più, divenuti fiume in quella notte senza sbocco. Fece per andare verso l'argine ma la mota la bloccava. Sgusciò fuori a piedi nudi e prese a correre, dissennata. Sapeva solo che la mamma si sarebbe arrabbiata vedendola tornare a casa senza uova e senza scarpe.

2
Reami

La Nadina sentiva tutta la stanchezza inossarsi nelle anche. Camminava da più di un'ora, ma del fratello e della sorella non vi erano tracce. Perché poi Umberto era andato tanto lontano?

La quiete della campagna era surreale e la risvegliava dal torpore che l'aveva avvolta negli ultimi mesi, quando si era aggirata fra quei campi di sempre come se non li vedesse neanche più, risucchiata dall'impercettibile trasformazione che stava ospitando. Prima come se non la riguardasse; poi, pian piano, coinvolta suo malgrado, aveva incominciato a incuriosirsi.

Le macerate di canapa, tagliata da poche settimane, erano esondate e le balle galleggiavano nella campagna liquida: l'alluvione aveva spazzato via i massi che erano stati usati per mantenerle sul fondo degli stagni e ora occhieggiavano a fior d'acqua come giganteschi nidi dorati. La metamorfosi del paesaggio ribaltava la Nadina di nuovo fuori, nell'epifania della maternità incombente, che si sarebbe inverata lì. Su quelle terre ora annegate, lungo quegli argini, quei carradoni, fra quelle case note, perturbate da tutta quell'acqua che tanta non se n'era mai vista a memoria d'uomo. Né, forse, di donna. Ma quella stranezza la abitava già da qualche mese.

«Solo il prete qui è dottore» le aveva detto sua mamma, quando la Nadina le aveva rivelato di essere in stato interessante.

«Resterai una poverina se non farai pellegrinaggio.»

Allora a metà maggio, la ragazza era entrata nella chiesa della Motta, dove il parroco le aveva detto solo:

«Ti sei usata».

Quelle parole continuavano a frustarla di dentro, come un verdetto definitivo.

Abitava in casa con sua madre, i due fratelli e le due sorelle. Suo padre, Giuseppe Reami detto «Pèppo» era morto quattro anni prima. Si era ammalato presto, ma subito non ci aveva badato. Non aveva fatto caso all'ineluttabile ritirarsi delle forze che a quarant'anni gli trafelava la lena, smozzicandogli il respiro. Un tarlo che ti rodeva silenzioso, senza rimedio, da nascondere come le vergogne. Una fatalità. Se ti andava fatta bene, poteva anche non toccare a te. Se però ti capitava, l'unica era farti coraggio e tirar dritto a testa bassa, finché ti bastavano le forze. Poi Dio avrebbe veduto e provveduto. Forse.

E così, a quattordici anni, la Nadina si era ritrovata la sorella maggiore dentro una famiglia senza padre. Quel padre che non aveva fatto in tempo a conoscere per davvero, tanta era la soggezione che le metteva Pèppo. Era nata il 26 gennaio del 1916. L'anno dopo di lei, a settembre, era nata l'Olga, poi Salesio, quarto Umberto il 13 aprile del '21, e tre anni dopo la Lucrezia, che tutti chiamavano Pina. Ai suoi fratelli, aveva imparato a tener dietro fin da bambina; a otto anni faceva la sfoglia per tutta la famiglia: montava su una sedia per arrivare alla tavola e adoperava il mattarello con un'energia che le risvegliava tutto il sangue, pronta e sconosciuta.

Marcòun la veniva a trovare spesso, la Nadina. Era secco come un pioppo scuro e il suo vero nome era Ettore. La aveva colpita perché gli piaceva ballare e, quando rompeva la timidezza, sapeva farla ridere. Abitava anche lui al Cantone: nella Cà Granda, appena passato Ponte Motta, a un tiro di schioppo dalla chiesa. I Cavalieri erano terzadri sotto i Morselli, che stavano in una villa poco distante: del raccolto tenevano un terzo, gli altri due andavano ai padroni. Appena partito, Marcòun si accendeva una sigaretta e prendeva per il Ponte della Pioppa, teneva lungo l'argine, passava il pozzo procedendo sull'unico stradello di ghiaia. Delle volte tagliava lungo la *carràda*, uno dei sentieri stretti e sterrati che collegavano i caseggiati della pianura, e in quindici minuti, camminando a passo spedito, era là. Quando lo vedeva comparire dallo stradello, la vedova Reami gli si parava davanti, troneggiante. Lo guardava di traverso, perché parlava poco ed era scuro.

«*L'è tùt nēgar*» aveva detto alla Nadina la prima volta che lo aveva visto. È tutto nero. La casa dove la donna viveva insieme ai cinque figli era piccola, su un terreno di sua proprietà che aveva spartito con le sorelle, quando la madre, Dina Porta, era morta cadendo da un melo. Nello scorgersi lungo la sua traiettoria la sagoma imponente della futura suocera, Marcòun provava sempre l'istinto di cambiare direzione.

La Nadina continuava a camminare, distratta dal suono che le arrivava dal ventre, come se la palude intorno non fosse che l'eco stinta del suo sciaguattio interiore. Chissà poi perché Umberto si era spinto così lontano. Di sicuro era voluto andare a vedere cosa ne era stato con tutta quell'acqua del Lovoleto, il bosco di sponda. E la Pina doveva avergli camminato dietro senza lamentarsi, come al solito.

Immersa nell'alveo del suo sentire, sordo e intenso, la Nadina si accorse che era arrivata fino al Canaletto, ai bordi del Bosco della Saliceta. I tronchi di rovere abbattuti dalla tempesta galleggiavano, enormi balene fossili. I fusti sottili dei pioppi spuntavano dal limo come canne palustri, fra cui uomini giovani e meno giovani, col cappello a coppola e le braghe arrotolate fin sopra al ginocchio, guadavano l'acquitrino trattenendo sulle spalle dei panni annodati a sacco, dove raccoglievano le migliaia di uccelli annegati, oltre alle lepri e ai fagiani: passeri, verdoni, cardellini, quaglie e, nella garzaia olente di sterco, le nitticore migratrici, che di lì a un paio di settimane sarebbero dovute partire verso il caldo. Nel silenzio sospeso di un cielo di nuovo terso ma svuotato, lo sciabordio che facevano le gambe degli uomini nel fendere la liquida massa color del caffelatte sembrava l'unico appiglio alla vita.

L'aria era come di vetro, quando un urlo di terrore la mandò in frantumi. Uno stormo di strolaghe si levò in volo per un breve tratto, allontanandosi da quel fulcro dolente verso il quale, al contrario, tutti gli uomini cominciarono a confluire, allarmati. A gridare era stato un ragazzo sui quindici anni, che ora se ne stava ritto, come paralizzato, con le braccia conserte e il petto che gli si sollevava e abbassava a velocità innaturale, in evidente affanno.

Il primo a muoversi verso di lui fu un uomo che doveva essere suo padre. Tentò di correre fendendo l'attrito dell'acqua stagnante, con il forcone fra le mani. Lo innalzò nell'aria come per colpire nella furia del pericolo il mostro che immaginava avesse attanagliato le gambe del figlio, ma questi sciolse le braccia, fin lì pietrificate, per bloccarlo:

«Noooooo! *Sta' fērem!*». Sta' fermo.

L'altro allargò gli occhi senza capire, ma ubbidì alla disperazione della sua voce.

«*A ghè un quælchidòun chè sóta.*» C'è qualcuno qua sotto.

Il padre si fece coraggio, allontanò il forcone piantandolo nel fango, e sprofondò le mani nella palude, nell'esatto punto dove stavano gli stivali del figlio, che dal bacino in giù continuava a rimanere immobile. Tastò, preludendo il ribrezzo con l'espressione del volto, e quasi subito avvertì un ingombro rigido. Era un corpo. Il corpo di una persona. Affondò le braccia ancora più giù, fino a trovare l'incavo delle ascelle e, come un titano straziato, lo scosse per disincagliarlo dal tronco che lo aveva trattenuto sul fondo, per poi farlo scorrere sulla superficie dell'acqua e issarlo sul bordo della strada, allagata ma ancora riconoscibile.

Anche se cominciava già a gonfiarsi, il cadavere era appartenuto a un uomo magro. I capelli radi si appiccicavano come alghe sul volto tumefatto, dai lineamenti ancora riconoscibili. Gli uomini gli fecero capannello intorno, si tolsero le coppole, qualcuno scuoteva il capo. Nessuno sapeva chi era.

La Nadina vide di lontano il crocchio di uomini sulla soglia del bosco e si sentì avvampare. Era in giro da sola, lontano da casa, e le curve della sua figura tradivano lo stato in cui si trovava. Ma nessuno sembrò notare il suo arrivo. Il vocio era teso, monconi sonori sospesi nell'aria dimentica dell'estate. Quando, tra gli stivali di gomma, intravide il corpo disteso a terra, avvertì un conato spingerle sotto il petto e dovette piegarsi per vomitare. Aveva mangiato così poco che le uscì solo un liquido giallo. Era ancora china sul suo stomaco, quando sentì il calore piccolo di una mano appoggiata sulla schiena. Si girò di scatto e vide sua sorella Pina:

«*Mè al saīva.*» Lo sapevo che eravate qui. «*In du' èl andā tó fradèl?*»

Dov'è andato tuo fratello? La bambina non emise suono. La visione del cadavere l'aveva sbiancata. Tirò per la sottana la Nadina e le indicò un punto del bosco allagato. Umberto aveva l'acqua fino alla cintola e si avvicinava al gruppo di uomini sul bordo del Canaletto portando fra le braccia tre garzette bianche, morte, con le teste spenzolanti e il lungo becco nero che sfiorava la superficie dell'acqua. Sembravano pellicani smagriti, ma erano più delicate e danzavano all'ondeggiare del passo del ragazzino. La Nadina raddrizzò il busto e apostrofò il fratello di lontano:

«*Cusa li àt pò tōlti da fār ch'īn bèla morti?*». Cosa le hai prese a fare che sono già morte?

La sua voce fece girare gli uomini verso di lei. La manina della sorella ora stringeva la sua come se non volesse più lasciarla. Umberto si avvicinò agli uomini con in braccio ancora le garzette, che col loro biancore gli illuminavano il viso. Buttò un'occhiata al cadavere sulla ghiaia; non lo aveva mai visto ma sentì una repulsione attraversargli le viscere. La attribuì alla morte che gli arrivava per la prima volta senza gli schermi del rito. Si gettò i tre trampolieri sulla spalla quasi fossero un bambino da addormentare, e fece un cenno col mento alle sorelle come a dire «Andiamo a casa».

3
Tana di fiume

Si era orientata col muschio sui tronchi. Sua madre Zaira le aveva insegnato che, dall'ansa del Bugno, casa loro era sempre dritto per i campi, verso nord, ma con tutta quell'acqua non riconosceva più nulla. Era quasi sicura però di non essere già arrivata al Ponte della Pioppa e che quel muschio poteva guidarla fintanto che non avesse riconosciuto qualcosa di familiare.

Gli stradelli non esistevano più, il fango raddensava l'orizzonte rendendolo piatto, ma lei si ostinava a procedere, a testa bassa. Finché, di lontano, l'Armida intravide la chioma isolata del pioppo bianco. La base larga e nodosa che lasciava presagire radici profonde non si vedeva più, sommersa com'era dall'acqua, ma la sagoma dell'albero era inconfondibile. L'acqua lambiva anche la paglia del capanno, dove si era trasferita con la madre e lo zio Zenone poco meno di due anni prima, dopo che suo padre aveva smesso di mandare le rimesse dall'America e di lui si era persa ogni notizia.

Non che quando stavano in centro a Cavezzo le cose andassero molto meglio. Si erano trasferiti alla fine del

1923 da Finale Emilia, lungo il Panaro verso il Ferrarese, ed erano andati ad abitare dal macello, a pochi passi dalla scuola elementare, in un gruppo di catapecchie che formavano una specie di accampamento, con una turca esterna dove quando andava bene, appesi a un vecchio chiodo, c'erano dei fogli di carta stampata da usare per pulirsi. Le urla lancinanti delle bestie portate a morire e il lezzo di sangue tiepido a fluttuare nell'aria densa arrivavano fin dentro i loro letti. E allora lei nascondeva la testa sotto alla paglia per non sentirli. Al mattino sentivano il prevosto; dalla parrocchia vicina faceva annunciare il tempo al campanaro, che suonava un tocco se era sereno, due col cielo nuvoloso e tre quando pioveva. D'inverno, quando sentiva quattro tocchi, l'Armida era pervasa da una gioia impaziente perché voleva dire che stava nevicando. Tutto il paese era in festa perché, lo sapevano anche i bambini, «Sotto la neve, pane».

Con la mamma Zaira, il babbo Duilio e lo zio Zenone occupavano due stanze, ma quando suo padre era partito, una l'avevano dovuta lasciare e lo zio aveva cominciato a dormire con loro. Dopo un po' i soldi non bastavano più neanche per pagare quella, ma sua madre non si era lasciata avvilire. Aveva chiesto aiuto al macellaio che abitava giusto di là dal muretto con la siepe dietro cui chi le aveva costruite aveva pensato di nascondere le loro baracche smunte. Sua moglie era una donna pietosa. Tante volte allungava alla Zaira qualche avanzo o dei vestiti smessi da lei o da sua figlia. Due volte al mese avevano anche il permesso di accedere alla loro lavanderia per lavare i panni; l'Armida andava con sua madre e le dava una mano.

Era verso la fine del 1932, mancavano pochi giorni alla sagra di Santa Caterina, quando la Zaira aveva capito che non ce l'avrebbe più fatta a pagare. Allora era entrata in bottega dal macellaio con gli occhi bassi e glielo aveva detto. Lui si era adoperato come aveva potuto per aiutarla, ma non era saltato fuori niente e, col tempo che stringeva, la donna aveva finito per rassegnarsi ed era andata a casa dalla Strulghina.

Quando aveva scostato i pendagli lungo il vano della porta che durante il giorno rimaneva sempre aperta, la Strulghina stava voltata di spalle a mescolare il soffritto sulla stufa. La Zaira era entrata in un fruscio, ma la chiromante subito si era girata guardandola fissa senza lasciar trapelare nessuna emozione. Non l'aveva più vista dai primi del secolo, quando era venuta col gemello e la madre Isaura, che aveva voluto dalla Strulghina un rituale di lenimento. Erano rimaste da sole per qualche minuto, mentre la madre si liberava nel bagno e il fratello dava la caccia ai gatti del cortile. La bambina per la timidezza si era rincantucciata dietro lo stipite della porta ma l'erbaria le si era piantata davanti, aveva abbassato la faccia alla sua altezza e si era messa a scrutarla con uno sguardo severo, penetrante, pietoso; le aveva preso la mano sinistra e aveva cominciato a percorrerne le linee con il suo indice rugoso per poi chiudergliela a pugno tenendola stretta dentro la sua. In quel momento era entrata l'Isaura e aveva strattonato via la bambina, lanciando alla Strulghina uno sguardo astioso.

Non si erano mai più riviste, ma scorgendola entrare quel giorno di novembre la vecchia aveva detto solo:

«Lo sapevo che tornavi indietro».

«Non sono tornata indietro. Mio marito è andato in

America ma sono dei mesi che non manda soldi e adesso io perdo la casa, ho mia figlia e mio fratello a carico.»

«Tua madre non mi diede il tempo di leggerti anche la destra» aveva aggiunto. La aveva afferrata per un polso e la Zaira era trasalita alla pressione dei polpastrelli dell'altra. Ma aveva finito per fidarsi di quella mano.

Dopo nemmeno una settimana, le finalesi si trasferirono a circa cinque chilometri dal centro di Cavezzo, verso il fiume, in un posto che chiamavano il Cantone della Motta. Un giovane col biroccio tirato dall'asino era venuto davanti alle baracche, dove avevano caricato le loro poche cose. Mancava Zenone che non tornava a casa da tre giorni, ma la Zaira aveva rassicurato la ragazzina dicendole che lo zio le avrebbe trovate perché sapeva che, non vedendole più al Cavezzo, doveva domandare alla chiromante.

Dopo un viaggio senza fretta, il biroccio si era fermato in mezzo a campagna, davanti a un casotto di legno e paglia, molto più grande del loro tugurio al paese. Era costruito su un telaio di tronchi di pioppo e ricoperto col *malgàr* che veniva scartato nella raccolta del frumentone. Al centro c'era un bancone da lavoro. Alle pareti di legno erano appoggiati badili, vanghe, rastrelli e zappe, che con l'umidità conservavano i loro manici di legno perfetti per la stagione a venire. In alto erano appesi cesti in salice, intrecciati dalle donne nelle serate trascorse in filò nella stalla. La Strulghina aveva ottenuto dai Morselli che la Zaira, Zenone e l'Armida potessero sistemarsi lì. I padroni ci avevano collocato addirittura una vecchia stufa a legna. Dalla dimestichezza con cui vi era entrata, l'Armida aveva intuito che sua madre doveva esserci già stata.

Quando la ragazza riuscì a tornare a casa dopo la piena, riconobbe solo la chioma del pioppo bianco. Intorno a lei galleggiavano polli e conigli annegati, portati dalla corrente. Dentro di lei, più nulla.

Si avvicinò fino a distinguere la madre, che stava appendendo ai fili le erbe ripariali preparate a inizio estate e i fiori che usava per curare gli occhi, per far seccare tutto di nuovo. Era immersa nell'acqua fino a metà polpaccio e calzava degli stivali di gomma. I colori delle margherite, delle viole e delle primule secche, per quanto sbiaditi, riecheggiavano in quel paesaggio spettrale, intensificandone l'impressione di subitaneo abbandono. Degli oggetti che galleggiavano ancora sulla superficie dell'acqua si stava occupando lo zio Zenone che raccattava tegami, boccette, ciotole, catini, croci, aghi, fiammiferi, attrezzi da campagna, ammucchiandoli nelle cassette di legno su cui erano stati appoggiati quando ancora erano dentro casa.

«*C'ag gniss un càncher a tót i padròun*» imprecava contro i padroni, come sempre. I canali e i cavi di scolo necessari a smaltire le acque in esubero erano insufficienti: bastava un acquazzone potente e in quel territorio succedeva l'apocalisse. Ma a chi doveva importare di quella fossa lontana da tutto? A poca distanza dal Po, la pendenza del terreno ormai era minima e le acque scorrevano limacciose. I fiumi allora si facevano serpi preistoriche, a raccontare brughiere e boschi di sponda alternati a canneti in sgraziato intrico, dove l'argilla, fradicia dopo il traboccamento, faceva macerare lentamente la vegetazione. Anche quel giorno di fine agosto, se non fosse stato per le case coloniche che spuntavano come isole rade nel limo, il paesaggio sarebbe potuto appartenere a un tempo ancora spopolato di gente.

L'Armida camminava coi piedi immersi nel fango freddo, anche se il sole cominciava a riscaldare. Né sua madre né suo zio poterono accorgersi che era scalza. La madre aveva l'aria risentita, la bocca stretta per la concentrazione, ma quando la vide, sul volto le passò un tremito impercettibile di sollievo: «*In du sìat a stāda?*». Dove sei stata?

«*A'n catāva più la strāda. A n'īra più bòuna ed gnir a cà.*» Non trovavo più la strada. Non ero più capace di tornare a casa.

L'Armida, con lo sguardo vitreo, si mise anche lei a raccogliere le loro masserizie galleggianti. Meccanicamente. Fece cenno allo zio di salire sul pioppo così avrebbe potuto passargli le cassette da appendere sui rami più lontani dal suolo, rimasti asciutti.

4
La guaritrice

Da tempi remoti la Strulghina arrivava alla Motta degli Azzolini tutti i mesi, a piedi e di luna calante, per fermarsi tre giorni. Non mancava mai chi la ospitasse perché era rispettata e i contadini le volevano bene. In paese, al Cavezzo, le persone la interpellavano affinché leggesse loro le linee della salute, ma ancora di più della fortuna e del cuore, e non era raro vedere signore della Mirandola bene, figlie di industriali e professionisti dell'alta borghesia, che arrivavano in carrozza per avere il suo responso. Nelle campagne, invece, le prestazioni richieste erano quasi sempre di natura molto diversa: qui la Strulghina diventava la portatrice di un sapere arcaico, tenuto da conto, temuto persino. Una vera e propria medichessa. I contadini la chiamavano per curare le loro bestie, le loro mogli, i loro bambini e loro stessi. Sapevano bene per quali malanni lei poteva essere d'aiuto: contro le storte segnava animali e cristiani con il rito dell'*avèrta*, ma conosceva anche la formula per scacciare il fuoco di Sant'Antonio, curava gli occhi coi fiori, sapeva cucire gli orzaioli e scacciava il *simiòt* – aveva salvato da morte certa decine di lattanti ormai terrei, scheletrici, col viso scarnito e i movimenti rallentati e goffi, come quelli di un minuscolo scimpanzè, uno «scimmiotto» per l'appunto. Non erano le sue specialità, ma se nelle vicinanze non si trovava nessun altro disponibile a intervenire, la Strulghina sapeva dove mettere le mani anche in caso di bruciature o per i vermi dei neonati, e teneva sempre con sé qualche chicco di riso o d'orzo per curare i porri della pelle. All'occorrenza era anche capace di «tirar su la regola»: quando arrivava qualcuno col «mal caduco», spossato e con le vertigini, la Strulghina sapeva per certo che quell'anima era scesa troppo giù e andava risollevata. Il fluido le scorreva nelle mani. Era stata destinata fin da bambina.

Dalla primavera del 1933 tutte le volte che capitava alla Motta, la guaritrice si fermava dalla Zaira alla quale intendeva passare il dono. Sarebbe servito a lei, a sua figlia Armida e a suo fratello Zenone per sopravvivere, ma la Strulghina voleva essere certa che la sussistenza non fosse l'unica motivazione per cui la Zaira aveva deciso di accogliere il suo talento. Anzi, a dirla tutta, sarebbe stato meglio che le ragioni economiche se ne fossero rimaste alla larga dal dono, ma la Strulghina era una donna pratica e quelli erano tempi grami, in cui non si poteva andar troppo per il sottile. Per i suoi rituali, non aveva mai chiesto niente, ma non poteva nemmeno rifiutare i doni in natura che ognuno le faceva, secondo le proprie possibilità o la propria indole. D'altronde sua nonna, che le aveva passato la virtù in una lontana notte di Natale dai confini ormai opachi, le aveva insegnato che chi veniva soccorso, qualcosa in cambio doveva darlo affinché la cura avesse effetto, fosse anche solo una candela da accendere in chiesa.

Fin da giovanissima aveva fatto la sarta. Allora si chiamava ancora solo Zoraide. Dalla madre aveva imparato a usare il telaio, svelta. Mentre filava le sembrava che le pareti di nebbia di quella terra angusta si sciogliessero e allora si sentiva libera. Lavorava con la madre e le sorelle, ma spesso la nonna la prendeva con sé e la faceva assistere ai preparativi dei suoi rituali. La vecchia sentiva che quella bambina era recettiva e generosa, con la sua postura solo apparentemente remissiva di fronte agli accadimenti, ma in realtà attenta al dettaglio, in profondo ascolto delle persone, degli animali, delle piante, del tempo e delle stelle.

Una notte di Natale il cane che avevano a casa si era sentito male, improvvisamente. Era un bastardo di taglia mediogrande, mite e gioviale. Da allegro che era sempre, se lo erano ritrovate sotto i piedi strascicante, con la bava alla bocca. «È un brutto giorno questo per ammalarsi, *purinòun.*»

Poverone, gli aveva detto la madre della Strulghina, sfregandogli la testona con aria rassegnata. La bambina allora lo aveva preso da parte appoggiandogli le mani sul capo e poi sullo stomaco; con gli occhi chiusi, aveva immaginato un intenso color arancio che pian piano le aveva tinto le palpebre abbassate. Erano restati così per un tempo indefinibile, che solo loro avevano percepito in unanime estensione. Il giorno successivo il cane era tornato a scodinzolare nel cortile, come se non fosse mai stato in punto di morte.

Esattamente un anno più tardi, la nonna le aveva fatto memorizzare tutte le formule e la Strulghina si era sentita contenta di aver ricevuto la virtù. Si era persuasa che la nonna le aveva passato una cosa buona, che non se ne doveva vergognare, e l'accettava con serenità. Aveva continuato a lavorare al telaio con la madre e le sorelle aiutando la nonna ogni volta che questa l'aveva mandata a chiamare, fintanto che, una notte, l'anziana si era addormentata per non risvegliarsi più e Zoraide aveva saputo che la sua vita sarebbe cambiata per sempre.

Da allora aveva dovuto mettere da parte il telaio perché la fama della sua usta virtuosa si era sparsa in fretta nelle campagne, fino ai paesi limitrofi. Maturando si era fatta asciutta e ancora più energica, di una generosità ruvida e senza cerimonie. Aveva imparato a difendersi dalle intrusioni manesche dei maschi più audaci, acquisito robustezza d'animo e di fisico, eliminato l'esigenza di qualsiasi aiuto virile. Da giovane aveva avuto qualche corteggiatore, ma nessuno era mai arrivato a chiedere la sua mano. Via via che la sua indole si era andata rassodando, gli uomini si erano sempre più intimiditi con lei e avevano finito per averne soggezione. Ora che era vecchia di un'età che nessuno avrebbe saputo dire, quando al Cavezzo la vedevano partire a piedi per le sue visite in mezzo ai campi, le dicevano di fermarsi che il suo lo aveva già fatto, ma lei rispondeva: «*A vāg a fār dal bèin*». Vado a fare del bene. E s'incamminava in tutta calma.

Girava sempre con un vestito scuro, abbottonato fino al collo, che le dava un'aria austera. La fronte era spaziosa, teneva i capelli raccolti dietro la testa, scuri nonostante l'età, aveva orecchie grandi che le aderivano al cranio, senza orpelli, e gli occhi avevano la forma di una piccola goccia rivolta in giù, di gravità triste e penetrante. Erano di un colore indefinibile, fra il grigio e il ceruleo, ombreggiati dall'incavo in cui erano collocati – un incavo profondo. Rideva poco, come se accompagnasse coi muscoli del viso le tensioni che raccoglieva. La bocca era una riga netta, sottilissima, sopra al mento rotondeggiante e leggermente pronunciato.

«Il fato sta scritto nella nostra mano sinistra» spiegava la Strulghina alla Zaira «ma la destra può venirci in soccorso. Ci dice il nostro carattere e come possiamo fare per raddrizzare il fato, quando ce l'hanno destinato troppo storto.»

Era piccola di statura, ma sembrava inespugnabile.

5
La forestiera

Da quando la Strulghina era entrata nella loro vita la Zaira si sentiva più sicura, anche se ammetterlo le costava perché era orgogliosa. Quando suo marito si era imbarcato per il Sudamerica si era sentita disorientata; Duilio era capace di assorbire i suoi tentennamenti e le sue insicurezze e lei silenziosa si orizzontava sulla sua presenza. Piano piano però si era fatta coraggio, pensando che col marito oltremare la loro vita materiale sarebbe migliorata.

Quando i soldi avevano smesso di arrivare e anche le lettere, da rare, avevano finito per sparire del tutto, la Zaira aveva capito che non le rimaneva altro da fare che rimboccarsi le maniche. Non voleva dipendere da qualcuno com'era toccato a sua madre – una schiava ai suoi occhi, visto che tutta la vita si era legata a uomini di passaggio, di solito sposati, i quali si eclissavano con la velocità del fulmine o al massimo le mandavano qualche aiuto economico, lasciandola però da sola, sempre più buia e astiosa.

La Zaira non aveva mai capito perché, quando erano

nati lei e Zenone, sua madre avesse deciso di portarsi a casa il suo sangue. Sapeva che quel parto gemellare non era l'unica gravidanza che l'Isaura aveva portato a termine: alle messe di paese e durante le veglie nelle stalle intorno al Finale si smaliziava a proposito dei figli che la donna doveva aver abbandonato sulla ruota degli esposti. Le voci si alimentavano le une con le altre, gonfiate dalla cattiveria che le distorceva fino a renderle mostruose; ormai sarebbe stato impossibile fare una ricostruzione attendibile e individuare il numero dei neonati che la madre avrebbe affidato alla ruota e così, da bambina, la Zaira cercava in tutti i ragazzi e le ragazze poco più grandi di lei un segno che potesse farglieli riconoscere come fratelli o sorelle.

In realtà i figli dell'Isaura non erano poi così tanti come volevano i maligni, perché lei aveva imparato da sua nonna i segreti delle erbe. Aveva partorito solo due volte prima di avere i gemelli, poi si era fatta coraggio ed era andata a raccogliere il capelvenere per farne un decotto e ingerirlo a intervalli regolari. Ma giunta alla soglia dei quarant'anni, la minaccia della solitudine più nera doveva averla convinta a portare avanti la gravidanza dei gemelli. Solo che, quando si era accorta che erano due, si era imbestialita. Si raccontava che il maschio non lo volesse, che a quell'epoca ormai ce l'avesse con tutti gli uomini del mondo e che avrebbe desiderato portarlo alla ruota anche lui ma non era stato possibile perché, ogni volta che li staccava l'uno dall'altra, i neonati urlavano così forte che la madre pensava sarebbero morti per la mancanza di ossigeno. Avevano imposto la loro volontà da subito, da subito si erano fatti padroni. Così avrebbe poi raccontato la madre.

Erano cresciuti ai margini della comunità, uniti in un destino che marciava a ritmo doppio e doppia frequenza. Zenone si era limitato ad articolare suoni stridenti e gutturali fino a quattro anni compiuti, in compenso aveva imparato a correre come una saetta fin da piccolissimo sparendo nei campi per intere giornate, incuriosito com'era da qualsiasi animaletto, fino all'insetto più insignificante. La Zaira invece, che a lungo aveva mosso passi incerti inventandosi appigli e appoggi a mezz'aria, a diciotto mesi già aveva cominciato a fare discorsi di eccentrica profondità, e ben presto aveva sviluppato una fantasia ingombrante: voci che si incarnavano in persone, che diventavano storie strampalate dentro a paesaggi forestieri. In questi luoghi, sempre più spesso, la bambina si era ritirata sentendosi finalmente al sicuro, compatita dagli adulti ed evitata, quando non schernita, dai coetanei. Era andata a scuola di malavoglia, senza nessuno che volesse parlare con lei.

Aveva già ventun anni quando, una sera d'autunno del 1914, suo fratello era venuto a casa con Duilio, un ragazzo allegro che emanava un'energia solida e capace di sogni. I discorsi dell'anarchico milanese Oberdan Gigli, che dieci anni prima si era trasferito a Finale Emilia, lo avevano conquistato, e Duilio lo aveva sostenuto anche quando, da segretario della Camera del lavoro, Gigli si era scontrato con Filippo Corridoni che ricopriva lo stesso ruolo nella vicina San Felice sul Panaro e lo accusava di essere troppo moderato. Come Gigli, Duilio sosteneva che l'Italia avrebbe dovuto entrare in guerra il prima possibile per cavalcare il movimento della storia senza starsene in balia degli eventi come invece voleva fare la maggioranza dei socialisti.

La Zaira non ci capiva di politica, ma alla guerra era contraria d'istinto e, arrossendo, aveva controbattuto le orazioni infervorate di Duilio. Aveva detto che, se l'Italia fosse entrata nel conflitto, sarebbe morta tanta povera gente che di sicuro non ci avrebbe guadagnato niente. Zenone, che venerava Duilio, aveva fulminato la sorella con lo sguardo, ma l'amico era rimasto colpito dalla persuasione che quella ragazza timida sapeva emanare. Non era abituato a scovare tesori, non l'avrebbe notata se avesse continuato a starsene silenziosa e intimidita, ma questo suo sbocciare repentino lo aveva stranito. Allora aveva cominciato a venire a casa sempre più spesso e a invitarla a fare delle passeggiate. L'Isaura la mandava soltanto se scortata dal fratello che, con grande dispetto, si era ritrovato così declassato da amico a terzo incomodo. Ma un giorno i ragazzi erano stati chiamati entrambi alle armi ed erano dovuti partire per il fronte.

La Zaira e Duilio si erano rincontrati solo qualche anno dopo, nell'inverno del 1918, alla sagra di San Felice sul Panaro. L'aria era intrisa dell'aroma speziato del vino caldo e il profumo della crescenta ripiena di formaggio morbido fragrante si mescolava ai lezzi acri che arrivavano dalle vicine stalle. Duilio l'aveva intravista mentre si stava facendo segnare alla gola dal prete:

San Biagio dalle nove sorelle
da nove otto,
da otto sette,
da sette sei,
da sei cinque,
da cinque quattro,

da quattro tre,
da tre due,
da due una sola,
San Biagio, proteggimi dal mal di gola.

Aveva sentito il respiro arrestarsi nel ritrovarsela davanti senza preavviso, ma più presto che aveva potuto si era ridisegnato in faccia un'espressione disinvolta, soffermandosi a guardare la scena con un sorrisetto che aveva saputo farsi velocemente sardonico. La Zaira aveva avvertito un'impalata presenza e si era girata di scatto, prima che il prete ultimasse la formula. Scorgendo Duilio aveva sussultato e si era colorata di rosso. Il parroco aveva concluso la benedizione e si era raccomandato di usare giudizio.

Duilio aveva spezzato la fetta di sfogliata degli Abrei che teneva in mano: «To' va', posson dir quel che vogliono, ma con lo strutto è senz'altro migliore. Lo sai che nella ricetta originaria non c'era mica, lo strutto?». Fece una pausa, poi senza attendere che lei parlasse, continuò: «Fu un ebreo convertito al cristianesimo che modificò la ricetta: oltre al burro, la farina e il formaggio dell'originale, ci aggiunse anche lo strutto. Così sì che d'inverno ti scalda le membra!».

Lei non aveva detto nulla ma sorridendo aveva accettato la fetta di torta fumante, contenta. Poi lui le aveva chiesto il permesso di accompagnarla a casa: un compagno gli aveva prestato la bicicletta. La Zaira sapeva che non stava bene farsi vedere in giro caricata sulla canna con un giovanotto, ma in cuor suo era gioiosa di rivederlo perché aveva temuto di non rincontrarlo mai più. Sapeva anche che la sua marginalità allentava le regole: tutti la consideravano comunque strana. Così era salita sulla bicicletta con Duilio e insieme avevano preso lungo i campi ancora argentati di galaverna.

Si era accorta in fretta che lui aveva perso la solarità scanzonata di quando era ragazzo. Minimi dettagli glielo rivelavano più ombroso e dolente, ma la sua vitalità era coriacea e sembrava voler ridere in faccia a tutto l'orrore che aveva vissuto al fronte.

Si era congedato da lei con un bacio sulla guancia: «Ci avevi ragione te sulla guerra» le aveva detto.

Si erano rivisti un'altra volta in quella licenza e avevano fatto l'Armida. La piccola aveva atteso il ritorno di suo padre per venire alla luce, nella vecchia casa di via Terra Nuova, a ridosso di quello che chiamavano il Cimitero dei Bambini, dove si raccontava che da tempi immemori venissero sepolti i neonati ebrei che non arrivavano vivi al giorno della circoncisione e i feti delle cristiane che abortivano clandestinamente. Era nata il 14 novembre del 1918, una manciata di giorni dopo l'armistizio di Villa Giusti.

Anche Zenone era sopravvissuto al conflitto, ma era tornato guastato. Non articolava ricordi, parlava in modo sconclusionato, incespicando e spezzando le frasi disordinate con frequenti domande a un interlocutore vago, indefinibile. Nella notte gli capitava spesso di svegliarsi in preda al terrore, madido di sudore. Bighellonava per le campagne, canterellava e parlava da solo. Non lo volevano più come camerante al Bosco della Saliceta. Ormai non si fidavano. Era stato un lavoratore solerte, capace di caricarsi a spalla le fascine più pesanti e trasportarle fino alle sei carreggiate interne, dove bisognava accatastarle verticalmente, utilizzando un bastone a forcella che chiamavano lo *sprocco*, pagati a cottimo. Ma, tornato dalla guerra, Zenone sembrava diventato un albero scorticato e sovente si perdeva nel suo rimuginare, rimanendo inoperoso: al Lovoleto non lo volevano più nemmeno per spurgare il sottobosco; Zenone però ci tornava di nascosto per camminare a piedi nudi sul muschio giallastro che era morbido come l'ovatta. La vita si era impietrita dentro di lui, ma il suo cuore era forte e lo fece sopravvivere anche all'influenza spagnola, che si portò via la madre Isaura all'età di sessantacinque anni.

6
La virtù

Quando la notte di Natale del '33 la Strulghina le passò il dono, la Zaira aveva quarant'anni e teneva al dito la fede del marito sperduto, che non si sarebbe più tolta fino alla fine dei suoi giorni. Dopo la scomparsa di Duilio aveva rinunciato a ogni vezzo. Faceva di tutto per passare inosservata, con scarsi risultati tuttavia, perché la sua natura forastica senza volere la metteva in risalto. Fin dai capelli, che sembravano ribellarsi alla cute, folti e arruffati, senza una forma: li portava corti ma, visto che erano mossi, appena le crescevano di un dito le disegnavano una nuvola nera sulla testa. Anche l'attaccatura era irregolare e sagomava il suo volto come un cuore inciso nella corteccia.

Era un volto largo e franco, il suo, le sopracciglia, folte ma ben disegnate, incorniciavano gli occhi a mandorla, leggermente strabici: un difetto che, lungi dall'imbruttirla, rendeva i suoi lineamenti più dolci, nonostante il naso pronunciato e gli zigomi sporgenti. Le labbra erano carnose sulla mascella prominente, col mento appuntito che si distendeva quando la bocca accennava un sorriso timido. Indossava spesso un abito con una fantasia scozzese, anche troppo elegante per stare in campagna, ma non ne possedeva molti altri e a quello dava l'idea di essere molto affezionata: un abito con un colletto largo, da collegiale, coi bottoni sul busto e stretto in vita. Aveva un corpo asciutto e temprato, le mani erano rugose, da lavoratrice, la carnagione scura. D'inverno per scaldarsi i piedi portava dei calzettoni di lana. Dimostrava meno dell'età che aveva.

«Anche tua madre aveva la virtù, gliela avevate portata voi gemelli, ma era troppo schiava della sua bella ghigna per usare giudizio» le aveva detto una volta la Strulghina. Per la Zaira era stata una rivelazione importante che le aveva fatto acquisire sicurezza, perché aveva paura di non esserci tagliata per curare la gente. L'aver messo al mondo due gemelli, una femmina e un maschio, aveva candidato l'Isaura a specializzarsi nei dolori alla schiena. «Quella è una cura che io non posso dare, non avendo avuto figli, ma potevo insegnargliela. È facile, ci vuol solo la buona volontà e la capacità di sacrificio, perché bisogna star digiune sia per dare che per ricevere e la cosa va fatta tre mattine di seguito. A tua madre, però, sacrificarsi non ci piaceva» le aveva raccontato la vecchia guaritrice.

Dopo le sue visite a domicilio, arrivava al capanno dei Morselli e cominciava a novellare, mentre la Zaira cucinava aiutata dall'Armida che ascoltava rapita quei racconti e domandava se anche lei avrebbe potuto apprendere le proprietà.

«Tutti possono imparare l'arte di sanare con le erbe. Serve solo averne voglia» le rispondeva la Strulghina. La ragazzina sentiva che la voglia ce l'aveva eccome: era pervasa dal desiderio di dare una raddrizzata al mondo.

«Curare va bene ma bisogna anche saper fare pulizia e chi sa l'erba che sana sa l'erba che accoppa» le spiegava pazientemente la Strulghina. Poi prendeva in mano il tralcio di vite che aveva strappato lungo il podere dei Morselli, lo metteva doppio e attorcigliato, e diceva: «Con questo sarmento vanno fatte le croci sulla parte ammalata, tre volte di seguito per tre giorni di seguito, mentre ripeti la formula».

Con l'ago e il filo nero senza nodo curava gli orzaioli: «Fai chiudere l'occhio e passa il filo tre volte sulla palpebra andando verso fuori, per non passare il male all'altro occhio. Anche l'orzaiolo si dovrebbe segnare tre volte, ma il secondo giorno è già andato via e allora la gente poi non torna.»

Dalle tasche del grembiale tirava fuori pochi chicchi d'orzo o di riso: «Ogni porro, un chicco. Anche i chicchi van segnati mentre si recita la formula, poi vanno rinchiusi in un cartoccino e buttati in un fosso. Via via che i chicchi marciscono, spariscono anche i porri. Se qualcuno raccoglie il cartoccino e ci va intorno, i porri verranno fuori a lui».

«Questo è un male fino, che il neonato può portare alla madre. Non dà nell'occhio, ma se imparate a vederlo darete sollievo alle donne. Fatevela sedere davanti, messa di spalle. Voi state in piedi in maniera da guardarla sulla punta del naso, poi ci prendete le braccia e gliele tirate su in modo da far combaciare i dorsi, unghia per unghia. Dovete ripetere questo esercizio tanti giorni finché non è capace da sola. Allora, sarà guarita. Tenete sempre a mente che è la donna la vera dottoressa delle campagne e che il simile si cura col simile.»

L'Armida avvertiva a bagnarle la lingua l'eco saporosa di un riscatto e badava a imprimersi tutto bene dentro la memoria.

La sera di quel 24 dicembre, la Strulghina era al capanno e aveva ordinato a Zenone di accompagnare l'Armida alla messa di mezzanotte per lasciare lei e la Zaira a casa da sole più a lungo possibile. Dopo la messa avrebbero poi dovuto fermarsi nella piazzetta a festeggiare, mangiare le castagne, scambiarsi gli auguri, portare il vischio.

«Non dovete rientrare prima delle tre» ordinò perentoria. Zenone provò a protestare – stare in giro gli piaceva, ma non quando ce lo obbligavano e soprattutto sentiva il peso di portarsi dietro quella nipote che gli uomini cominciavano a guardare anche troppo. Ma dell'erbaria aveva soggezione e finì per rassegnarsi più in fretta del solito.

Quando restarono sole in casa, la Strulghina e la Zaira si sedettero davanti alla stufa, lasciando aperto lo sportello più grande per vedere le lingue di fuoco ardere le braci. L'anziana aveva insistito per far riposare la sua allieva nel pomeriggio: l'aspettava una prova faticosa.

«Oggi ti passo le formule. Le pronuncerò chiare e le ripeteremo insieme finché non le saprai. Scriverle non si può. Da domani le ripeterai ogni giorno dentro di te e solo alla prossima vigilia potrai dirle di nuovo ad alta voce. Quando vorrai, le trasmetterai all'Armida.»

«Avete già visto che è adatta, mia figlia? È tanto impulsiva.»

«È impulsiva, ma c'ha voglia di far bene. Ora però stammi qui con la testa. Promettimi che non dimenticherai nulla e che manterrai il segreto.»

«Sì. Ve lo prometto.»

7
L'*avèrta*

Dopo quella notte qualcosa cambiò per sempre al capanno delle erbarie. La Strulghina continuava con assiduità le sue visite di cura e si faceva accompagnare dalla Zaira. I contadini in principio guardavano con sospetto quella donna che si era insediata in un casotto da polli e da conigli, ma poi a furia di vederla in giro insieme alla Strulghina pian piano la loro diffidenza si era stemperata e avevano cominciato a fidarsi. Erano anni di scarsità. Perdere un animale era una maledizione e la Zaira lì a portata di mano, in mezzo alla campagna, poteva tornare utile. Vuoi mai.

Era il 5 d'aprile quando al casotto si presentò Ettore Cavalieri. Si guardava intorno come a cercare qualcuno, titubante. Esitava a bussare. Era così magro che la pancia gli faceva una conca in dentro, il viso era scavato ma aveva la pelle giovane e ancora distesa. Quel giorno compiva ventun anni e suo padre l'aveva mandato lì per provare a curare una primarola che aveva cominciato a zoppicare: «La forestiera, dicon che è brava. Ettore, *va' a védær s' l'è in cà*». Va' a vedere se è in casa. «Provare non ci costa niente.»

E così Marcòun si stava aggirando, guardingo, quando scorse l'Armida tornare dai campi con un cesto pullulante di grappoli dai fiori viola: la consolida che aveva appena raccolto, con tanto di rizomi e radici. La ragazza aveva imparato velocemente a riconoscere la pianta officinale, distinguendola dalle specie più tossiche. Dopo il passaggio della virtù, la Zaira aveva sentito che il muro che aveva innalzato contro il ricordo di sua madre si andava pian piano sgretolando e l'intuito che l'Isaura aveva avuto nell'uso delle erbe gocciolava dentro di lei e dentro sua figlia, in coriaceo rigagnolo, dono postumo di una donna che in vita era stata avara di affetti e di elargizioni. Anche coi figli.

Ettore si sentì turbato da quell'imponderata apparizione e la voce gli uscì come carta vetrata: «*In du èla to mādar?*» Dov'è tua madre?

Lei lo guardò dritto negli occhi, in cui era balenato un guizzo sardonico: «Di cos'hai bisogno? La mamma non c'è, ma forse posso aiutarti anch'io».

«Forse. Con quei fiori cos'è che ci fai?»

«Le foglie le cuociamo nello strutto. Serve per far passare i reumatismi e si mette sulle ferite per farle chiudere più in fretta.»

«Ben per quello son venuto. Abbiamo una vacca sofferente. Il peso del vitello che ha nella pancia le deve aver fatto poggiar male una zampa e adesso zoppica. È giovane, non possiamo perderla.»

«Per quello va segnata e ti serve mia madre. Sarà qui a momenti.»

«Allora l'aspetto.»

Si poggiò al tronco di un rovere e si accese una sigaretta, fingendo di non calcolarla più.

La Zaira non tardò molto. Notò l'estranea presenza sotto la pianta: non era una faccia sconosciuta, in realtà. La Cà Granda distava poco dal capanno e la Zaira era abituata a osservare in silenzio. Ormai distingueva tutti i componenti della larga famiglia dei vicini. La madre era schiva, di poche parole, ma non l'aveva mai guardata in modo ostile. Il padre aveva un'aria accigliata, quando la vedeva la salutava con un cenno rapido della mano. Non sapeva quale dei numerosi figli fosse questo che aveva davanti, ma doveva essere il più scuro perché sembrava uno zingaro. Da ragazzina ci avrebbe costruito sopra una storia, ma i tempi delle fantasticherie erano finiti e la Zaira chiese al giovane di cosa aveva bisogno.

Ettore notò che la donna parlava con accento di Finale Emilia, uguale a quello di suo padre Giovanni Battista che, per andar servitore da un contadino del Cantone, aveva lasciato la Venezia degli Estensi ed era arrivato alla Motta sul finire dell'Ottocento, quando ormai gli umili rasconi e i bucintori ducali ormeggiati nel florido porto fluviale erano una memoria lontana, perché il Panaro della Lunga non penetrava più fin nel cuore del paesone. Al Cantone Giovanni aveva conosciuto la Matilde Lugli, l'aveva sposata e ci aveva fatto quindici figli.

Ettore spiegò alla guaritrice la faccenda della vacca azzoppata. La Zaira annuì col capo e entrò nel capanno. Si sentì il cocciare dei tegami. Ne uscì quasi subito con un pentolino di smalto azzurro, sbreccato sul fondo, e uno straccio bianco che sembrava un lenzuolo strappato. Si incamminarono. Lungo la strada, Marcòun notò che un paio di volte la donna si chinò a raccogliere dei rametti. Li misurava con lo sguardo, scartava quelli più nodosi e ricurvi: ne tenne solo due.

Arrivati al podere, Ettore la condusse direttamente nella stalla. C'erano tre uomini alle prese con le bestie. Quando quello più anziano li vide, andò loro incontro. Gli altri due squadrarono la donna portata dal fratello, ma continuarono col forcone a distribuire l'erba medica alle vacche. Giovanni Battista salutò la Zaira con un cenno e la condusse dalla primarola claudicante. Ettore li seguì incuriosito, ma dallo sguardo severo del padre capì che il suo compito lì era finito e raggiunse i fratelli in campagna. Dalla barchessa arrivarono schiamazzando due maschi e una femmina sporchi di terra: Moris, Pìpi e la Rosina. I tre figli minori. Il padre li zittì con un'occhiataccia.

La Zaira disse che doveva scaldare dell'acqua e la *bagaiéta* la accompagnò in cucina. Le donne ammutolirono nel vederla entrare.

«Il papà ha detto di lasciarla fare» disse loro la Rosina, con aria grave.

La Zaira versò un poco d'acqua da una bottiglia appoggiata sul tavolo stretto, addossato alla parete, e si avvicinò alla stufa per metterla a bollire. Mugugnava frasi incomprensibili, sillabe sciolte e confuse. Estrasse dal grembiule i rametti che aveva raccolto e li spezzò ognuno in tre parti pressoché identiche. Appena l'acqua bollì, chiese uno straccio alla *resdora* per portare fuori il pentolino senza bruciarsi. Attese che l'acqua si facesse tiepida.

Giovanni Battista seguiva i suoi movimenti con attenzione, circondato dai tre bambini. Quello di mezzo, Pìpi, continuava a fare domande. Moris lo sgomitava per farlo tacere, perché vedeva il padre sempre più insofferente alle intemperanze del fratello. La Rosina era rimasta rapita dai movimenti della donna dal momento in cui l'aveva vista muoversi nella loro cucina, ispirata e sicura, nel silenzio sospettoso e devoto della madre, delle sorelle e delle cognate.

La Zaira aveva intinto le mani nell'acqua e aveva cominciato a massaggiare alla vacca la zampa dolente, che era la posteriore sinistra. Dopo qualche minuto, ricominciò la litania che la Rosina aveva sentito davanti alla stufa. Giovanni guardava fuori, irrequieto, sperando che non arrivasse nessuno. La vacca, all'inizio recalcitrante perché l'arto le doleva, si era pian piano ammansita e sembrava che la palpebra spessa le stesse calando sulle sporgenze dei bulbi oculari.

Fu lì che la Zaira tirò fuori dalla tasca del grembiule lo straccio bianco che aveva portato da casa e i sei rametti, coi quali compose tre piccole croci che collocò contro la zampa malata nella fasciatura.

«Fra tre ore torno a vedere come sta. La luna è calante, cala anche il male.»

E se ne andò lungo la sterrata.

8
Alla Busa di Bambèin

Dopo l'alluvione dell'agosto 1934 in breve tempo la pianura tornò a prosciugarsi: non si era mai vista tutta quell'acqua insieme, ma i giorni precedenti erano stati talmente aridi che i fiumi erano in magra. Per qualche tempo si poterono ammirare gli stormi delle anatre nuotare senza una fissa dimora sull'enorme distesa d'acqua, mentre banchi di pesci erano stati rovesciati fuori dai maceri e i bambini si divertivano ad acchiapparli coi retini. Le terre ripresero man mano i loro contorni e i contadini le loro fatiche, ai comandi della fame.

La Zaira osservava sua figlia e la sentiva spezzata. Non se n'era accorta subito, con tutto il trambusto che c'era stato. Ma pochi giorni erano bastati a farle vedere che la piena gliela aveva restituita interrotta. L'Armida si aggirava con lo sguardo vacuo, senza spinta. Spenta ogni irruenza, pareva un'arteria intasata, pronta all'infarto.

Il 10 settembre alla Zaira arrivò il sangue, ma la figlia non coincise con lei come invece ormai faceva da qualche anno – mescolavano le loro pezze in un secchio d'acqua, poi versavano il liquido rossastro nel frutteto. A dire il vero non aveva la certezza che la figlia avesse avuto i suoi fiori nemmeno nei mesi precedenti, visto che era da luglio che la ragazza aveva chiesto con un certo ardore di lavarle lei, le pezze, e la madre l'aveva lasciata fare, trascurando il suo compito di vigile guardiana della regolarità del ciclo. Ma a settembre questa solerzia dell'Armida era scomparsa, lasciando solo buio e un silenzio ostinato. Finché la madre si decise a parlarne con la Strulghina.

Nemmeno alla vecchia era sfuggito lo strano cambio di personalità dell'Armida, la teneva d'occhio da qualche tempo e, la prima domenica d'ottobre, sull'imbrunire, la avvicinò con queste parole:

«Chi ride in gioventù, piange in vecchiaia!».

La giovane stava annaffiando l'orto con un secchio. Per qualche decina di secondi proseguì come se non l'avesse udita, ma ben presto dovette distogliere lo sguardo da ciò in cui si fingeva intenta, perché la Strulghina era rimasta lì a guardarla, ritta con le mani sui fianchi, e lei provò soggezione. Alzò la testa e si aggrappò al manico del secchio, come risucchiata in una vertigine. Il suo corpo invece era rimasto immobile, le labbra cercavano il sorriso, ma seppero solo tendersi in una riga scialba in fondo al viso, gli occhi due macchie pronte a riassorbirsi.

La Strulghina le tolse il secchio di mano e lo appoggiò sull'erba: «Vieni con me che ho bisogno per raccogliere i giunchi e le canne. Dobbiamo fare le stuoie».

«Fra poco farà scuro» azzardò l'Armida. La Strulghina si era già incamminata, ma stranamente non prese la direzione dell'argine. Sembrava anzi allontanarsi dal fiume e inoltrarsi in mezzo ai campi, verso Disvetro, dove sorgeva la Busa di Bambèin, una conca d'acqua formatasi ai primi del Settecento, diceva qualcuno, quando le truppe francesi avevano tagliato l'argine di Secchia per allagare il ducato della Mirandola, durante la guerra di secessione spagnola. Era una buca di acqua tersa, gelida perfino d'estate, e il fatto che avesse resistito, coriacea, anche dopo la chiusura della falla francese e la conseguente ricostruzione dell'argine, faceva propendere molti per l'ipotesi che si trattasse piuttosto di una sorgiva naturalmente collegata a un fontanazzo proveniente dal letto del fiume.

La Strulghina e l'Armida vi giunsero nella luce del tramonto, il pulviscolo giallo che accarezzava il viso della fanciulla aveva perduto la magia di sempre. Era ora di un colore macerante, che non dava scampo. Il laghetto era circondato di giunchi e, sulla riva opposta, un filare di pioppi sparuti si stagliava malinconico. La Strulghina si sfilò lo scialle nero che di quella stagione, verso sera, cominciava ad appoggiarsi sulle spalle, e lo stese sulla proda lutulenta. Ci si accomodò sopra e tirò fuori dalla grande bisaccia che aveva sul davanti del vestito qualche noce e due micche di pane. L'Armida la guardò con stupore, ma la donna fece finta di non accorgersene e le disse di prendere una pietra per schiacciare i malli. La giovane ne vide una abbastanza grossa verso la riva e s'incamminò per raccoglierla.

«Sta' attenta a non sblisgare!» la mise in guardia l'anziana.

Verso riva, la terra si faceva molle come panna melmosa: era l'argilla che ancora tratteneva il tepore dei raggi di sole. L'Armida, che non aveva perso l'abitudine di camminare scalza nella campagna intorno a casa, si sentì per un attimo pervasa da quel calore discreto che, attraverso le piante dei piedi, sembrava spingere per risalirle lungo tutto il corpo. A risvegliarla e proteggerla. Allungò la mano e afferrò il sasso, che porse alla guaritrice. La Strulghina schiacciò sei noci, ne allungò tre alla ragazza e tre le tenne per sé, cominciando a sgranocchiarne i gherigli, col pane.

«Si fa buio, Strulghina, e siamo di luna nera. Fra poco qui non si vedrà più niente.» Dalla notte dell'inondazione l'Armida evitava lo scuro. Si ritirava nel capanno molto presto, dove restava ore a rigirarsi insonne nel suo giaciglio.

«Ascolteremo. Còricati sul mio scialle, fece l'anziana.»

Si accovacciò sulle cosce della Strulghina, che si era intanto seduta rimanendo eretta col busto. Il sangue della ragazza pulsava come un martello impazzito, ma il contatto con il corpo tiepido della magara le distese pian piano il respiro: sentiva il diaframma dilatarsi, nonostante il male oscuro che le sfondava il petto. I battiti del suo cuore si fecero più tranquilli e un sogno cominciò.

C'era una donna terrea, dalla carnagione olivastra. Vestiva di nero e teneva la testa reclinata su una ragazza giovane, a cui copriva la parte inferiore del viso. Se ne intravedeva soltanto lo sguardo: fermo, perso nel vuoto. In sussurrata eco, la donna più grande invocava: «... beertoooooo... tiiinaaaaa...».

Da immobile pietà che erano, le due donne presero a vagare nel buio, i loro piedi ciangottavano nella poltiglia: «Mamma, non cadere».

La giovane tratteneva la più anziana, ostinata e incurante del pericolo di piombare nelle acque gelide. Sentendosi soffocare, l'Armida sbarrò gli occhi, in risveglio brutale. Sentiva ancora il richiamo flebile e ossessivo della donna mescolarsi allo scricchiolio delle foglie e al canto scuro di una civetta, regolare come un battito cardiaco.

«Sta cercando i due figli piccoli. Due gemelli, un maschio e una femmina.»

Era la voce pacata della Strulghina. L'Armida avvertì la volontà di scattare, ma di nuovo il suo corpo non rispondeva ai comandi che pur il cervello sembrava inviare. «Era una primavera lontana, almeno due secoli fa o anche di più, una primavera che stava cominciando, quando i due bimbi vennero qua per giocare. La donna era una vedova forestiera e non conosceva il pericolo di queste sabbie mobili. Quando quella sera i piccoli non tornarono al capanno dove la donna viveva da sfollata, lei e la figlia maggiore giunsero presto qui e videro le loro orme sprofondare nella buca gelida. Se non ci fosse stata la figlia a trattenerla, la donna si sarebbe sicuramente buttata nello stagno. I corpi dei gemelli non furono mai trovati. Da allora questa pozza si chiama la Busa di Bambèin. I vecchi di qui ti diranno di non venire mai nelle notti di luna nuova, perché la madre ancora non si dà pace e torna a cercarli. Ma nemmeno di giorno qui troverai mai nessuno. I contadini preferiscono andare sul sicuro.»

«*Mo* allora noi perché siamo venute?»

La voce dell'Armida era strozzata, il respiro corto.

«Questi fanghi curano. Ne ho bisogno per la mia artrosi.»

La giovane stentava a credere alle sue orecchie: «Ma siamo anche di luna nuova! Perché siete voluta venire proprio oggi?!».

«Per fartela incontrare. Si chiamava Zoraide. È in sua memoria che mia nonna mi volle dare questo nome. Un nome che mi ha portato via i figli ancor prima di darmeli.»

L'Armida si sentì raggelare. Le stelle permettevano loro giusto di distinguere le sagome dei volti e dei corpi, ma se fosse stato altrimenti, la Strulghina avrebbe potuto leggere il risentimento negli occhi della giovane – l'odio della bestia a cui è stata tesa una trappola mortale proprio da chi fin lì l'aveva nutrita e che può vedere l'inganno solo quando è troppo tardi, perché si fidava ciecamente.

«Ora còricati, prendo il fango.» La vecchia aveva un tono morbido e perentorio.

«*Mo* ci cascherete dentro!»

«Conosco queste rive.»

Avrebbe voluto offrirle il suo aiuto, ma era paralizzata. Il terrore aveva coperto la voce dell'antica madre e ora poteva sentire solo la civetta, l'ululato sommesso del vento e le serpi frusciare fra le canne palustri. D'istinto si coricò sullo scialle, proprio come le aveva detto la Strulghina, e chiuse gli occhi, aspettando.

L'erbaria si muoveva avanti e indietro, esperta, finché non ebbe accumulato un monticello di argilla odorosa accanto al corpo della giovane, che continuava a tenere gli occhi chiusi e i pugni serrati contro lo scialle, come per non precipitare. L'Armida si scosse istintivamente quando sentì la melma grumosa scorrerle addosso: la Strulghina la stava impanando con mani sapienti e ben presto la ragazza si ritrovò le gambe imbrattate di fango. Non si mosse nemmeno quando con l'argilla l'anziana le irrorò il ventre, fin dentro la natura. Sotto quella premura di madre si sentiva tornare bambina. La Strulghina le sollevò la veste e le cosparse la pancia di mota viscida; nel tepore la tensione sembrò allentarsi. La guaritrice scorreva le mani rapida, senza indugi: «Tirati via il vestito che sennò lo sporchiamo tutto».

L'Armida ubbidì e si tolse la veste sfilandola dalla testa e rimanendo in piedi, nuda. La guaritrice le ricoprì i seni di una terra che pareva ribollente e le massaggiò il collo, energica, mentre la giovane, docile ormai, teneva sollevati i capelli, folti e pesanti, facendo in modo che le ciocche non si imbrattassero, ma qualcuna le sfuggiva. La Strulghina le toccò il gomito destro, spingendolo verso il basso, come a dirle di rilassarsi: i capelli potevano anche sporcarsi, li avrebbero lavati la mattina. Era un corpo nudo incrostato di terra sulla riva di un macero sperduto nei campi della pianura. La Strulghina si avvicinò alla Buca fino a sfiorarne l'acqua con le mani, le immerse dentro – l'Armida sentì il gorgogliare del liquido nel buio – e lanciò uno sbuffo a sottolinearne la temperatura. Ora erano fredde ma pulite, si riavvicinò al suo scialle, lo raccolse da terra e se lo ripose sulle spalle. Trovò rapida la mano destra dell'Armida e la prese nella sua mano sinistra, guidandola verso casa. La giovane non vedeva nulla, a parte qualche contorno confuso, e si abbandonò alla guida dell'anziana.

In breve giunsero al capanno ed era già notte fonda. A casa la Zaira le stava aspettando. Mescolava acqua fumante in una mastella di alluminio, collocata su un fuoco di sterpi che doveva tener vivo da qualche ora. La Strulghina le andò incontro e, insieme, le due donne tolsero la tinozza dal fuoco per appoggiarla sull'erba. Da una delle botti in fila accanto al capanno, la Zaira portò tre secchi d'acqua fredda e la mescolò con quella bollente. Fecero entrare l'Armida nella mastella e cominciarono a sgurarle via di dosso l'argilla ormai secca.

La giovane stava immersa, con la testa riversa indietro. Gli occhi, inizialmente aperti, avevano ben presto cominciato ad assecondare la pesantezza delle palpebre. Ora li teneva chiusi e respirava calma, facendo increspare la superficie dell'acqua. Una volta lavata via la crosta di fango, le mani delle donne si fecero più gentili, continuando a lavarla e massaggiarla. Stavano alle sue spalle, una a destra e l'altra a sinistra, come due aquile a scrutare per lei quell'orizzonte che l'Armida aveva smesso di guardare. Poi presero due seggiole e le si misero di fronte, una per lato, vegliandole il sonno e controllando che l'acqua non si raffreddasse troppo.

«Tua figlia è in stato interessante.»

La Zaira trasalì, ma non disse nulla

Quando l'acqua aveva perduto ogni calore, la risvegliarono, la asciugarono con due stracci e la fecero coricare nel letto di paglia che condivideva con la madre. Quella notte la Strulghina non riposò nel solito giaciglio all'ingresso del capanno: entrò con madre e figlia sotto lo stesso panno, ognuna seguendo le curve del corpo dell'altra, in sequenza. Si addormentarono così, senza abbracciarsi.

9
È Sol'idea d'amor

L'inverno oramai bruciava sulla pelle, quella domenica 9 dicembre del 1934, e Marcòun scalpitava come un puledro. Vivere separato dalla Nadina che stava per dare alla luce suo figlio era diventato un peso che lo faceva fumare anche più del solito. Alla Cà Granda viveva la famiglia Cavalieri, i figli maschi, le nuore e le figlie ancora da sposare. Le figlie maggiori, già maritate, erano andate a vivere con le famiglie dei mariti. Fra il 1901 e il 1926 a Giovanni Battista e alla Mitilda erano nati quindici figli: l'Angiolina, l'Amaglia, Bindo, l'Ines, Gino, Bruno, Ettore, Solideo, Edoardo, la Dolores, che aveva preso il nome di una sorella morta piccolissima, poi Moris, Jaures detto Pìpi, e da ultima la Rosina, nata il 20 dicembre del '26. Due anni prima di lei era venuto Evro, portato via a cinque anni da un brutto male. A ogni covata, la Mitilda lo riconosceva dentro a un pulcino:

«*Védæt, qual lè l'è Evro!*». Vedi, quello lì è Evro, diceva ogni volta a una figlia o a una nuora.

La Cà Granda sorgeva in direzione del Bugno, sulla destra appena passato Ponte Motta. Era un casolare con la facciata rivolta a meridione, verso l'argine. Comprendeva l'abitazione, la soprastante soffitta a cui si accedeva con una scala di legno a pioli e che fungeva da granaio, il rustico, con anche una spaziosa barchessa per gli attrezzi e la stalla, sovrastata da un enorme fienile. Quel giorno il camino in cucina scoppiettava forte ma faceva poco caldo. Ettore era uscito fuori ad aspettare che le donne impiattassero, perché era stanco delle domande pressanti di sua sorella Ines che era passata a pranzo nel giorno di festa col marito e la figlia. Lo faceva sentire uno sprovveduto, sempre in fallo. Non mancava mai di metter lingua, lei. Doveva insegnarti, con quello sguardo altero di zingara scura, come se sapesse sempre tutto. Ora poi che Ettore stava per avere un figlio senza essere sposato e con una che viveva ancora a casa da sua madre... Vedova, per giunta! Chi la teneva più, a sua sorella?

Il ragazzo si stava accendendo una sigaretta nell'aria gelida, quando riconobbe il timbro farneticante di Zenone del Cantone che cantava, andando su e giù con la voce:

... eppur la nostra idea
non è che idea d'amor
eppur la nostra idea
è sol'idea d'amor
è sol'idea d'amor
è sol'idea d'amor
è sol'idea d'amor

«*Oh ve'*, ti si è incantato il disco?»

«*Ve'... di su' Marcòun, va' d'mandār a to surèla cūs*

la gà in d'la panāra!» Va' a chiedere a tua sorella cos'ha dentro la dispensa.

Fosse stato un altro a pronunciare quell'allusione sconcia, Ettore avrebbe reagito con stizza se non direttamente con un cazzotto, ma Zenone ormai lo conoscevano tutti alla Motta. E nessuno ignorava che la fame la pativa davvero e che quella era la formula con cui, senza gravare troppo su un unico desco, si palesava a intervalli irregolari a casa delle famiglie contadine del territorio. Ettore sapeva anche che Zenone era un bracciante, scappato via dal Finale perché i fascisti avevano preso di mira gli anarchici. Lo conosceva come il fratello dell'erbaria che aveva guarito la loro primarola azzoppata e come lo zio della ragazza dai lunghi capelli neri.

Ettore tirò l'ultima boccata dal mozzicone stretto tra indice e pollice, come se volesse risucchiarlo, ed entrò scaldandosi le braccia con le mani, poiché era uscito senza il tabarro. Prese da parte la Rosina, sua sorella piccola, e le disse di aggiungere un piatto sulla tavola che c'era Zenone del Cantone. La bambina scrutò l'ospite incuriosita e le scappò da ridere a vedere quel personaggio diroccato, ma tuttavia allegro e canterino. Sgattaiolò in cucina a portar la novella *a cal dóni*. Alle donne.

Dalla stalla era appena rientrato Giovanni, il vecchio. Si era seduto a capotavola e aveva fulminato Zenone con un'occhiata, facendolo ammutolire d'un colpo. Odiava che, con canzoni proibite e gesti scriteriati, si attirasse l'attenzione sulla sua famiglia, in odor di comunismo fin dai primi tempi. Ettore abbassò lo sguardo, arrossendo: si sentiva responsabile della presenza di quell'ospite inatteso e imprevedibile.

Era immerso nelle sue titubanze, quando sulla porta

comparve una bambina. Era la Pina Reami, con le gote rosse di freddo e gli occhi giulivi della messaggera:

«*Ettore, me surèla la gh'è drìa...*». Solo così, diceva, con verecondia. Mia sorella c'è dietro. Sta mettendo al mondo il vostro bambino.

Ormai la Nadina tribolava anche ad alzarsi dal letto. Le gambe le si erano gonfiate e scendevano diritte come remi sulle caviglie larghe, il respiro le si faceva corto e non riusciva a chinarsi nella turca per fare i suoi bisogni. Uscire con quel freddo la prosciugava.

«*Fàt curāg', Nìna, c'ag sém.*» Fatti coraggio che ci siamo, badava a dirle sua sorella Olga.

E quel giorno, finalmente, quella frase stava diventando vera. La Nadina pensava che sarebbe morta dal male e urlò all'altra che andasse a chiamare la levatrice. Sua madre guardò l'Olga e le disse che non c'era fretta. Poi cominciò a pregare.

Nella stanza crepitava il camino – perché quella era una casa padronale, col camino anche nelle camere da letto; la Rosa Pacchioni era riuscita ad averla per poco denaro visto che, tutte le volte che Secchia tracimava, le mura si impregnavano d'acqua. La Nadina era rannicchiata a letto, molto pallida, sopraffatta da un dolore che le sembrava immeritato. "Qualcosa sta andando storto e la mamma la bada a pregare, lei" farneticava muta. Sentiva che si stava squarciando in due e non avrebbe più potuto richiudersi. Un taglio, netto e irrimediabile. Ma tanto era troppo tardi, non si poteva più tornare indietro. E allora la Nadina spinse in fuori con tutte le sue forze.

Quando arrivò Marcòun, la famiglia Reami era riunita intorno al tavolo: stavano cenando, come tutti gli altri giorni. La cucina era illuminata da due candele fioche e nelle scodelle s'intiepidiva una zuppa di broccoli. Sentirono bussare e fu Salesio ad aprire la porta. La vedova, che quel 10 dicembre compiva quarantatré anni, si alzò e andò nella stanza dove la Nadina dormiva esausta, con la neonata vicino al seno. Scostò con grazia ruvida il panno e sollevò la bimba. L'avevano già fasciata stretta e quando la vide per la prima volta in braccio a sua nonna, schiacciata come dentro a un bozzolo, a Ettore sembrò un enorme baco da seta, grinzoso e rosato. Aveva gli occhi, la bocca e il piccolo naso raggrumati al centro del tondo di faccia che le garze lasciavano scoperto. Non si era svegliata quando la Rosa l'aveva sgusciata dal torpore sotto le coperte: continuava a dormire appagata. Sembrava fin contenta di essere capitata lì, come se ci fosse sempre stata. Ettore avvertì un magone strano che gli veniva su dallo stomaco. All'improvviso sbottò:

«*L'as ciæma Solidea*». Si chiama Solidea.

Poi uscì di scatto, si chiuse l'uscio dietro le spalle e cominciò a camminare verso casa a grandi falcate, col freddo che gli tagliava la faccia.

La vedova Reami guardò i suoi quattro figli seduti a tavola, uno a uno, in cerca di una spiegazione. L'Olga aveva preso la piccola in braccio e la cullava, rasserenata dalla calma che la bambina emanava. Se la teneva schiacciata sulla clavicola come un talismano e annusava quell'odore intatto. La Pina fissava la sorella maggiore, rapita da quella nuova, delicata presenza. Salesio non sapeva cosa dire ma, dopo tutto, come si sarebbe chiamata non gli importava più di tanto. Sperava solo che continuasse a essere silenziosa come in quelle sue prime quattro ore di vita. Si avvicinò al camino distendendo le dita delle mani con le palme verso la fiamma, per sentire ancora più caldo. La vedova Reami si risedette a tavola e assunse un'espressione concentrata: stava scorrendo nella memoria tutte le sante che conosceva, ma il nome pronunciato da quel giovane sgarbato e nero non assomigliava a nessun altro. Umberto guardò sua madre e ripeté:

«Solidea. *An l'ò mai sintū, mo l'è bèl.*» Non l'ho mai sentito, ma è bello.

Guardò la bambina che dormiva in braccio all'Olga e decise che anche per lui era ora di coricarsi, ma prima sbirciò dentro la porta della Nadina perché, dopo le urla lancinanti di quel pomeriggio, voleva essere sicuro che sua sorella fosse ancora viva.

10
Nata con la camicia

Dopo il rituale alla Busa di Bambèin, l'Armida aveva dormito per due giorni di seguito. La madre e la Strulghina l'avevano lasciata tranquilla e perfino suo zio Zenone aveva cercato di trattenersi col chiasso mentre riparava gli attrezzi che il padrone gli pagava a cottimo. Aveva la vaga impressione che qualcosa di importante fosse accaduto in sua assenza, ma non aveva chiesto spiegazioni. Capiva tuttavia che sua nipote si sarebbe ripresa dal fatto che sua sorella e l'anziana taumaturga continuavano nel loro viavai di sempre, i volti seri ma non disperati.

L'Armida si risvegliò martedì 9 ottobre. Alle luci dell'alba le due erbarie, già alzate, avvertirono dei singhiozzi soffocati provenire dal suo letto. Zenone era rientrato da poco e doveva aver bevuto del vinaccio all'osteria, in cambio del lavaggio dei piatti: dormiva della grossa e nemmeno quei singulti interruppero il suo russare.

La Zaira si avvicinò alla figlia per chiederle cosa avesse: «*Cus' a gāt?*». Cos'hai?

«*Gninta. Làsa stār.*» Niente. Lascia stare.

«L'è mej ch'in dascuréma adesa cag'sém chè tuti.»

Era meglio parlarne nel momento che c'erano tutte. *Tutte e tre.* La Strulghina aveva diradato le visite a domicilio e ora passava più tempo da loro che a casa sua al Cavezzo. Con la Zaira e con l'Armida si era sentita di nuovo dentro a una famiglia, come da bambina, quando viveva con la nonna, la madre e le sorelle. La gente la mandava a chiamare spesso anche lì alla Motta e lei non si tirava indietro.

Nel limbo del dormiveglia, l'Armida raccontò alle due donne dell'abuso nella notte dell'alluvione. Come in *trance.* Mentre la figlia mormorava il suo racconto, nel meccanico profluvio di chi affiora da secoli di mutismo, la Zaira serrava gli occhi perché le mancava il respiro. Si era seduta al bordo del letto, mentre la Strulghina era rimasta in piedi dietro di lei. Il ceruleo degli occhi della vecchia si faceva sempre più cupo, come se un odio atavico le montasse di lontano. Quando l'Armida finì di raccontare non piangeva più, le guardava vergognosa e titubante. La Zaira riuscì solo a stringerle piano il braccio destro. La Strulghina invece sembrava invecchiata di secoli, la pelle si era avvizzita e si notava lo sforzo che faceva per contenere il suo fiele:

«Sécia l'a bèla fāt al só córs e l'à masā c'al péz ad mérda.»

Secchia ha già fatto il suo corso e ha ammazzato quel pezzo di merda. Le altre due donne la guardarono con aria interrogativa.

«Il figlio della vedova Reami, Umberto, ha detto che al Bosco della Saliceta hanno ritrovato un morto che nessuno ha riconosciuto. Aveva una camicia azzurra. Il fiume ha fatto giustizia.»

E la sua voce era un soffio sordo a bruire nella pianura.

Dopo quella confessione l'Armida si alzò e riprese a lavorare come prima: in campagna e al casotto, studiando i preparativi della madre e della Strulghina per i riti di guarigione. Il suo ventre cresceva, ma lento, e lei continuava a muoversi scattante come uno scricciolo. Solo a chi la osservasse bene non sarebbe sfuggito lo sguardo opaco: una patina dura la separava ormai dai suoi anni più verdi. Ma procedeva in una solidità riflessa, lungo il ripetersi sempre uguale dei suoi giorni sbiaditi.

Lo zio Zenone con lei era ancora più imbarazzato di prima: pensare a tutte le piroette per aria che le aveva fatto fare quand'era bambina e poi, per uno scherzo della natura, si era ritrovato all'improvviso davanti un'estranea. Era rimasto turbato e vederla gravida lo aveva reso ancora più schivo. Una notte, ubriaco, aveva svegliato sua sorella con malagrazia, intimandole di dirgli il nome di chi aveva ridotto così sua nipote. Con pazienza esperta, la Zaira aveva dissuaso il fratello dal risolvere la cosa alla sua maniera e lo aveva convinto a mettersi a letto. Ne avrebbero parlato l'indomani, quando lui fosse stato sobrio. Senza alcol in corpo, però, Zenone provava uno strano sentimento di ritrosia mista a vergogna.

Le doglie, le donne se le aspettavano per la seconda metà di maggio, ma la notte fra il 24 e il 25 marzo del 1935 all'Armida si ruppero le acque.

Una luce bianca la avvolse nell'aria tersa che sapeva di terra. Aveva sentito il desiderio di uscire per cercare la luna, che era stata piena solo pochi giorni addietro, e la scorse nella direzione della Busa di Bambèin. La seguì, come ipnotizzata. La campagna sembrava assorta nel nitore notturno di quella presenza, che sagomava i profili degli alberi rendendoli argentei e spettrali. L'Armida procedeva senza tremiti, verso la risorgiva. Sentiva il richiamo del tepore di mani che l'avevano avvolta, le avevano protetto il ventre, restituito il ricordo di un'infanzia. Forse nemmeno la sua.

Giunta alla Busa la vide come per la prima volta, rischiarata da quella luna abbondante, enorme seno che consolava. Asciugava le lacrime che avevano riarso i loro volti, assorbiva i lamenti, trasformava i sibili in guaiti di piacere. L'Armida sentiva un calore riempirla, come quando si era addormentata contro la Strulghina. E chiuse gli occhi. Si accovacciò a terra, il suolo un enorme scialle di lana ruvida e odorosa. Sentì come uno scrocco. Un suono che il suo corpo avvertì come una novità senza stupore. Pondo greve antico richiamo. Si addormentò nel dondolio dell'attesa.

Non avrebbe saputo dire quanto tempo dopo, fu risvegliata da un morso lancinante che le schiacciava il respiro. Continuava a tenere gli occhi chiusi, come se le sue palpebre fossero uno schermo a riparare il tumulto interiore delle acque, la tempesta che le premeva contro le pareti della pancia, irrigidendole le gambe. Strisciò verso il fontanile e lì aprì gli occhi per afferrare il ramo basso; spuntava da un tronco che affondava le sue radici sulle rive dello stagno. Distese entrambe le mani come ad appendersi. Quando arrivava la contrazione si abbandonava a terra, facendosi conchiglia attorno al suo mollusco pulsante, poi si riappendeva al ramo, lasciando dondolare la parte inferiore del corpo, alla ricerca di un sollievo. Respirava profondamente e, per quanto poteva, continuava a tenere gli occhi chiusi. Ansimava e di tanto in tanto la notte era squarciata da un suo grido. Le upupe si erano ammutolite, ma la vegliavano con i loro occhi spilliformi, fissi come quelli dei matti. Le civette accigliate se ne stavano immobili sui rami, arcigne sentinelle.

Un urlo gutturale e prolungato le fece capire che era al culmine. Spalancò gli occhi. L'acquitrino con le sagome scheletriche degli alberi e i giunchi sottili era un antro infernale. Li richiuse. Le upupe incoronate e le occhialute civette la conducevano alla morte, ma non sentiva paura. Piuttosto sollievo. Avrebbe fatto spazio al vuoto, se non avesse avvertito un corpo viscido sguillarle fra le gambe, repentino. Si accovacciò in tempo per raccoglierlo.

Aprì gli occhi e vide che teneva fra le braccia una sacca dalle membrane spesse, di un colore verdastro come il muco, che lasciava trasparire un minuscolo corpo rannicchiato, con un braccino richiuso a portare la mano sulla bocca e l'altro piegato, con le dita della mano distese. Le palpebre erano serrate strette e il volto corrucciato s'insaccava nelle spalle, le gote sembravano gonfie e conferivano all'incavo oculare un taglio orientale. Sulle pareti della bolla mucosa s'intravedevano piccole pozze di sangue, la più estesa sotto il sedere, mentre nello spazio fra il collo e il braccio, tenuto sollevato, scorreva un rivolo denso di quel catarro ubertoso che aveva nutrito l'esserino finché era stato rintanato dentro la madre. Aveva tanti capelli, boccoli schiacciati contro le pareti gommose di quella placenta che era fuoriuscita intatta e ancora ovattava i primi minuti che la creatura trascorreva sulla terra. Gambe e braccia la chiudevano a uovo, nascondendone il sesso.

L'Armida la teneva in grembo, guardava le sembianze equoree di quello strano essere preistorico. Amava quella placidità fragile, si sentiva tutt'uno con la creatura e inespugnabile, per la prima volta. Non sarebbe arrivato nessuno a portargliela via, nessuno la avrebbe allontanata da lei. Erano loro due. Nel liquido vischioso di una reciproca rivelazione.

La luna e il sole si ammiccavano nel cielo dell'alba, quando arrivarono la Strulghina e la Zaira. La vecchia aveva il fiatone perché avevano fatto la strada di corsa, ma non si fermò a riposarsi. Stese a terra il suo scialle e ci fece accomodare sopra l'Armida: «Gennaio ingenera, febbraio intenera, marzo imboccia» le disse.

Prese la Zaira per la mano e le sorrise: «Nato vestito, fortunato e guaritore. Guarda come dorme beato sulla pancia della mamma».

La Zaira distese i muscoli del volto che fino a quel momento erano stati in tensione: aveva sentito parlare di bambini nati con la camicia, ma non ne aveva ancora mai visto uno. Coinvolta com'era, aveva temuto una qualche mostruosità. La Strulghina svegliò l'Armida con un colpetto sulla spalla. La Zaira vide la figlia dietro le lacrime che le stavano riempiendo gli occhi e sentì spingerle dentro un magone solido: «Non lo aspettavamo così presto. Nato vestito e settimino, andrà in strigozzo...» provò a scherzare la Zaira.

«Incamiciato ben bene di sicuro, *mo settimino propria no. Va' là* che lui qui è nato compiuto. Non ci manca niente.»

La Strulghina non aveva dubbi.

Fece un'incisione sottile nel sacco, in modo che l'essere potesse tirar fuori la testa e respirare, non volle vedere se era un maschio o una femmina prima di passargli il potere. Mugugnò qualcosa di incomprensibile e infilò nella manina un tizzone di legna spento che si era portata nell'enorme tasca del grembiale.

Il neonato la sfiorò senza apparentemente sentirla, ma la Strulghina prese la mano dell'Armida e la portò su quella del piccolo racchiudendovela dentro insieme al pezzo di carbone: «Curerà il fuoco di Sant'Antonio».

Solo allora fece sgusciare il corpicino dalla conchiglia lattiginosa che ancora lo avvolgeva lungo gli arti inferiori e guardò finalmente fra le gambe: «È femmina, Madonna benedetta».

Le tre donne si incamminarono pian piano verso casa. L'Armida teneva la neonata in collo, avvolta nello scialle nero della Strulghina.

11
In fondo al tratturo

Il capanno odorava ora di verbena, un profumo agrumato e penetrante che la Strulghina cospargeva per cacciar via ogni lordura. La vecchia erbaria insistette perché la bambina venisse battezzata a pochi giorni dalla nascita. Dentro le fasce strette le nascosero un *breve*: un cuore di stoffa con cuciti sopra dei fiori secchi e una tasca dove avevano infilato dei fogli – le formule di guarigione che erano state sussurrate all'orecchio della piccola appena venuta al mondo e che le sarebbero state ripassate appena sopraggiunta l'età della ragione. La guaritrice inserì anche un filo con l'ago per gli orzaioli, la Zaira provò a protestare ma non ci fu verso; non ne fecero parola con l'Armida che si sarebbe preoccupata. E naturalmente nulla dissero al prete. Era uno nuovo. Giovane e intimidito dall'aria risoluta con cui la Strulghina era entrata in canonica, dicendogli che c'era una bambina da battezzare.

Lui riconobbe l'Armida, che aveva visto poche volte a messa, e provò ad abbozzare un rimprovero. L'anziana lo fulminò con lo sguardo. Il pievano allora le fece entrare alla chetichella e le condusse dietro all'altare, facendo inginocchiare l'Armida. Lui si collocò accanto all'antica fonte battesimale, immerse un ramaiolo nella vasca di acquasanta e la riversò sulla testolina, cercando di essere il più delicato possibile, ma non riuscendo a evitare il deflagrare di un pianto incontenibile.

«Come la chiamiamo?» disse rivolgendosi alla più anziana.

«Liuba» rispose l'Armida, senza esitazione.

La Zaira rimase impassibile, mentre la Strulghina aggrottava le sopracciglia. Al pianto della bambina, la giovane sentì di nuovo quel panico che aveva conosciuto nei giorni precedenti, alba di madre. Una sensazione che tuttavia si andava attutendo. Riavvolse la Liuba nella copertina azzurra e se la accoccolò al seno, sentendo ancora la gioia selvaggia e straziante della reciproca appartenenza: nessuno sarebbe venuto a reclamare quella creatura che l'amava d'interessato istinto. Come i cani, che nutriamo e non ci dimenticano mai, neanche dopo la nostra morte.

Se ne andarono quatte, nella luce bisognosa del tramonto. Appena rientrate al capanno, la Strulghina fissò l'Armida negli occhi e le disse: «Avevi già fatto peccato prima che ti usassero violenza sull'argine. La prossima vigilia ti passo il dono di segnare anche a te. Ti servirà».

Era vero. Tutto era cominciato la notte di Natale del 1933, quando la Strulghina aveva trasmesso alla Zaira la virtù e l'Armida era stata affidata a suo zio. Era domenica. L'aria era tersa, di luce breve. Già prima delle cinque era calata la sera, e quando i due si erano incamminati verso la pieve, sembrava già notte fonda. La cena era stata frugale, come sempre: nessun segno di festeggiamento al capanno dei Morselli, solo due candele accese sulla tavola. Le donne avevano riassettato rapide la cucina e poi la Strulghina aveva guardato fisso Zenone, a fargli capire che era ora di levare il disturbo. Lui si era buttato il tabarro sdrucito sulle spalle e aveva infilato il cappello marrone di feltro, leggermente sfilacciato lungo i bordi, facendo cenno all'Armida di seguirlo. La ragazza non aveva osato protestare, ma temeva il freddo. Aveva addosso un vestito di cotone spesso, che era stato di sua madre, fortuna che aveva le maniche lunghe e poteva abbottonarlo fino al collo; anche se logoro per gli anni, lasciava ancora immaginare una fantasia graziosa, con delle sottili picche bianche su un tessuto blu chiaro – la Zaira aveva ereditato dalla madre Isaura un certo gusto per le stoffe. L'abito sagomava le spalle gracili e ben disegnate della fanciulla, le si stringeva alla vita con un nastro sottile, identico al vestito, arrivava a metà dei polpacci che, per ripararsi dal freddo dicembrino, l'Armida aveva avvolto in due calzettoni di lana grezza. Sopra si era appoggiata un giubbino pesante, grigio, che le aveva portato la Strulghina dal mercato del Cavezzo. Lo indossava con grande orgoglio, ma non le sarebbe bastato a proteggerla dal freddo pungente di quella notte di serenità ingannatrice. In testa non aveva messo nulla per coprirsi, ma aveva voluto raccogliersi i capelli folti in un elaborato concio, per non dare troppo nell'occhio mostrando che le arrivavano fino alle anche.

Erano usciti dal casotto e l'Armida si era stretta forte contro il petto le braccia conserte, a farsi tana. La luna rischiarava i campi, inondandoli di una luce porosa, e il gelo bloccava gli odori imprigionandoli nel terreno. La campagna pareva allora cristallizzata in una palla di vetro, un mondo arcaico di sapore intatto. Inattingibile. L'Armida e Zenone vi avevano camminato dentro a passo rapido, come a vincere l'aria rabbrinata. In una decina di minuti erano giunti alla chiesa parrocchiale di Santa Maria ad Nives: un edificio austero, eretto su una cappella risalente al XIV secolo, appartenuta alla nobile stirpe degli Azzolini. Intere famiglie confluivano sul sagrato, vestite a festa: contadini e braccianti non si mescolavano con i ristretti nuclei dei possidenti e non mancavano, nell'atmosfera festosa indotta dall'occorrenza, sguardi risentiti e borbottii in cagnesco. Ma prevaleva un'immota ritualità che, almeno negli schiamazzi dei bambini, sembrava sospendere per il breve istante di una notte le inimicizie e i grumi, lasciandoli implodere nelle bestemmie masticate fra i denti dagli avventizi e dai terzadri, che il regime premiava per i tanti figli di cui poi si dimenticava subito. Il sagrato li appianava in un fugace battito di uguaglianza, immediatamente smentita a una più attenta disamina di abbigliamento e pinguedine, nonché, subito dopo, all'entrata in chiesa, quando i possidenti si accomodavano nei primi banchi, coi nomi delle loro stesse famiglie finemente incisi sopra, mentre la restante massa si assiepava nei banchi posteriori di legno grezzo, intagliati nell'anonimato, o rimaneva in piedi sul fondo. In una delle postazioni mediane era seduta la vedova Reami coi suoi cinque figli suddivisi ai lati, come una chioccia svettante: sulla destra Salesio e accanto a lui l'Olga, vicina alla madre, mentre sulla sinistra la Nadina, con Umberto e la Pina, pronta a sporgersi a ogni nuovo ingresso, per vedere chi era arrivato.

La presenza di Zenone con l'Armida aveva sollevato non pochi mormorii, che avevano disturbato lo zio e imbarazzato la nipote, la quale si era avviluppata ancora più strette le braccia al petto, perché dentro gli sembrava di sentire più freddo che fuori. Umberto, che non aveva ancora compiuto tredici anni, continuava a girarsi verso di lei, timoroso di vederla sparire da un momento all'altro. Distoglieva immediatamente lo sguardo e si fissava su un punto indefinito davanti a lui, come ipnotizzato dall'enorme crocifisso appeso dietro all'altare, ma in realtà semplicemente in fuga da quella strana fissazione che per la prima volta sentiva informicolargli il corpo. La Nadina se n'era accorta e all'ennesima torsione del collo del fratello verso quel punto magnetico in fondo alla chiesa, gli aveva poggiato decisa una mano sul braccio schernendolo: «*T'um pār un rundanèin lintī!*». Un rondinino affamato, sembri.

Umberto era arrossito e aveva abbassato la testa, scorrendosi la mano destra sul lecco che gli facevano i capelli sulla fronte; poi si era messo a fissare le scarpe consunte.

In fondo alla chiesa c'erano anche i montanari: con le voci screziate dal freddo si parlavano in quella loro lingua strana, che sulle *u* gli faceva raggrinzare le labbra a culo stretto di gallina, come signorine schizzinose. Erano pastori con le loro famiglie, che scendevano dall'Appennino con l'autunno. Lungo gli argini di Secchia e di Panaro si spostavano con le loro greggi, tenute raccolte dai fidi cani, e raggiungevano in un paio di settimane le valli del Mirandolese, spianate larghe che si aprivano generose verso le terre di Mantova e Ferrara, lande senza riparo, a cui i loro occhi avvezzi a rupi e strapiombi non si abituavano mai. Arrivavano giù fin da Montefiorino, Palagano, Frassinoro, Pievepelago, Fiumalbo, Pavullo, Polinago, percorrendo a piedi anche più di centocinquanta chilometri, col loro cavallo a trainare un biroccio dalle ruote enormi, ricoperte da un cerchione di ferro. Sotto vi fissavano le gabbie per le galline e per gli agnelli nati da poco, e di lato agganciavano delle lanterne a olio che utilizzavano negli spostamenti notturni. In cima, ricoperti da un telone impermeabile, ammucchiavano bauli di stoviglie, vestiti, viveri, con pali e reti per costruire i recinti, dove ogni sera avrebbero ricoverato le loro greggi. In pianura, i pastori si sistemavano a casa dei contadini, barattando con le famiglie autoctone farina di castagne, caciotte e lana in cambio di salami, riso e farina di frumento. I coloni facevano trovar loro delle grosse capanne fatte di fascine di granturco per ricoverare le pecore ogni sera; per ripagarli, i montanari regalavano il letame delle loro pecore, molto apprezzato per concimare i terreni. Si svegliavano prima dell'alba, mungevano le loro bestie e poi le conducevano lungo le cavedagne. Camminavano per chilometri e chilometri ogni giorno, fermandosi quando il sole era più alto per mangiarsi un pezzo di pane col formaggio. Con la primavera, allo sciogliersi delle nevi, i pastori rimontavano i carri e prendevano la strada del ritorno, verso le loro montagne.

Quell'anno, Giulio e suo zio erano scesi a valle lungo i tratturi per la prima volta senza le donne. La zia Anna ormai dava segni di debolezza sempre più allarmanti. Era smunta, patita, gli occhi incavati nel viso scarno. Tossiva parecchio e sembrava allontanarsi sempre più da questo mondo. Brenno temeva che la moglie non avrebbe potuto affrontare il viaggio e aveva chiesto a sua sorella Ancilla di prendersi cura di lei durante i mesi della pianura. Giulio era orfano di un caduto della Grande Guerra, viveva con la madre, lo zio e la zia, in Appennino, dentro a una casa di pietre antiche, col tetto spiovente ricoperto di lastroni di arenaria, adatto a far sciogliere rapidamente la neve. Era molto piccola, ma aveva due piani: in basso l'ovile per il gregge, sopra l'abitazione vera e propria. Era, la loro, una famiglia di poca prole, che la gente guardava di traverso. Soprattutto la zia Anna era bersaglio delle male lingue, che la accusavano di non essere abbastanza donna da mettere al mondo dei figli. Alla morte del padre di Giulio, la madre aveva preferito venir via dalla famiglia del marito – aspri dissapori aveva con la suocera e le cognate, che mal digerivano la sua schiettezza e il suo sarcasmo. Suo fratello l'aveva riaccolta volentieri, insieme a Giulio e alla figlia maggiore, Erminia, che qualche mese prima si era sposata, abbandonando il casale per andare a vivere con la famiglia del marito.

Giulio aveva quell'inverno diciassette anni e non conservava nessun ricordo del padre, morto giusto prima della licenza che stava aspettando con l'impazienza febbrile di ogni soldato, intensificata dalla curiosità di conoscere il nuovo nato. Era un ragazzo verace, Giulio, sempre pronto alla battuta e allo scherzo. Fra i pastori burberi di laconica lingua, spiccava come una primula rossa, ma sapeva anche essere lavoratore e alle pecore ci si affezionava. Fin da bambino era stato affascinato dai loro corpi lievitati di nuvola e quelle belle volte che, dopo averlo cercato nei sentieri e nel bosco, all'orlo dei dirupi, lo zio e la madre lo avevano trovato addormentato sul manto soffice di una delle più anziane e pazienti. Era sempre stato un bambino più sveglio della sua età.

12
Liuba, come l'amore

Quella Vigilia di Natale Giulio se ne stava ammassato con gli altri pastori in fondo alla chiesa, quando aveva notato il disagio dell'Armida. L'uomo con cui era entrata scalpitava fra tutta quella gente, sbuffava dalle narici come un cavallo imprigionato, tanto che, ancor prima che il prete uscisse per cominciare la funzione, era svicolato dalla porta in fondo e si era seduto sulla scalinata, accendendosi la sigaretta che aveva scroccato poco prima a uno dei giovani comunisti accrocchiati sul sagrato. Mentre Zenone usciva, la nipote lo aveva guardato con sguardo implorante, ma non era riuscita a trattenerlo.

Giulio le si era avvicinato: «Hai freddo?».

«No» aveva risposto lei sospettosa.

«Ma se tremi!»

«Non tremo. Fan aspettare troppo questa sera.»

«Che fretta c'hai? Siamo di festa. Non sei contenta?»

«Uguale agli altri giorni.»

«Perché? Non avete festeggiato a casa tua?»

«Mica tanto.»

«Vieni con me dopo la messa.»

«Te sei matto... Ma dove, dio bono?»

«*Mo* come parli che siamo in chiesa?! È tuo padre che non ti ci lascia?» le aveva domandato Giulio.

«Lui non è mio padre. È mio zio...»

E ci era mancato poco che scoppiassero tutti e due a ridere, senza un motivo apparente.

Dalle file di mezzo, una donna si era girata a sgridarli, che erano in chiesa:

«*Alora?! A sém in ciàisa.* Un poco di silenzio!»

L'Armida era arrossita. Aveva fatto di tutto per rimpicciolirsi fino a scomparire perché odiava stare al centro dell'attenzione e ora guarda cosa le stava combinando questo qua! Lo aveva fulminato con lo sguardo. Lui si era finto offeso, poi le aveva sorriso con un'allegrezza a lei sconosciuta. Aveva labbra carnose e denti bianchi, i due incisivi leggermente più grandi della media gli davano un'aria di lepre furba e affettuosa. La guardava senza abbassare gli occhi, con insistenza. Non stavano ascoltando nulla della messa, non c'era più molto in quel luogo che li potesse interessare.

«Dove stiamo noi questa notte si balla. Vieni con me.»

«Sono con mio zio, non posso.»

Quando erano usciti, sul sagrato aveva appena cominciato a fioccare, briciole bianche nella luce tenue di una luna a metà. Dello zio Zenone nessuna traccia. L'Armida si guardava intorno esterrefatta. Non era più impaurita da tutte quelle persone. Si sentiva anzi leggera, ora; nel vestito fuori stagione e coi suoi scarponi rotti, le sembrava di non avvertire nemmeno più il freddo. Per un attimo. L'aria era tagliente, senza vento almeno, e traspirava sotto il vestito facendole venire la pelle d'oca. All'improvviso aveva sentito una coltre di pelo bianco sulle spalle.

«Copriti che è Natale!»

Giulio non demordeva: «Tuo zio ha preso lungo i campi, secondo me».

«Senza il tuo mantello avrai freddo» gli aveva detto lei, facendo finta di non aver udito le sue parole.

«Prendimi sotto con te, s'è per quello!»

«*Mo* te sei matto!»

L'Armida continuava a guardarsi intorno. Ormai la chiesa si era svuotata e il sagrato pullulava di nuovo di gente.

«Giulio! *Cusa fāt?*» lo aveva chiamato lo zio Brenno. Era un uomo piccolo, dagli arti corti e robusti, con la mascella prominente. Era scuro, di capelli e di carnagione, una stempiatura pronunciata gli rendeva la fronte larga, mettendo in evidenza le ossa delle tempie. Gli occhi color castano chiaro risaltavano di una strana luce sotto le ciglia nerissime che gli davano un'aria seria, stemperata tuttavia dalla bocca carnosa, mobile nell'accompagnare i guizzi della sua mente, rapida e istintiva. Zoppicava leggermente e la breve asimmetria fra le sue gambe gli spingeva in fuori il sedere, rassodato dalla quotidianità del passo e dello sforzo.

«Buonasera signorina. C'è il veglione nella stalla, vuoi esser dei nostri per le cantate di Natale?»

Giulio aveva squadrato suo zio con stupore: non gli conosceva quel garbo. I pastori avevano preso a suonare le loro zampogne e la Motta si era fatta un piccolo presepe sperduto nelle pianure, limbo di sogno, lontana nel tempo e nello spazio, in una distanza che per quella notte si faceva protezione. L'Armida non se l'era sentita di rifiutare allo zio con la stessa apparente risolutezza con cui aveva rifiutato al nipote e rispose solo:

«Se si può, volentieri».

Giulio aveva fatto un inchino gioioso e aveva detto allo zio che la avrebbe accompagnata lui.

Umberto li aveva visti allontanarsi insieme e aveva sentito una morsa allo stomaco, come se stesse per espellere le budella. Aveva preso per mano sua sorella Pina e si era incamminato verso casa Reami, dove nemmeno quella sera si sarebbe ballato.

La passeggiata sotto le stelle, visibili nell'aria limpida, era stata silenziosa solo per pochi minuti, perché ben presto Giulio aveva cominciato a tempestarla di domande: come mai era da sola con suo zio, non aveva dei genitori e dove viveva e quanti anni aveva e, naturalmente, come si chiamava.

«Armida!» aveva esclamato estasiato. «Anche da noi i cantastorie portano i racconti delle dame e dei cavalieri.»

L'Armida aveva dato segno di capire, ma le erano venuti in mente solo i Cavalieri del podere di fianco al loro capanno, con tutti quei figli e le vacche da curare, e quello più scuro, Ettore, che ogni tanto la salutava e ogni tanto faceva finta di non vederla. Se l'erano presa con calma. A Giulio piaceva fermarsi per raccontare con più partecipazione: le diceva delle sue montagne che conosceva innevate solo per sentito dire, perché l'inverno da quando si ricordava l'aveva sempre trascorso lì, in quelle terre basse. Era venuto fuori che l'aveva già notata e che lo sapeva che quell'uomo non era suo padre, ma le aveva voluto chiedere qualcosa tanto per rompere il ghiaccio. L'Armida si era schermita, come a dire che non ci credeva. Giulio le restituiva un senso di meraviglia, un'abbondanza intatta e libera dai crucci. Tutt'in un momento lui le aveva preso le mani come a rinfocolarle e lei si era stupita di come si scaldassero subito, nonostante lui fosse rimasto al freddo per lasciare a lei il mantello di lana. Aveva sostenuto che ci sarebbero stati sotto insieme, ma nei fatti non ci aveva nemmeno provato. E lei gliene era stata grata, perché non sarebbe riuscita a rifiutargli riparo, anche se sapeva che non stava bene acquattarsi lì sotto in due, sconosciuti fino a poco prima e solitari nella notte. Si fidava dell'ignoto di lui, come se le risuonasse nelle ossa. Proteso nel mondo senza indugi, Giulio sanava la sua fame di sole.

Armida gli aveva raccontato di sua madre, che quella notte riceveva il dono.

«Come la Ljuba!» aveva esclamato il ragazzo.

E quel nome – Liuba – lei lo avrebbe poi sempre collegato al nitore avvolgente di una notte spiritata di bellezza. «È un nome che non ho mai sentito, com'è bello!»

«Vuol dire "amore", in lituano.»

Lo aveva detto serio, senza rabbuiarsi. Come lo sapeva? Avrebbe voluto chiederglielo, ma di lontano si erano sentite le fisarmoniche e le zampogne riecheggiare dall'aia. Giulio aveva cominciato a correre senza lasciarle la mano e lei lo aveva seguito, spensierata. Dal cielo continuava a nevicare, con delicatezza di sogno, ma nell'aia alcune coppie volteggiavano all'aperto. I ballerini erano coperti dai tabarri e da spesse giacche di lana, avevano ai piedi scarpe rotte di cuoio, col legno inchiodato sotto, affinché si consumassero più lentamente, i volti erano segnati dalla fatica, ma i loro corpi si libravano leggeri. I suonatori stavano al caldo della stalla, mentre le donne più anziane e le maritate rammendavano o sferruzzavano, i bimbi tutti riuniti insieme facevano anche più baccano del solito: era l'euforia di quella notte che si propagava contagiosa nell'aria.

Appena entrati nella stalla, una delle contadine aveva passato a Giulio e all'Armida un bicchiere di vino rosso che li aveva riscaldati fino alle radici dei piedi. Il viso dell'Armida, già arrossato per il freddo, si era informicolato di piacere. Avevano ballato e cantato fino alle tre di notte, quando lo zio Zenone, che aveva sentito la baldoria di lontano ed era accorso, ritrovandoci pure la nipote, l'aveva strattonata per il braccio biascicando che era ora di rientrare a casa.

Dopo Natale, l'inverno era volato per l'Armida e per Giulio, il quale, per la prima volta in vita sua, non desiderava ardentemente tornare alle valli dell'Appennino. Le giornate erano di fatica per entrambi, ma ci si riscaldava nelle stalle, in quelle veglie alle quali né l'Armida né sua madre erano mai state invitate, e che invece ora accoglievano la ragazza col suo amico pastore e qui lei poteva imparare i romanzi, le tragedie e i melodrammi che Nestore il fattore aveva raccolto dai cantastorie per leggerli in filò.

Lo zio Brenno cercava di non lasciare i due giovani troppo da soli, anche perché la Strulghina e la Zaira lo avevano avvicinato, un giorno che era in giro col suo gregge, e gli avevano fatto un bel discorso. Una sera, l'Armida aveva chiesto a Giulio di Ljuba per scoprire così che era un'erbaria fuggita dalla Lituania in guerra, fermatasi infine sulle montagne fra Pavullo e Lama Mocogno.

Di lei, Giulio parlava come ammaliato.

Era stato suo zio a portarlo da Ljuba una sera. La donna viveva in un'abitazione di pietra semidiroccata, l'ultima casa di Monzone, sopra a Pavullo. Quando li aveva visti arrivare insieme, si era rabbuiata e non li aveva salutati:

«Cosa sei venuto a fare?».

«L'Anna non si regge in piedi. Ho bisogno che le prepari qualcosa per tirarla su.»

Giulio si era stupito del tono confidenziale che suo zio usava con lei.

«Pensavo che fede in me non ne avevi, visto che figli in ventre non glieli ho saputi mettere» gli aveva risposto la donna, con tono risentito.

Lui si era irrigidito.

«Perché ti sei portato il ragazzo?» gli aveva domandato lei sprezzante.

«Per non cadere in tentazione. Mia moglie sta male.»

Il volto di Brenno era torvo, ma lei era sbottata in una risata. Aveva capelli molto chiari, sciolti sulla schiena, lunghi fino alle anche, gli occhi erano verdi, distanti fra loro come quelli di una serpe, portava alle orecchie due anelle dorate e aveva un vestito rosso, con una fascia nera a stringerle la vita piena. Aveva guardato Giulio poi gli aveva stretto forte le guance: «Sei più bello di tuo zio».

Al ragazzo era arrivata una morsa forte, ma non aveva smesso di fissarla. Senza reagire.

«Fa' quello che sai, donna» la apostrofò Brenno.

Lei lo aveva incenerito con uno sguardo: «Vuoi fare il toro e sei solo un bue. Figli, non ne puoi mettere in ventre a nessuna, tu!».

Con l'avvento della primavera i pastori che avevano svernato alla Motta avevano cominciato ad allestire i loro birocci per il ritorno sui monti, ma Giulio quell'anno non aveva preso parte ai preparativi. Una sera in filò aveva sentito parlare del miracolo dell'alba al Bosco della Saliceta e voleva portarci l'Armida.

Si erano trovati che faceva ancora buio e avevano cominciato a camminare l'uno accanto all'altra, senza sfiorarsi né parlare, già con dentro la tristezza dell'imminente distacco. Man mano che si avvicinavano a quella foresta di pianura, il vociare dei merli aumentava di volume; addentrandosi fra le frasche si vedevano i verdoni saltare da un ramo all'altro. Altri uccelli, di colori variegati, sciamavano in immense nubi che coprivano le chiome degli alberi, per poi librarsi nel cielo. Sembrava che il bosco sotto prendesse fuoco. Il silenzio era ora intriso di un'ebbrezza sacra. Di colpo le loro mani si erano cercate e Giulio le aveva sfiorato il viso con la guancia, sentendo le palpebre febbricitanti. Il corpo di Armida lo aspettava per accoglierlo, le labbra gonfie del sangue che le pulsava dentro più rapido che mai e la sua bocca era un cuore affiorato sulla superficie della pelle. Le mani di lui la accarezzavano, improvvisamente esperte, e lei si sentiva parte di un rituale remoto, verso cui la sua pelle e i suoi respiri la guidavano fiduciosi.

Era passato un biroccio, che li aveva scossi. Si erano fermati e allontanati, guardandosi come due estranei. Quella sera Giulio aveva voluto mostrare ad Armida il fienile dove dormiva con lo zio e altri pastori giovani, partiti senza famiglia appresso. Si addormentavano vicini, a farsi tepore coi loro corpi, le raccontava mentre la spingeva dolcemente sulla paglia. L'Armida lo aveva guardato col cuore addolorato per quella separazione incombente, minacciosa, che non riusciva neanche a figurarsi, dopo quei tre mesi di sguardi, sfioramenti, timide carezze, impercettibili strusci durante i balli.

Si era coricato accanto a lei, su un fianco. Aveva appoggiato la testa alla mano sinistra, col gomito piantato nel pavimento. Si osservavano in una complicità smarrita, quando all'improvviso lei gli aveva preso la faccia per cominciare a baciarla, come a ritrovare il rito interrotto dal biroccio al Bosco della Saliceta. Prima le tempie, le guance, poi si allontanava verso la fronte, finché lui non le aveva sfiorato le labbra e vi era rimasto sopra immobile, come a respirarla. Si erano baciati a lungo ed entrambi avevano sentito uno struggimento e un impeto che... *Sbam!*

«Cosa ci fate qui avvinghiati come i maiali?! A casa te, torna da tua mamma! Noi domani partiamo prima dell'alba!»

Lo zio Brenno era stato irremovibile. Si erano salutati così, svergognati e confusi. Lei era filata a casa di corsa, mentre le lacrime le rigavano il viso, bruciandoglielo in solchi con la potenza di un incendio.

Ma come le aveva promesso, la notte di San Giovanni Giulio sarebbe tornato da lei per portarle il sambuco.

Salì da Ljuba da solo, per la prima volta. Sapeva che lei avrebbe potuto aiutarlo o voleva crederlo, per tornare a sentirsi come la volta che aveva accompagnato suo zio, senza sapere dove stessero andando.

S'inerpicò su per la via delle Lacrime e già vedeva le prime case di Monzone; la percorse tutta, fino in cima, e in fondo svoltò a sinistra fino alla piazza poi scese giù, lungo la via delle Torte. Poco prima di giungere alla Casa Rotta, percepì del fumo solleticargli le narici, del fumo che sapeva di ginepro. Si avvicinò, procedendo nella direzione da cui proveniva quell'aroma denso, e intravide la casa col tetto di piode.

Poco distante distinse la donna, girata di spalle. Se ne stava chinata, con le ginocchia piegate e tutte le piante dei piedi a toccare la terra, così morbida da sembrare elastica. I capelli, in parte raccolti in un fiasco legato da un filo rosso e in parte che le ricadevano sulla schiena fin quasi a sfiorare le pietre al suolo, erano foltissimi e mossi. Più chiari della luce. Portava una canotta scura infilata dentro un paio di pantaloni da uomo e stava spezzando dei rami di salice per farli bruciare. Giulio seguì quell'odore. La donna captò la sua presenza quando ancora una decina di metri li separavano e si volse di scatto. Giulio sobbalzò vedendo la fessura stretta dei suoi occhi serpentini e il viso teso stemperarsi in un sorriso compiaciuto: «Guarda chi si reca qui oggi, solo soletto! Cosa vai cercando, fanciullino?».

Aveva una voce scura, impastata di scaglie; parlava forbita, ma con un marcato accento straniero. Alle orecchie, portava lunghi orecchini di ambra, che le sfioravano le spalle.

«Devo tornare nella Bassa, forse mi potete aiutare voi.»

«E cos'è che te lo fa pensare?»

Giulio, stranamente, non aveva una risposta pronta. Era andato lì d'istinto, come un segugio che subodora la preda o un daino intrappolato dai cacciatori che intravede un varco lungo il dirupo scosceso.

«Voglio tornare nella Bassa, ma devo stare via poco.»

«Hai conosciuto una donna?» lo apostrofò lei, sferzante.

Lui si sentì intimidito dal tono di voce di Ljuba e dal suo timbro che si era fatto di carta vetrata. «È una ragazza, più piccola di me. Sua madre è un'erbana, come voi. Voglio portarle il sambuco.»

«E tu che ne sai di quel che faccio io? Sei venuto qui con una scusa qualsiasi e non vedo un motivo per aiutarti. Che c'entro io poi, con la Bassa?»

Giulio era a disagio. Improvvisamente sentiva che aveva sbagliato tutto e che non c'era un senso nel venire lì, quella donna lo stava prendendo in giro e sembrava arrabbiata. Stava ancora chinata e lo fissava dal basso verso l'alto, eppure si sentiva sovrastato.

«Magari conoscete qualcuno che scende a valle.»

«Dai troppo credito alle voci che girano, Giulio.»

Sentirle pronunciare il suo nome, con una nota malinconica nella voce, gli fece alzare lo sguardo da terra.

Ljuba ora sorrideva, stanca. Giulio non sapeva darle un'età, non sapeva darle un tempo, come se ci fosse sempre stata. Il suo volto cambiava da un istante all'altro e da serpentesco si faceva rotondeggiante. Gli occhi affilati si dilatavano e ora, a guardarla bene, gli sembravano acquosi. Leggermente sognanti. Lei sfregò le mani l'una contro l'altra, a scaldarsele, nonostante la calura nell'aria di quel pomeriggio di prima estate, e si sollevò da terra, per avvicinarsi al ragazzo che era rimasto fermo in piedi. Gli poggiò le dita della mano destra sulla guancia, accarezzandolo fino a sfiorargli le labbra con le unghie. Giulio sentì l'odore di ginepro che si mescolava alle fronde di salice, e arrossì senza volere.

«Sei fresco.»

«E voi siete bella.»
«Potrei essere tua madre.»
«Sì.»
Era paralizzato. «Aiutatemi a tornare nella Bassa, voglio rivedere l'Armida» esclamò automaticamente, mentre la sua immaginazione lo spingeva altrove e il corpo gli collassava sulle ossa, come la pelle secca di un rettile. «Vai dove ti pare, fanciullino. E girami alla larga. Sarà meglio per te.»
Giulio non capiva. La guardò allibito e lei si sentì intenerita. Gli prese le mani e se le portò sulla pancia, leggermente prominente sotto la canotta ruvida: «Nella notte del solstizio, non dimenticarti di raccogliere la rugiada, all'alba. Racchiudila in una bottiglietta e donagliela. Saprà guarirla.» Il ragazzo aveva la pelle d'oca, la accarezzò intorno all'ombelico e le assicurò che avrebbe colto la rugiada fresca del mattino. Lei sorrise per un attimo poi bruscamente gli arrestò le mani.
«Chiedi di Faléstra alla fabbrica di gassose. Distribuisce le bottiglie in tutta la provincia. Non so se debba andare proprio a Cavezzo, ma digli che ti mando io e vedrai che ti ci porta.»

Faléstra era un ragazzo poco più grande di Giulio, di poche parole ma capace di prender fuoco per un nonnulla; da qui il soprannome con cui tutti lo conoscevano, che nel dialetto locale significa «scintilla». A sentir pronunciare il nome di Ljuba si era rabbuiato e aveva scrutato l'altro con malcelato livore, al che Giulio gli aveva detto che doveva raggiungere la sua fidanzata. La notizia non aveva alterato di molto l'espressione del trasportatore che gli aveva intimato di dargli una mano con le cassette di gassosa da sistemare sul retro del furgoncino. «Parto domattina alle cinque. Se non ti vedo davanti alla chiesa, tiro dritto.»

Ma Giulio fu puntualissimo.

Fu un viaggio lungo, con tante soste e tante deviazioni, ma inaspettatamente agevole per chi, come Giulio, era abituato a muoversi a piedi. Guardava il paesaggio sfrecciargli intorno a una velocità che finalmente assomigliava alla sua. Teneva il gomito appoggiato sul finestrino e faceva ciondolare la mano verso il basso. Ogni tanto la ritirava e si guardava le vene gonfiate dalla pressione. Il sangue gli pompava nel cuore, l'aria gli sferzava la faccia, le narici si allargavano a inalare frescura. Le infiorescenze del sambuco spuntavano come ombrelli di ricotta granulosa ai suoi piedi, nel furgoncino, emanando lo stesso profumo che Giulio era sicuro avesse impregnato ogni goccia di rugiada che su quei fiori aveva raccolto all'aurora, molto prima che Faléstra passasse a prenderlo. Arrivare dall'Armida ora gli sembrava una questione di vita o di morte, come se non potesse aspettare un giorno di più.

Era il 23 di giugno quando entrarono nell'aia di Nestore, alla Motta. Il motore del furgoncino aveva fatto alzare la testa ai braccianti, nei campi fino alle otto di sera in quelle giornate lunghissime, mentre le donne, dentro casa a preparare la cena, si erano affacciate in cortile per vedere coi loro occhi il motivo di quel trambusto. Era Giulio! Si stupirono parecchio di vederlo arrivare così fuori stagione. Invitarono anche il suo amico a fermarsi per cena. Faléstra acconsentì senza troppe cerimonie e chiese se poteva coricarsi tre o quattro ore nel fienile prima di tornare su a casa.

Al ritorno, Giulio non aveva pensato. La meta era

l'Armida, senza un dopo. Ma il suo senso del dovere si risvegliò. Lo zio era arrabbiato con lui, anche se non avrebbe potuto far niente per dissuaderlo dalla sua fissa di fare una scappata alla Motta. Salutò la famiglia e disse che non poteva fermarsi per cena, che era venuto con il sambuco per la Zaira, e corse verso il capanno delle erbarie. In realtà, giunto nelle vicinanze, si fece guardingo e stette ben attento a non farsi cogliere con lo sguardo dalla madre dell'innamorata. Sperava che nemmeno la Strulghina fosse nei paraggi.

Ma fu l'Armida a uscire di casa, scostando la corona fatta con quella che sua madre chiamava l'erba scacciadiavoli. Ne staccò un arbusto secco e cominciò a sbriciolarselo nella conca della mano sinistra. Lo avrebbe bruciato insieme alla ruta e alla mentuccia per tener lontane le anime nere, copiose più che mai nel viavai fibrillante di quella che era la notte più viva dell'anno. I capelli, sempre nerissimi, erano ancora più lunghi dell'ultima volta che Giulio l'aveva vista: erano umidi e la ragazza stava uscendo per farli asciugare al sole. Lui le fece un fischio, a fior di labbra, per attirare la sua attenzione.

Vedendolo, lei prese luce. Gli corse incontro. Lo strinse forte come non aveva mai abbracciato nessuno e gli annusava le spalle e i capelli, per convincersi che fosse proprio lui. L'ebbrezza del viaggio e l'emozione di rivederla tendevano il corpo di Giulio come un fusto denso di sole. La teneva dentro le braccia a scrigno e le cercava le labbra senza più verecondia. Si baciarono a lungo, mentre ridevano.

«Ti ho portato i fiori di sambuco.»

«Come mi avevi detto.»

«Non mi avevi creduto?»

«Continuavo a dirmi di non crederti, ma contavo i giorni.»

«Ho fatto il miracolo, hai visto?»

«Com'è stato?»

«Mi ha aiutato Ljuba.»

Di nuovo quel nome. Pronunciato senza l'articolo davanti, suonava perturbante. Di nuovo un brivido a percorrere la schiena dell'Armida.

«Ho poco tempo però, devo ripartire nella notte.»

Lei si intristì per un attimo, ma subito gli prese la mano e insieme s'incamminarono verso il Bosco della Saliceta.

13
La donna che dava voce alle rocce

Fin da piccola, Ljuba aveva amato la pietra. Le percepiva vita propria, danza solida e affidabile nell'eterno scorrere delle acque del fiume Nemunas, che la modellava impetuoso. Capitava spesso che il padre la trovasse al fiume, vicino al bosco di betulle, intenta a far sassi. Schiva e scabra. Il padre le dava fiducia, non si era mai preoccupato per lei, nemmeno la prima volta che era scomparsa, quando non doveva avere più di cinque anni. Esisteva un filo invisibile, teso fra loro due. Un filo che gliela faceva sentire anche quando non era fisicamente presente accanto a lui. Da quando la madre era morta di setticemia, pochi giorni dopo averla data alla luce, lui le aveva fatto da tana, ruvida e sicura, lei da delicato orizzonte. Ma quel giorno era sceso a cercarla perché sapeva che non era rimasta nei dintorni. La bambina era di casa dove la foresta si faceva più fitta e i tronchi trasudavano ambra, il cui profumo elettrizzante la avvolgeva quando i ciocchi di conifere crepitavano nel camino. Dentro quella verzura, le rapide diventavano più vorticose. Darius aveva attraversato la radura e si era infilato nella selva di tronchi bianchi che terminava contro le acque del fiume, a fluire gelide verso il Mar Baltico. La aveva intravista di spalle, chinata, con le manine immerse nell'acqua gelida e le piante dei piedi per intero a toccare la terra. Stava raccogliendo delle pietre e le andava accumulando accanto a sé, scegliendole con accuratezza: le lisciava col piccolo indice, le osservava in controluce, soppesandole, alcune le racchiudeva nella conca che formava fra i suoi palmi arrossati dal freddo, come a riscaldarle. Quando l'aveva scorta, Darius si era sentito stringere il cuore: Ljuba era completamente assorta in quell'attività e sembrava compenetrarsi nella gravità della pietra. Si era avvicinato fino a giungere a qualche metro da lei e poi la aveva chiamata sussurrando – non voleva spaventarla. Nell'udire la voce del padre, la bimba si era fermata senza voltarsi: «Papà, fino qui siete venuto a cercarmi».

E, quando si era girata per guardarlo in faccia, la sua bocca aveva preso la forma di un sorriso largo, reso ancora più rotondo dai boccoli, così biondi da sembrare bianchi. Si era alzata su e gli era corsa incontro, abbracciandogli le ginocchia. Darius la aveva sollevata da terra poggiandole le mani nella cavità delle ascelle minute e se l'era portata contro il torace. Lei aveva adagiato la testa nell'incavo della clavicola del padre per respirarne l'odore familiare: «Sta venendo buio, non ci pensavi?».

«Volevo raccogliere tante pietre per scolpirci la gigantessa Neringa.»

«Non è più semplice intagliarla nel legno?»

«No, papà» gli aveva risposto lei, ancora accoccolata sulla sua spalla.

Darius allora aveva infilato le pietre scelte da Ljuba

nello zaino che portava sulle spalle e i due si erano incamminati verso casa, tenendosi per mano. Da quel giorno suo padre le aveva insegnato a scolpire la pietra.

Quando Darius era stato ammazzato da un soldato bolscevico durante l'assedio di Kaunas, Ljuba si era già fatta ragazza e scolpiva ormai la pietra meglio di chiunque altro in città.

Nessuno sapeva come fosse capitata a Monzone, sull'Appennino modenese, ma ci era arrivata nell'autunno del 1920. Era fuggita dalla Lituania dopo l'uccisione del padre. A piedi, diretta verso sud. Aveva cercato di evitare il più possibile gli abitati di case, prendendo per i boschi di un'Europa decimata dal conflitto e dalla spagnola, nutrendosi di nocciole, bacche e asparagi selvatici. Era giunta nel Frignano quando i boschi di castagni e pioppi bianchi erano verniciati di tutte le sfumature dal giallo dorato al bordò cupo. Una sinfonia sontuosa di colori caldi che le aveva fatto sentire in un brivido il richiamo della sua Lituania dagli alberi sacri. Quella nuova terra umida, irrorata dagli affluenti generosi del Secchia, la aveva accolta aspra, facendola sentire di nuovo a casa. Si era abituata a sopravvivere nei boschi, sapeva trovare angusti pertugi per ripararsi dalla pioggia, accendere fuochi per scaldarsi la notte e tenere lontani lupi e cinghiali, ma mai, lungo quei mesi di indomita marcia, aveva trovato un anfratto naturale tanto spazioso e ben nascosto come la Grotta delle Capre. Poneva fine a un sentiero secondario, poco battuto, irto dei cespugli verdi e aghiformi dell'equiseto, ricoperto da un tappeto giallo arancione e nocciola di foglie scricchiolanti, ricci e castagne selvatiche, su cui per un lungo tratto non aveva visto spuntare che i cappelli rossi delle amanite muscarie, mordicchiati dalle chiocciole, puntinati di vescicole bianche e ruvide, simili a frastagliati bassorilievi. Soltanto poco prima della grotta, a qualche metro dal ruscello che fluiva tintinnando sui ciottoli, aveva visto un paio di porcini enormi, che aveva raccolto. Si era adagiata sulla roccia friabile, la quale, oltre a formare l'enorme monolite che ricopriva la grotta, ne costituiva anche il fondo, e con gli stecchetti e le foglie secche che aveva raccolto lungo il cammino aveva fatto una piccola catasta e l'aveva accesa con uno zolfanello, per scaldare se stessa e i funghi che aveva raccolto. Li aveva avvicinati alla fiamma infilzati in un arbusto, guardando fuori. L'aria di quel tardo pomeriggio autunnale bruiva di una pioggerellina flebile e vischiosa mentre la caverna si riempiva dello stuzzicante aroma dei funghi affumicati. Aveva ascoltato il suono lieve della pioggia mescolarsi con lo scrosciare argentino e rotondeggiante del Rio Croce che scorreva ai piedi della spelonca. Aveva chiuso gli occhi e respirato l'umido odoroso del sottobosco a pieni polmoni. Mentre il volto le si rigava di lacrime calde, Ljuba aveva cominciato a chiamare suo padre. La notte era scesa di lì a poco, spegnendo quello che ormai era diventato un vagito sottile in una stanchezza che la prosciugava ora anche del dolore. Era restata alla Grotta delle Capre per tre giorni e tre notti. La quarta aveva deciso di risalire fino al borgo di Monzone, rischiarato solo dalla luna quasi piena. Era salita su per la via delle Lacrime e, una volta giunta nella piazza del generale sovrastata dal campanile della chiesa di San Giorgio, si era sentita richiamare dal bosco e aveva preso a sinistra, lungo l'acciottolato della via delle Torte. La strada si faceva di nuovo d'erba e terra battuta davanti all'ultima casa prima che le piante tornassero a infittirsi: un edificio in pietra, con due elementi di differente altezza, ma senza soluzione di continuità. La chiamavano «la Casa Rotta». Gli scuri delle finestre erano mangiati dai tarli ma i coppi del tetto tenevano ancora, almeno su quella che doveva essere stata l'abitazione. Sul fienile, che era attaccato alla casa, il tetto non sembrava nemmeno troppo malconcio. Ljuba avrebbe saputo ripararlo. Era entrata nell'edificio abbandonato badando di non provocare rumori repentini. Alle prime luci dell'alba le campane della chiesa avevano cominciato a suonare fragorosamente. Era domenica, il 31 ottobre del 1920. Ljuba era uscita fuori e si era inginocchiata a terra. Aveva allargato le cosce e si era protesa fino a raggiungere con le labbra il suolo, per baciarlo.

Da quel giorno, era andata a vivere in paese. A lungo era stata guardata di traverso, ma nessuno ebbe cuore di cacciarla da quella casa, i cui ultimi inquilini erano stati una coppia di anziani, morti senza lasciare nessun erede. Coltivava un piccolo pezzo di terra, dietro casa sua. A volte spariva per intere giornate, rientrando a tarda sera o anche di prima mattina. Andava per erbe, nei boschi e nei campi, lasciandosi accompagnare dal canto del cuculo.

Fu nell'inverno del 1923 che la piccola comunità aveva cominciato a vedere la straniera con occhio differente. Fu quando Ljuba salvò tre vicini da morte sicura: due gemelli e la madre che li stava mettendo al mondo. Era venuta a chiamarla la figlia maggiore, l'Antelma, che circa due mesi prima si era presentata da lei, gravida di un figlio che non poteva nascere. Ljuba la aveva fatta abortire, visitandola nei giorni successivi, con la scusa di volerla curare da una febbre persistente.

Quella mattina d'inverno Ljuba aveva subito capito che il nascituro, di cui si intravedevano sedere e genitali, era rimasto incastrato perché podalico e che dentro la caverna primigenia non era solo. Ljuba aveva chiesto alle donne del paese, accorse per assistere al parto, di uscire, trattenendone con sé soltanto una, la quale avrebbe poi raccontato che, con poche manovre esperte, la forestiera aveva tirato fuori il neonato in bilico e la sua gemella, ormai cianotica. Aveva fatto bollire semi di finocchio e galega per farne bere il decotto alla donna, prostrata ma reattiva; le aveva avvicinato i due neonati ai seni e loro, tremanti, avevano annusato la pelle avvizzita della madre e subito si erano affrettati in quell'istinto di suzione di cui erano maestri provetti. Un movimento meccanico ritmato e inesorabile, quello delle loro mandibole, protese nel testardo istinto della sopravvivenza. Nei giorni seguenti Ljuba si era recata a orari fissi dalla donna e dai neonati per controllarne lo stato di salute. Il marito e la nidiata di figli in età di giudizio ormai la accoglieva come una di casa, con scarse cerimonie e sguardi riconoscenti. Tra le poche anime del villaggio la notizia dell'impresa di Ljuba si era diffusa alla velocità del contagio e da lì in poi nessuno aveva mai più osato dir male della straniera.

Un tardo pomeriggio di primavera, dieci anni più tardi, rientrando dal bosco dov'era andato a far legna, Brenno sentì un canto greve di voce roca provenire dal ponte di pietra dedicato a Feronia, la dea italica guaritrice, custode della fertilità e protettrice delle schiave liberte.

Si fermò ad ascoltarlo. Si avvicinò badando di non fare rumore e scorse una donna intenta a scolpire un enorme monolite, arrampicata su una vecchia scala in legno. Scolpiva un volto di uomo con la barba squamosa e due occhi smisurati, di perduto terrore. Brenno rimase ipnotizzato da quella scena: la donna aveva lunghi capelli mossi, chiarissimi, sciolti lungo la schiena, le braccia muscolose e la vita asciutta ma morbida, ed era collocata ora all'altezza di quegli occhi dilaganti che imploravano, muti, la pietà; quegli occhi che stava scolpendo, fra i quali prorompeva un naso adunco, sotto cui si spalancavano distorte fauci, incorniciate da denti che parevano fanoni di balena. Dentro l'antro circoscritto da quel profondo palato, la sagoma petrosa di una donna a testa bassa piegava le spalle e si proteggeva con la sua spessa chioma da quel morso osceno, che la stava annientando. Brenno, avvinto da quella immagine, si avvicinò ancora di più, senza volere. Sentendo il manto di foglie secche scricchiolare a terra, Ljuba interruppe il canto e si girò di scatto: «Cosa fate qui?» e pronunciò quelle parole con un accento che Brenno non aveva mai sentito e che lo scosse.

«Volevo domandarvelo io a voi, signora. Cos'è che scolpite?»

«È la morte di Neringa, la gigantessa.»

«Gigante è quello che se la sta mangiando, mi sembra.»

«Siamo tutti i giganti di qualcuno. E i náni.»

Ljuba riprese il suo canto in un idioma sconosciuto poi di nuovo parlò:

«Scintille che cadono, avevo le lacrime agli occhi...».[1]

Brenno non capiva tutto quello che lei diceva. Dove aveva imparato quell'italiano ornato? Doveva essere la guaritrice forestiera, di cui aveva sentito parlare.

«Siete arrivata nel posto giusto.»

«Sì, il bianco fiume non è troppo lontano...»

Brenno continuava a non comprendere il significato delle parole che lei pronunciava in inusitato registro: «No il fiume, dicevo che questa è una zona di scultori. Le conoscete le Marcolfe? Le avrete viste. Sono facce di donne scavate nella pietra che qua mettiamo fuori dalle case. Per proteggerle».

«Sì, le ho viste. Ma non ne ho mai potuta scolpire una. Dovrei conoscerle prima.»

Brenno scoppiò a ridere. «Conoscerle? Le Marcolfe? Parlate strano voi. Dove l'avete imparato l'italiano?»

«La casa ha molti libri. Antichi.»

«La casa? Quale casa?»

«La Casa Rotta. A Monzone.»

«Siete la forestiera di Monzone. Ho sentito dire di voi.»

«Nelle foreste ho vissuto a lungo.»

L'uomo si fingeva impassibile, come se lei non lo turbasse. All'improvviso decise che era ora di togliere il disturbo e la salutò. Ljuba aveva ripreso a scolpire e gli fece un cenno distratto. Sentiva nitidamente che le sue rocce natie le avevano obbedito ed erano arrivate sin lì con lei. Ricominciò il malinconico canto.

Tre giorni dopo, Brenno si presentò alla Casa Rotta con un somaro. A sentire quel raglio sonoro e nasale, il

[1] Traduzione del canto lituano.

volto di Ljuba comparve nel riquadro della finestra: «È affamato» uscì fuori e svoltò l'angolo per portarsi sul retro. Brenno prese a legare l'asino a un palo della staccionata barcollante, che percorreva un unico lato della casa: ciò che restava di un antico recinto. Sul dorso dell'animale gravava un peso massiccio: un fardello di forma ovale, avvolto nella pelle di pecora. Con un certo sforzo Brenno lo sollevò e lo posò al suolo. Intanto Ljuba era tornata con due carote. Le infilò in bocca all'animale, attenta a non farsi mordere il braccio. Brenno, chino a terra, stava scartando l'oneroso pacco che aveva trascinato sin lì sulla groppa della bestia. I lembi si aprirono e spuntò una mostruosa testa di donna scolpita con tecniche così rudimentali che sembrava provenire da un'epoca remota. Aveva occhi a mandorla, privi di sopracciglia, orecchie enormi, come appesantite da grevi monili invisibili, la bocca era carnosa, così spalancata che lasciava vedere sia l'arcata inferiore che quella superiore dei denti, tra i quali spuntava fuori, irriverente, una lingua spessa e rugosa.

«Vi ho portato la vostra Marcolfa.»

Ljuba si inginocchiò accanto alla testa di pietra e le poggiò entrambe le mani sui lati, come se stesse per baciarla. La fissò a lungo.

«Proteggerà la casa» le spiegò Brenno.

«*È difficile per un giardino senza paletto...*»[2]

Andava da lei sempre più spesso. La trovava intenta a scolpire oppure nell'orto, sul retro della casa, o fra boschi e radure a raccogliere piante. Brenno non le diceva niente, andava dritto nel bosco a far legna o a prender-

[2] Continua la traduzione del canto lituano.

le l'acqua al pozzo. Un giorno le portò una gallina e le tirò il collo lì davanti ai suoi occhi: «Metti su una pentola d'acqua che stasera facciamo il brodo».

Le strappò le penne e, con un colpo d'accetta, le spiccò la testa dal busto. Bruciarono la pelle sul fuoco, all'attaccatura delle piume. La lasciarono bollire per tre ore, a fuoco basso. Ljuba aveva infilato nella pentola anche una carota, un sedano e una cipolla dorata. La casa si intrise di un odore buono che rallegrava. Dalla bisaccia del somaro, Brenno estrasse un fiasco di vino rosso e lo stappò. Il liquido denso di graspe gorgogliava generoso, tingendo i bicchieri. Anche le loro lingue e le labbra si fecero violacee, man mano che bevevano. Il fiasco finì in fretta. Brenno sentiva la tensione allentarsi, mentre guardava Ljuba con gli occhi socchiusi, le palpebre appesantite. Lei sembrava insensibile all'alcol, sempre identica a se stessa, sicura e controllata. Lontana. All'improvviso si alzò da tavola e andò verso di lui, gli prese la mano e lo condusse nella sua stanza, che non aveva la porta. Solo pendagli di foglie essiccate dei colori dell'autunno.

Vi restarono dentro tutta la notte.

A casa sua, a Cogorno, le donne si erano accorte che le assenze di Brenno diventavano sempre più lunghe e frequenti, ma nessuna osava affrontare quell'argomento. La moglie Anna si serrava ancora di più nel suo guscio, la sorella Ancilla lo guardava con occhi sprezzanti, ma lui di rimando la fissava incattivito finché lei non abbassava lo sguardo, perché sapeva che non aveva un altro posto dove andare. Allora l'Ancilla se la prendeva col figlio Giulio: «Sei già grande, ormai. Porta fuori le pecore, che tuo zio non ci sarà mica per sempre». Il ragazzo se ne andava fischiettando. Gli doleva vedere la madre ingabbiata, costretta a reprimere la sua natura schietta, ma non voleva incupirsi, il suo istinto lo allontanava da ogni buio e da ogni livore.

Brenno fu un uomo felice per qualche settimana, poi lo attanagliarono i rimorsi. Cercò di allontanarsi, ma qualcosa lo sospingeva sempre verso la casa di Ljuba. Una notte che la luna era solo una falce sottile, arrivò a Monzone e cominciò a bussare sull'uscio come se volesse far schizzare la porta dai gangheri.

«Che vuoi?» la voce di Ljuba era assonnata.

«Aprimi!»

«No. Tu torni domani. Ora voglio dormire.»

«Aprimi, ti dico! Sennò la sfondo, questa porta!»

«Va' a casa. Torna domani, Brenno!»

«Ti ho detto di aprirmi, donna!»

La porta si spalancò con rabbia e Brenno si trovò davanti un uomo biondo, altissimo, con la barba folta e i capelli spettinati. Aveva lo sguardo più stralunato che cattivo ma, come spinto da un istinto opaco, serrò le dita a pugno e lo colpì in faccia. Brenno tentò di rialzarsi per reagire, ma l'enorme individuo stava prendendo la rincorsa col braccio, per colpirlo di nuovo. Fu Ljuba a bloccarglielo, trattenendolo a fatica.

«Vattene a casa tua, Brenno!»

Lui si alzò come una bestia ferita a morte. Se ne andò torvo, tenendosi la mano sulla guancia che l'altro gli aveva colpito. Scese di qualche decina di metri e dovette fermarsi. Si appoggiò a un albero e vomitò tutto il vino che aveva in corpo.

Si ripromise di non cercarla mai più, ma dopo una

settimana tornò da lei, con la scusa che la moglie stava male, accompagnato da suo nipote.

Fu lì che comprese che Ljuba lo aveva in spregio perché lui non riusciva a darle un figlio. Si sentì umiliato dalle sue parole, la odiò per l'aria seduttiva che aveva usato con Giulio, ma la sera dopo tornò da lei. Si unirono con rabbia, lui avvertiva il di lei disprezzo, ma era come se il suo corpo fosse assuefatto agli odori che emanava la sua pelle.

Scesero lungo una china da cui nessuno dei due sembrava riuscire a risalire. Ljuba desiderava una bambina e sapeva che quell'uomo non poteva darle nulla, se non la febbre concitata del suo desiderio, che tuttavia la inebriava. Continuò a vedere molti altri uomini, ragazzi giovani o padri di famiglia, sicura che qualcuno la avrebbe fecondata. Succhiava il bianco dolce dei fiori di trifoglio rosso, con il quale faceva tisane che potessero renderla fertile, finché un giorno si sentì finalmente diversa. Abitata da uno spirito sonnolento, venuto a lenire la sua irrequietezza, avvertiva una persuasione piena in ogni suo gesto. Voleva starsene sola, nella sua beatitudine. Allontanò pian piano da lei tutti gli uomini che avevano preso a farle visita.

26 agosto 1934

Brenno stava lunghi periodi senza farsi vivo e Ljuba si dimenticava che lui esistesse. Quando tornò, quella domenica livida, non la vedeva da mesi. Arrivò di pomeriggio, si era alzato un vento scuro e il cielo aveva cominciato a tuonare. Prometteva pioggia. Quando giunse alla Casa Rotta, Brenno la trovò inerpicata sulla scala, completamente assorta: stava scolpendo un volto di donna calva come una neonata, incastrato fra le pietre sotto al tetto. Le fece un fischio sgarbato, lei si girò di scatto, mostrando il suo enorme ventre rotondeggiante, lo sguardo mutato. Lui ne fu accecato. Cominciò a scuotere la scala in preda al furore. Voleva vederla cadere. Ljuba lo guardava incredula, ma subito atterrita cominciò a urlargli che la smettesse. Invece lui spinse così forte che la scala rotolò via e lei rimase appesa al volto che stava scolpendo a tutto tondo. Si teneva con la forza della disperazione, ma la testa della Marcolfa non era ancora perfettamente incastonata fra le pietre del sottotetto e, per la gravità del corpo appeso, rovinò al suolo trascinando con sé la donna. Mentre cadeva, Ljuba si riparò il ventre con le braccia. Era annichilita, ma non aveva perso i sensi. Sollevò il capo verso Brenno, gli occhi a fessura lividi di rancore e lacrime. Ma lui, agile come una capra, le fu sopra, gli iridi rigati di sangue. Dalla tasca interna dei pantaloni estrasse il suo coltello da pastore e le tagliò il ventre. Poi la colpì a caso sul collo fino a reciderle la carotide.

Brenno vagò nell'oscurità del bosco incendiato di lampi, scossa dal richiamo dolente del cuculo. Al mattino si consegnò alla polizia confessando il suo crimine. In carcere fece venire sua sorella e le disse che contava su di lei per portare sua moglie e Giulio via di lì. Rimanere in paese sarebbe stata per loro una vergogna troppo grande. Le disse che a Dawson, nel New Mexico, aveva un amico del paese che avrebbe potuto sistemare il ragazzo in miniera e dare una mano anche a lei a trovare un lavoro decente. Temeva per la salute cagionevole della moglie che avrebbe dovuto affrontare la lunga traversata, ma non poteva abbandonarla in quell'onta.

L'Ancilla aveva perso ogni traccia del suo fiero fulgore. Ascoltava il fratello e metteva in fila meccanicamente ciò che doveva fare, senza soppesarlo né valutarlo. Si adoperò per i tre passaporti, ma l'Anna non resse a quell'urto e il suo cuore si spense in un soffio, sorta di evocato suicidio. Giulio si era opposto con tutta l'energia della sua indole e della sua giovinezza alla partenza, ma alla morte della zia capì che non avrebbe potuto lasciare sola la madre e, spento il suo sorriso, s'imbarcò con lei. Senza neanche sapere che un'altra Liuba gli stava per nascere.

Parte seconda
Terra

Il dolore è basso.
Cammina
dentro le piante dei piedi.
Mi bruca la pancia.
Ma nell'ombelico profondo
mia madre canta.

Anna Maria Farabbi

1
La coperta

Nelle campagne sotto l'argine la Liuba cresceva. In una ragnatela di odori e fruscii invisibili, lungo cui si tesseva un impalpabile sentimento di familiarità che di quel paesaggio fluviale le faceva casa. Un universo addomesticato dagli esseri umani ma perturbato da minacce nascoste, che le accapponavano un poco la pelle senza tuttavia allarmarla.

Ereditata l'arte dalla Strulghina, sua madre e sua nonna avevano visto le loro giornate riempirsi di chiamate, mansioni e prove. Soprattutto la Zaira, perché l'Armida perseverava in un limbo confuso, dal quale emergeva solo per imprevedibili intermittenze. Già pochi mesi prima di partorire aveva scoperto che non avrebbe più rivisto Giulio. Era il novembre del '34 e lei attendeva fibrillante la discesa dei pastori per la transumanza, anche se non sapeva cosa sarebbe riuscita a dire al ragazzo. Contava i giorni, s'immaginava che tale sarebbe stata l'intensità di ritrovarsi che sicuramente le sarebbe venuto semplice improvvisare le frasi più giuste, e tutto sarebbe filato via liscio. Finalmente. Teneva fra le mani la bottiglietta con la rugiada che l'amato aveva raccolto per lei all'alba di San Giovanni, come a custodirla, e sentiva il lutto che la abitava dal giorno dello stupro lenirsi, per un attimo.

Ma quando era arrivata la carovana dall'Appennino, Giulio non c'era. E nemmeno suo zio Brenno. La voce era corsa veloce e nel giro di poche ore tutti avevano imparato cosa era accaduto. Parole sussurrate con l'enfasi e il malcelato godimento che provocano le storie truci, quando accadono agli altri. Parole che l'avevano annientata. Giulio, in America. Dicevano che suo zio Brenno avesse ucciso una donna, una forestiera di nome Ljuba. Accecato dalla rabbia perché non poteva averla solo per sé, era andato a casa sua e l'aveva accoltellata. Poi si era consegnato alla polizia. Per la famiglia l'onta era talmente grande che si erano dovuti imbarcare; Giulio e la madre, come due malviventi in fuga. Perché la zia, invece, non era sopravvissuta allo strazio.

Così la Liuba era venuta al mondo senza un padre e con una madre stranita. Dopo aver saputo che il suo innamorato non sarebbe più venuto, l'Armida gettò la boccetta di rugiada in fondo a un baule e se ne dimenticò. La sua salvatichezza schiva, i suoi silenzi, le sue sparizioni solitarie si intensificarono. Sopravviveva in un testa a testa col buio condensando il suo essere di madre in pozze d'amore isolate, come occhi tremolanti di grasso nel brodo delle sue smisurate assenze. La Zaira, dal canto suo, dopo la morte della Strulghina si era rimboccata le maniche vincendo l'originaria inclinazione alla timidezza e alle fantasticherie. Le costava uno sforzo che le tendeva i nervi, pratica sfibrante d'innaturalezza, ma la serietà che metteva in questa fatica le conferiva persuasione, come se avesse abbandonato il contatto profondo con il nòcciolo buio del suo disincanto e recitasse ora il ruolo della trave portante nell'unica casa che aveva, fra i resti di quella che era stata la sua famiglia.

La Strulghina se n'era andata quando aveva finito la sua coperta, fatta con le lane che le avevano passato le spose del vicinato. Quella coperta, nessuno l'aveva mai vista distesa prima della dipartita dell'antica erbaria. La Strulghina ricamava molto veloce all'uncinetto e il panno andava accumulandosi ai suoi piedi nell'allegria variopinta del caso. Delle volte ci avevano appoggiato sopra la Liuba in fasce e la neonata si ammansiva su quel tessuto morbido, si rilassava spalancando gli occhi verso il soffitto per alcuni secondi, a sottolineare la novità gradita di quel tepore, per poi addormentarsi placida, nell'abbandono di chi si affida.

Quando la Strulghina morì, la bimba aveva da poco cominciato a camminare. Da qualche tempo l'anziana aveva praticamente smesso di alzarsi: sentiva che le sue mansioni si stavano esaurendo e che anche rimanendo su quella vecchia poltrona avrebbe potuto portarle a compimento. La Zaira vedeva il manto lanoso allungarsi, ma sapeva che non poteva toccarlo né tanto meno dispiegarlo. Nessuno era autorizzato a farlo. Provava allora a immaginarsi cosa racchiudevano quelle dolci pliche, ma sentiva di non conoscere abbastanza la sua maestra per comprendere fino in fondo.

Una notte la Strulghina all'improvviso si svegliò. Guardò fuori dall'angusta finestra: la luna era leggermente ottenebrata dalle nubi, ma era tonda, rinfrancante. La vecchia si eresse a fatica dalla poltrona. I piedi le dolevano, le costava appoggiarli al suolo, e le ginocchia erano molli: temeva non potessero reggerla, ma provò a camminare verso l'uscio, lo raggiunse e lo aprì. Era inverno e l'aria era gelida, ma ferma. La donna fissava davanti a sé un punto indefinito nel vuoto, le gambe procedevano barcollanti, ma la portarono fino alla Busa di Bambèin, dove sulla terra tracciò un cerchio, al cui centro, dopo essersi spogliata, lasciò i suoi poveri abiti.

E, nel silenzio del plenilunio, si immerse dentro alla risorgiva.

La mattina seguente la Zaira fu svegliata da uno spiffero che penetrava dalla porta dimenticata aperta. Si accorse che la guaritrice non c'era più e subito chiamò sua figlia. Quel giorno l'Armida ci mise meno del solito a ritrovare il filo col mondo reale. Si alzò dal letto e prese sua madre per mano, captando lo smarrimento nei suoi occhi. S'incamminarono verso la Busa in un tacito reciproco intuito e, non appena intravidero il macero, scorsero anche i vestiti scuri della Strulghina ammucchiati al suolo. L'Armida lasciò la mano della madre per correre in avanti, mentre i singhiozzi le facevano palpitare il diaframma, aprendole la laringe. Si gettò su quei due stracci sdruciti, annusando a fondo il loro odore buono. Dentro la caverna sognante nella quale si era ritirata dalla notte dell'alluvione, l'inveterata convinzione che la vecchia erbaria fosse intramontabile era stata la fiammella dove si era scaldata e di cui ora le balenava innanzi l'intera irragionevolezza.

La madre la raggiunse dopo poco, le posò entrambe le mani sulle spalle, come a proteggerla, anche se in realtà si sentiva più smarrita di lei e avrebbe desiderato a sua volta un riparo. Scrutò il laghetto: la sua superficie era placida e le fece l'impressione di qualcosa di sordido. Sguaiato, nel suo silenzio e nella sua piattezza senza increspature. Fu solo il pensiero della Liuba a scuoterle. Per paura che la bimba, ormai capace di camminare, potesse essersi svegliata e avesse preso qualche direzione imprevedibile, le due donne risalirono affannosamente verso il capanno, incurvate dall'inatteso dolore. La Zaira con le guance rigate di lacrime, l'Armida sempre spasimando, lo stomaco cavo. Aprirono rapide la porta e ciò che videro davanti ai loro occhi le restituì all'incanto: la Liuba si era svegliata e aveva disteso la coperta della Strulghina, tirandola evidentemente dai quattro capi. Era così lunga e così larga che il pavimento della casupola non bastava a contenerla; seguiva lo spigolo delle pareti per ergersi in verticale fin quasi all'altezza della finestra. Col panno così disteso, i numerosi colori che la Strulghina aveva avviluppato e che fino a quel momento si erano ritorti sul pavimento in misterioso caleidoscopio, avevano preso ora forme precise. Le donne si accorsero per la prima volta di quante figure c'erano disegnate su quella coperta. Spighe di grano e fucili sparsi fra corpi massicci di contadini che sembravano voler schizzare dal drappo e prendersi tutta la scena, con la loro fisicità impuntata. Piante che si attorcigliavano intorno ad animali danzanti, eretti su due zampe, come cagnolini addestrati. Orci color ocra, dai quali sbocciavano pelosi trifogli bluastri. Mezzibusti, dalle cui teste spuntavano fiori sgraziati e che cullavano fra le braccia colombe grasse come galline. Cieli sfrangiati in diverse tonalità di verde, a inglobare una luna sformata. Le proporzioni non rispettavano la prospettiva naturale e i vegetali si slanciavano giganteschi, arroncigliati sugli animali e sulle mezze sagome umane, sovrastandole. Solo i corpi dei contadini trasmettevano il medesimo vigore dei cannibalici arabeschi floreali. In un angolo che, fino a quel momento, era rimasto accartocciato, la Strulghina aveva usato una lana bianchissima, su cui aveva cucito con l'ago un ordito e un intreccio più fitti, usando un filo di cotone rosso, trama di sangue sulla neve.

Le due donne restarono senza parole davanti a quella visione, la Liuba vi si insediò al centro per tutta la mattinata, quasi avesse dimenticato come si faceva a camminare. I suoi gorgheggi punteggiarono quel momento sospeso, per un tempo che nessuna avrebbe mai più saputo dire.

2
Inquieto alla luce

Nata fuori dal mondo, la bimba non aveva mai avuto bisogno di corrispondere alle leggi della società. Fin da piccolissima aveva trascorso il suo tempo da sola, in proteso ascolto. Quando aveva pochi mesi, le donne usavano sdraiarla per terra davanti al capanno, su una vecchia tela, e lei osservava molto seria lo sfilacciarsi delle nubi, stracci bassi sulla pianura piatta. Nessuno la aveva forzata in posture che non sarebbe riuscita a tenere in autonomia ed era rimasta per oltre un anno così, coricata a guardare il cielo, incantandosi nel movimento impercettibile delle nuvole, avvolta nella variabile consistenza dell'aria. Aveva modulato suoni con voce remota: in uno spettro ampio di frequenze, da gutturale e scura la spingeva su, fino a farsi tintinnante. Aveva imparato a riconoscere l'arrivo della pioggia dall'odore della terra, quando si faceva più pungente. Una volta aveva ruotato il viso dal cielo al suolo per scorgere la lunga biscia nera strisciare verso di lei in concitate spire a scuotere l'erba fulgida. Quasi ne avvertisse il cattivo auspicio, la neonata aveva lanciato un grido così convulso che sua nonna e la Strulghina erano balzate fuori dal capanno, fulminee, abbandonando pignatte, tiggini e oli. Contro la serpe che si era immobilizzata al punto da sembrare marmorea, la Zaira aveva scagliato il coltello con cui stava sminuzzando il crescione, segandola in due. L'anziana guaritrice aveva poi voluto ungere la Liuba con l'olio di verbena per proteggerla dalla malasorte.

L'Armida la aveva allattata fino a due anni compiuti, l'unico evento a ripetersi a ritmo quasi scandito nelle sue giornate rarefatte. Il turgore dei seni gonfi di quel liquido bianco chiaro, molto meno denso del latte delle vacche che aveva visto mungere, la radicava a terra. A volte svegliava la piccola per farla mangiare affinché le alleviasse il dolore della carne tesa. Le sfiorava la fontanella molle in cima al capo e pregava che si rimarginasse più tardi possibile, perché credeva che l'indurimento della testa sarebbe coinciso con la secchezza del suo seno. Capitava anche, se era di notte, che si spremesse da sola il latte osservando col chiaro della luna i fili dritti e sottilissimi spruzzare in direzioni sghembe dai forellini disposti in fantasiosa corolla nei capezzoli, sbocciando in un ciuffo rado e compatto, come le spore di un soffione. La figlia l'aveva rinata, ma a singhiozzo. Le aveva inoculato un fulgore, che esplodeva inatteso in potenti balenii per poi scivolarle via senza lasciare ombra di reminiscenza.

Pochi mesi dopo l'attacco del serpente la Liuba aveva cominciato a camminare e la Strulghina era morta. Ora non si poteva più abbandonare la piccola da sola sulla tela, perché si infilava dappertutto, e ben presto cominciò a correre, velocissima, lungo i fossi e su per l'argine. La madre e la nonna temevano addirittura che potesse finire dentro Secchia. E allora la Zaira tante volte se la portava dietro, quando andava a segnare. Fu così che i contadini impararono a riconoscere quella *bagaiéta* che sembrava un'elfa delle pianure: il viso minuto, leggermente scavato, gli occhi piccoli da faina, appuntiti e color dell'ambra, le gambe svelte che avevano imparato in fretta ad arrampicarsi sui rami più alti degli alberi, come facevano le galline per sfuggire alle volpi. Mentre raggiungevano le case coloniche, la Zaira metteva in guardia la nipote da ogni pericolo possibile. La bambina ascoltava con sguardo attento senza mai replicare.

Era San Valentino del 1937 quando dalla casa della vedova Reami si udirono provenire delle grida straziate.

Era la Nadina che aveva di nuovo le doglie. Dentro casa, le sue urla giungevano alle orecchie della Solidea attutite soltanto dalla tavola sottile che faceva da uscio e che la levatrice si era chiusa dietro senza troppe cerimonie. La bambina era rimasta con Umberto che, quando aveva visto la vedova, sua madre, raccogliersi in preghiera e perdere i contatti con quanto stava accadendo intorno, si era preoccupato per la nipote che era rimasta seduta accanto al camino con lo sguardo fisso a terra e le mani intrecciate, strette al punto che stavano perdendo colore. La bambina aveva imparato presto che, quando non poteva esser d'ausilio, era meglio tirarsi da parte, per non intralciare.

Umberto avrebbe voluto tapparle le orecchie affinché non sentisse il patimento della madre. Le fece segno con la mano, agitandola come un'ala per richiamarla verso di sé. Aveva quasi sedici anni ed era già altissimo; le mani lunghe e dinoccolate, con la destra spesso si ravviava i capelli indietro, toccandosi rapido i vortici ribelli che aveva sulla parte alta del capo. Era più biondo degli altri. Più fine il suo viso. Si muoveva impacciato in quell'altezza che gli era capitata tutt'in un momento: sterzava brusco quando arrivava troppo svelto sugli oggetti o, senza volere, si avvicinava più del dovuto alle persone. Ma il suo sguardo era attento, pareva cogliere una verità segreta dietro le facce.

Chiamò la nipote verso di lui e la mandò fuori nel cortile davanti a casa, seguendola da vicino. Faceva molto freddo ma la aveva avvolta dentro due scialli di sua madre. Si sedette sul muretto rialzato che nascondeva il pozzo e si posò la Solidea sulle ginocchia, iniziando meccanicamente a muoverle, prima piano, poi a un ritmo più serrato. E dalla bocca della bimba cominciò a uscire un suono gutturale, come un rantolo a impulsi intermittenti, che seguivano il movimento delle ginocchia dello zio. La Solidea provò un senso di estraneità, come se non potesse essere la sua voce, quella, ma lui continuava ad accelerare il ritmo e alla bimba parve naturale andare sempre più su col volume. Tutt'in un momento, sentì l'ansia frantumarsi e si lasciò ipnotizzare da quel suono spezzato e potente che copriva le grida di sua mamma, cancellava l'ansia di non rivederla mai più viva, le sgravava il petto da ogni peso. Iniziò a ridere, prima a lievi sbuffi, poi sempre più forte: una gargagliata tintinnante. Inarrestabile.

Lo zio Umberto rideva anche lui. Ora le stava tenendo le manine, mandandola su e giù con la testa, fin quasi a sfiorare la ghiaia del cortile. Lei rideva all'impazzata, libera come un'anguilla. Si fermarono d'improvviso quando udirono il pianto nitido del neonato provenire dalla stanza della Nadina. Embro era venuto al mondo.

3
Sollevàti dal suolo

Due mesi dopo, i ragazzi della Motta erano in trepidazione perché ci sarebbe stata la gara. Erano più di sei mesi che il Dopolavoro non organizzava riunioni ciclistiche al moderno velodromo, un vero e proprio vanto per quelle sperdute contrade. Lo avevano costruito tre anni prima, sulla scia del clamoroso successo ottenuto a Los Angeles da Nino Borsari, che nel 1932 aveva vinto la medaglia d'oro nella finale di inseguimento a squadre su pista: quattro chilometri percorsi in cinque minuti e dodici secondi, insieme a Marco Cimatti di Bologna, Paolo Pedretti di Como e Alberto Ghilardi di Roma, a una media di oltre quarantanove chilometri orari. I maggiori campioni del momento dimostravano di apprezzare sul serio il velodromo di Cavezzo, progettato ad arte dall'ingegner Guido Colombini, col tondino costruito attorno al campo da calcio, la tribuna laterale e le curve rialzate che potevano essere affrontate dai corridori a grande velocità mantenendo la stessa aderenza e stabilità di quando erano sul rettilineo, senza che la forza centrifuga li scagliasse fuori. In giornate come quelle la cittadina infrangeva la sua ripetitività atemporale e si riallineava per un attimo con la modernità. Nei caffè, dal barbiere e in piazza, tutti parlavano dell'avvenimento.

Fin dalla mattina presto i *bagaiétt'*, con le tasche piene di volantini pubblicitari, sostavano davanti all'ingresso del velodromo, sperando di poter entrare a gratis, e intanto giocavano a biglie su un circuito scavato per terra. Anche Umberto Reami e i più giovani dei Cavalieri avevano ascoltato fin da piccoli i racconti delle imprese di Nino Borsari, mentre i fratelli più grandi lo avevano conosciuto di persona scorrazzando con lui per le campagne della Motta, dov'era nato. A quei tempi consegnava le medicine per la farmacia. Gli occhi socchiusi e la testa bassa, pestava sui pedali la rabbia della miseria e già volava come una scheggia. Un giorno era passato per di lì un gruppo di ciclisti professionisti e lui si era messo a inseguirli; li aveva impressionati al punto che loro gli avevano regalato una bici da corsa. E lì la sua leggenda era cominciata.

Quella domenica 11 aprile del '37, Umberto aveva racimolato un incarico all'interno della pista, e Moris e Pìpi, i fratelli di suo cognato Ettore, speravano che sarebbe riuscito a far entrare anche loro due. Erano andati presto, perché così sarebbe stato più facile essere ammessi. Umberto li vide arrivare e si affacciò all'ingresso: «Sono con me, per controllare la pista» disse a un uomo vestito di bianco che coordinava l'organizzazione. Nel viavai dei preparativi nessuno fece caso ai tre ragazzi che s'incamminavano verso gli spalti. Nessuno, tranne Laerte Leporati, che appena li scorse si schiarì la voce dalla raucedine e esclamò, alzando progressivamente il volume: «Com'è poi che oggi han deciso di far entrare anche i comunisti?!».

I tre si girarono di scatto. Pìpi, pronto a reagire alla provocazione, venne trattenuto da Moris, di poco maggiore ma di molto più saggio. Umberto non disse nulla ma il suo sguardo trasudava odio. Quell'individuo gli smuoveva una rabbia atavica: era lascivo e mellifluo e aveva negli occhi una viltà crudele.

Il fascista se ne accorse: «Cos'hai da guardarmi così, *bagaiét*? Abbassa gli occhi quando passo!».

«Gli occhi li abbasso quando c'ho rispetto...»

Moris non credeva alle proprie orecchie. Si era concentrato sul fratello per prevenirne le intemperanze e ora ci si metteva anche il Reami che, da quel poco che lo conosceva, gli era sempre sembrato uno assennato. Non lo sospettava capace di quel livore che ora lo spingeva fino all'insolenza. Oltre allo stupore per quella reazione inattesa, si domandava se quel prepotente di Leporati le stesse sparando a caso, quelle robe sui comunisti, o se invece avesse avuto qualche soffiata sui volantini che erano circolati alla Motta nelle settimane precedenti, portati a casa da suo fratello Ettore. Volantini che loro padre aveva letto e che poi aveva gettato nel fuoco del camino scuotendo la testa preoccupato.

Alle parole di Umberto, il fascista aveva reagito con un immediato moto d'incredulità, ma poi era diventato paonazzo. Aveva cominciato a sciogliersi il nodo della cravatta e a sbottonarsi il collo della camicia che lo insaccava, accorciandogli il respiro. Non doveva avere più di venticinque anni, ma viveva all'ingrasso e annaspava di sovente col fiato.

«I comunisti della Motta han sete di sangue» esclamò

con voce stentorea in modo da risvegliare l'attenzione dei suoi scagnozzi, dai quali non si allontanava mai più di tanto. Suo padre Aristide Leporati era un pezzo grosso del fascio locale e Laerte ne approfittava, per se stesso e per i suoi camerati. Ne arrivarono quattro. Quel giorno erano entrati tutti a sbafo, senza una mansione più precisa di un generico «mantenimento dell'ordine». Si assieparono attorno al capetto, due da un lato e due dall'altro, guardando i tre monelli con sguardi bovini. Umberto fissava Laerte dritto negli occhi, la rabbia gli spegneva ogni timore. Pìpi, che si era trattenuto zitto già troppo a lungo, esplose: «Grandi, grossi e mai soli. È proprio finito il tempo degli Arditi».

Il più smilzo lo spinse a terra e gli fu sopra. Moris reagì subito, gettandosi su quello che aveva attaccato il fratello, tirandolo via di peso. Ma gli altri intanto si erano divisi i compiti: in due si erano buttati sul mucchio che scalpitava nella polvere accanto alla pista e i due restanti, compreso Leporati, avevano trattenuto Umberto prima che potesse portare aiuto ai fratelli Cavalieri. Mentre lo strattonava, il fascista gli tirò un pugno sullo zigomo e lui sentì l'occhio schizzargli dall'orbita. Fece una smorfia di dolore, ma subito sputò a terra in segno di disprezzo. Fu in quel momento che passò il podestà, accompagnato da alcuni funzionari del paese. Fulminò Leporati con lo sguardo, come a dire: «È questo l'ordine che sapete tenere?». Quello allora si ricompose, abbassò lo sguardo e fece cenno ai compari di lasciar perdere.

Umberto si diresse al banco delle bibite con l'occhio ancora palpitante e chiese che gli allungassero le sue da vendere. Moris e Pìpi fecero un altro giro intorno alla pista, fingendo di controllare il fondo. Quando il velodromo cominciò a riempirsi, sgattaiolarono anche loro sugli spalti, cercando la posizione migliore per godersi la gara senza dare nell'occhio.

Borsari vinse la prova di velocità con una folla osannante, battendo Cimatti e Armando Latini. Esaltante, come d'abitudine, l'americana a coppie vedeva il corridore in gara lanciare il suo collega per il giro veloce fino a concludere centoventi giri della pista: qui vinse, insieme con Salani, il mantovano Fabio Battesini che all'epoca era il corridore più veloce del mondo nel chilometro lanciato.

Fu quella l'ultima riunione al velodromo, per anni. L'appuntamento previsto per il 4 settembre del '38 avrebbe dovuto essere un evento speciale, poiché al velodromo si attendeva anche l'arrivo della dodicesima edizione della Coppa Azzini, che si snodava lungo le strade della provincia coinvolgendo dilettanti e indipendenti. Ma la riunione non si svolse a causa del diluvio preistorico che si abbatté quella domenica sulla pianura esplosa da nembi e cirri a gonfiare il cielo di un umore plumbeo che schiacciava. Una vera tempesta di fine estate, che non giunse ad allagare la piatta valle com'era accaduto nell'agosto del '34, ma che intrise ben bene d'acqua la terra e imperlò di gocce l'aria al capanno delle erbarie. La pioggia svelleva i fiori, stracciava le viti e mutilava i peretti. La Zaira lanciava grida selvagge mentre i tuoni coprivano la sua voce, liberandola dell'antica verecondia: «Scranne e banchetti ballano per casa!» ululava con la fronte aggrottata. Le mani come zampe di ragna cosparse di sottile filo di cotone, divelto con la bocca arcuata in dentro a fagocitare le labbra, la donna si incassava nelle spalle, elitre sottilissime e crocchianti; poi cominciava a borbottare una litania incomprensibile, accendendo pile di fiammiferi tossicchianti, che s'innescavano effimeri lasciando nell'aria un torbido odore di zolfo.

La Liuba era elettrizzata da quella metamorfosi: del paesaggio, del capanno e di sua nonna. Al rombare del cielo schiacciato contro la pianura, la bambina si scatenava in salti velocissimi che poi rallentava per dondolarsi da un piede all'altro in una risacca di onda, coi piedi nudi a infangarsi di terra acquosa per la pioggia che colava dal tetto impreciso, lungo le pareti di legno. Il suo sguardo era fisso, ipnotizzato nella rarefazione convulsa del casotto.

L'Armida sembrava una cagna accucciata nel suo letto; avrebbe voluto strapparsi le orecchie per non sentire quel turbinio livido e dilaniante, ma la voce modulata della madre la legava alla terra, sirena che la ancorava alla vita in mezzo alle acque della fine del mondo.

4
Esordio di verità

«*C'ag gniss un càncher a ló e a tūta la só rāsa!*»

Il vecchio Cavalieri sacramentava ma badava a parlar piano, abituato a non far sentire i suoi sfoghi rabbiosi. Quando era di quell'umore sia i figli che le nuore sapevano che non andava avvicinato né tanto meno contraddetto. Solo la Mitilda non ci faceva più di tanto caso, sempre concentrata su un suo punto lontano, goccia di buio nell'orizzonte chiuso, a cui si piegava coriacea e senza far domande. Col marito parlava di rado, e solo di cose pratiche. Vivevano in due prossimità distinte. Se lei aveva bisogno, gli urlava di lontano, i loro gesti già concordati in una primitiva intesa a cui non c'era nulla di nuovo da aggiungere.

Quella mattina del 30 aprile 1938 Giovanni Battista Cavalieri ce l'aveva con Mussolini, il quale, ormai completamente asservito alla Germania, aveva dato disposizioni perché venissero fatti arrestare «per precauzione» tutti quei «sovversivi» che riteneva potessero incrinare la bella favola della totale adesione del popolo al suo regime. Questo perché dal 3 al 9 maggio Hitler avrebbe visitato l'Italia e, visto che sarebbe transitato anche dalle stazioni di Mirandola e di San Felice sul Panaro, il duce preferiva non correre rischi. E così in carcere era finito anche l'anarchico Albano Fiori di Cavezzo. Il podestà di Mirandola aveva inoltre ordinato ai proprietari di ritinteggiare le abitazioni, i fienili e i granai, di riordinare i cortili e di coprire le concimaie visibili dal treno, il tutto a loro spese. Perfino stendere i panni al sole era stato vietato perché giudicato uno «spettacolo meschino».

La mattina del 3 maggio l'Armida voleva andare anche lei a vedere passare il treno e si avviò lungo i campi. La prospettiva di quel vettore rapido che avrebbe tagliato l'immobilismo della pianura l'aveva fatta alzare e vestirsi con un abito leggero che la Strulghina aveva lasciato al capanno e col giubbino logoro che portava nelle sere d'estate più ventilate, già sufficiente perché la giornata era calda. Aveva raccolto i suoi pesanti crini neri in due trecce che le partivano dalla nuca e che si era appoggiata lungo il busto per farle sembrare meno lunghe: ognuna era larga quattro dita. Quando era uscita, la Liuba dormiva ancora mentre la Zaira l'aveva guardata un attimo, senza domandarle nulla, e poi si era rimessa a squarciare i baccelli verdissimi che teneva in grembo.

L'aria tersa del primo mattino aveva pervaso la giovane, che di buona lena si era incamminata verso l'argine. Contava di incontrare lungo il sentiero sopraelevato tante persone che, spinte dalla curiosità, dall'ammirazione o dalla rabbia, avessero deciso di recarsi a veder passare il treno del führer attutendo così, ignare, la sua paura di quel luogo che ancora le stringeva la gola in un magone. Declinò verso il carradone, lasciandosi il fiume a mano destra. Fu poco prima di giungere a San Silvestro che venne superata da un giovane alto e biondo, insieme a una ragazza slanciata, dai capelli ricci che le scendevano fino alle spalle. Le pareva di conoscerli, dovevano essere delle sue bande. Subito dopo che l'ebbero oltrepassata, lui si voltò quasi l'avesse riconosciuta, ma non le disse nulla. Si rigirò anzi, veloce in avanti, come se volesse nascondere qualcosa. L'Armida si concentrò per recuperare la memoria di quel volto, ma non riuscì a ricostruirne l'identità. I due procedevano veloci, la fanciulla faticava a tener dietro all'ampia falcata del ragazzo, ma ci teneva a stare al passo e macinava il terreno con grande determinazione.

Dopo poche decine di metri Umberto non riuscì a trattenersi dal voltarsi ancora, ma l'Armida era già ripiombata nel suo tetro sonnambulismo. Guardava dritta davanti a sé, risucchiata in un vortice che nessuno vedeva, il volto inclinato verso terra.

«*Cum'èla c'at vu andār a védær al fiurer?*» lo apostrofò sua sorella Pina. Perché poi il fratello ci teneva tanto ad andare a vedere Hitler?

Lui si era adombrato, ma le rispose:

«*Parchè a voi esar æenca mè in du pāsa la stōria. A védar!*». Perché voglio essere anch'io dove passa la storia. A vedere!

5
Antico richiamo

La Liuba non aveva ancora compiuto quattro anni quando decise di partire con la carovana degli zingari. La loro venuta era sempre una festa per i bambini perché portavano gli spettacoli. Anche i grandi apprezzavano le loro abilità di maniscalchi e arrotini, li mandavano a chiamare per ferrare cavalli e buoi o per affilare i loro vecchi coltelli. Il sabato e la domenica sera ammiravano i loro numeri coi salti mortali, che riempivano di allegra destrezza la pianura ridondante. Le zingare, le trovavi nei mercati, alle sagre, ma tante volte giravano anche per i campi dove si offrivano di leggere la mano alle contadine e, più di rado, ai loro uomini. Se le mandavi via ti maledicevano con uno sputo.

Quando arrivavano alla Motta con i loro carrozzoni sgangherati i nomadi si fermavano sempre nello stesso posto. Là dove la strada faceva una curva a gomito e, di contro l'argine, rimaneva un pioppeto quadrato le cui fronde d'estate riuscivano solo parzialmente ad alleviare la canicola appiccicosa d'insetti che infestavano la conca padana. Legavano i loro cavalli alle piante, tiravano dei fili per stendere e spargevano a terra i cestini di vimini e i setacci, per farli asciugare al sole.

Quell'anno si fermarono più a lungo del solito. Avevano contrattato un affitto per un lembo di terra nella golena e ci avevano innalzato un tendone rosso che ai bimbi sembrava enorme. Dentro c'erano delle sedie appese alle travi che si tiravano giù soltanto in occasione degli spettacoli. Al centro avevano montato le antenne che potevano sostenere fino a cinque circensi alla volta con accanto gli attrezzi per i numeri. In un angolo stava un vecchio pianoforte scolorito. Sul lato, una lunga fila di specchi alti il doppio di un adulto, il triplo di un bambino. C'erano clave e birilli ammucchiati ai bordi e dal soffitto pendevano corde ingiallite. Una vecchia stufa a legna con su appoggiata una pentola di rame riscaldava lo spazio.

Attratta dalla musica delle fisarmoniche e dei violini che riempivano la campagna, quel giorno la Liuba si era incamminata dal capanno, costeggiando l'argine lungo la via di Sotto, con gli olmi che coprivano l'orizzonte e impedivano la vista del fiume. Molti dei contadini dai campi l'avevano vista passare ma non le avevano badato perché erano abituati alla bimba e al suo scorrazzare forastico.

Quando giunse davanti al tendone, si fermò a osservare quei bambini, scalzi come lei, che facevano roteare per aria birilli e palline o che provavano a camminare sui fili tesi ad altezza variabile fra un pioppo e l'altro. Ce n'era uno che rideva a crepapelle mentre due antipodisti adulti se lo lanciavano spingendolo con le piante dei piedi, soffici e flessibili, dove lui atterrava con centrata morbidezza, senza cadere mai. I più piccoli avevano una risata argentina, come un palpito diaframmatico, dal suono leggermente raffreddato. Quelli che giocolavano invece, stringevano le labbra a lama, spalancando gli occhi per guardare gli oggetti volteggiare nell'aria, senza mai distrarsi. Si allenavano per andare a posteggiare davanti alle chiese, nei mercati, nelle fiere. Le equilibriste erano soprattutto bambine, che preparavano il numero del filo: su un cavo d'acciaio sarebbero arrivate a camminare anche a due metri da terra, sospese su un piede per poi capriolare in aria facendo perfino finta di bersi un caffè. Si allenavano col mento retratto che gli raddrizzava la spina dorsale e spalancavano le braccia, fissando un punto dritto nel vuoto.

La Liuba non staccava loro gli occhi di dosso. Ammirava specialmente una bambina del gruppo dei più grandi. Doveva avere circa dieci anni e procedeva sulla fune più agile di tutti; si staccava da terra librandosi nell'aria, a cui le sue ossa leggere dovevano appartenere da sempre. Sembrava fatta di vapore ma era solida, come una minuscola antica montagna che non ci teneva a farsi notare.

Appena scesa dalla fune più alta, la giovane acrobata si accorse della piccola gagia e le andò incontro, allungando verso di lei una mano. La Liuba parve per un attimo titubante, ma poi la seguì. Entrarono nel tendone, dove la maggiore si avvicinò a una grande cesta di vimini dalla quale estrasse dei cenci con cui prese ad avvolgere i piedi della Liuba. Poi la condusse fuori e le mostrò come camminare sulle punte. Non sembrava far caso ai silenzi interminabili della Liuba, né mai le fece nessuna domanda. Era aggraziata e muscolosa, il viso appuntito e gli occhi piccoli le davano l'aria di un topolino di campagna. La Liuba la osservava, seria. Provò a imitarla e si sentì lieve. Le sue dita erano magre e robuste, temprate dalla terra dei carradoni e dei sentieri lungo gli argini, che percorreva instancabile da quando aveva cominciato a camminare. Tenersi eretta non era uno sforzo, per lei; il cuore sgravato, i polmoni colmi. La sua nuova amica la guidava senza toccarla tracciandole un'aura invisibile intorno, con le mani aperte come due conchiglie pronte ad accoglierla, ma la Liuba non si abbassava, le punte non le cedevano. Aveva garbo e resistenza.

Dall'esterno qualcuno chiamò la ragazzina per nome. Delia. Lei corse fuori lasciando la Liuba ai suoi esercizi. Quando questa fu stanca, atterrò con un balzo. Si avvicinò agli specchi e scoperchiò il baule appoggiato contro la parete. Conteneva vecchi guanciali strappati. Scavalcò le pareti di cuoio cartonato e si lasciò avvolgere dalla bambagia che schiumava a batuffoli dai numerosi buchi dei cuscini. Si addormentò felice nell'idea che, nascosta in quell'arca, gli zingari l'avrebbero portata via con loro.

Era buio quando udì le grida della nonna e dei contadini che chiamavano il suo nome. Più rara delle altre, le giungeva la voce strozzata della madre, annodata nel pianto. Ma la Liuba si rannicchiò con le ginocchia fra le braccia e chiuse il coperchio del baule sul suo corpicino magro, lasciandosi avvolgere dalle tenebre e dal sonno.

6
Seme

Era la primavera del 1939. Quella mattina la Solidea la vide di lontano, sfocata dal sole a picco che la abbagliava. Con le mani si fece schermo agli occhi, a sincerarsi che fosse vera e non un'apparizione di sogno. La vide arrivare di lontano, con la sua anatra. Doveva avere circa la sua età, ma era piccola e minuta. Indossava una veste leggera, di un tessuto liso ormai quasi trasparente; le arrivava al ginocchio, sembrava una camicia a cui avevano tagliato le maniche, perché alla bambina sarebbero state troppo lunghe. Era scalza.

Uscita di corsa dal canneto, si gettò a terra ridendo mentre l'anatra le starnazzava sulle cosce, eccitata dagli schiamazzi e dal rotolare della bimba. Era una giovane femmina di germano reale, dalle piume screziate, marrone scuro e beige. All'improvviso la bambina si era bloccata a terra con le braccia divaricate e aveva smesso di ridere, le gambe piegate con le ginocchia convergenti e i piedi al suolo che si guardavano, come leprotti a riposarsi da una lunga corsa. Fissava il cielo, gli occhi due fessure a tagliare l'aria tersa. Sentendo che la bambina ora era calma anche l'anatra si era quietata. Per beccare l'erba in cerca di insetti e di bacche, si era allontanata, anche se di poco, dal corpo immobile dell'umana, che pareva ipnotizzata dai filamenti e dalle forme cangianti delle nubi più basse. Ogni tanto volava per un breve tratto, raso terra, un frullo goffo di ali. Ma per lo più si aggirava lenta, rimanendo nei primi paraggi della monella, che di punto in bianco si alzò, frullo di fringuello, e prese a camminare china sulle cosce con la nuca distesa, tentando di imitare la curvatura del collo dell'animale. Osservava l'anatra con discrezione, ma il palmipede pareva abituato a quella stramba compagna di razzolamenti che camminava chinino e ogni tanto incurvava la testa verso l'erba, come a prendere un verme. Tutto in un momento si protese con la testa verso l'alto, si issò sulle punte dei piedi pur rimanendo sulle cosce piegate, e si spinse su, sollevando le braccia e spiccando un salto. Voleva volare.

La Solidea non credeva ai suoi occhi. La guardava stupita, ammirata da quella persuasione fiduciosa. L'altra rovinò subito a terra, sbattendo una gota. "Stupida" pensò la figlia della Nadina, ma le chiese se si era fatta male. La creatura salvatica sussultò al suono della voce della coetanea. Si rimise lesta in piedi e sparì di nuovo dentro al canneto. Liuba. Alla Cà Granda, dove con la madre e il fratello si erano ricongiunti al padre, aveva sentito le zie chiamarla così. Dicevano che era una creatura strana. Come la madre. E la nonna. Quando la Mitilda le sentiva ciangottare però, le zittiva con un sibilo: la bambina era la nipote dell'erbaria voluta dalla Strulghina. Portassero rispetto.

Ben presto la Liuba aveva cominciato a muoversi autonoma per quelle terre, che per lei sembravano non avere segreti. Nemmeno la Busa di Bambèin, da cui la madre l'aveva messa in guardia strabuzzando gli occhi. Si era impaurita solo per un attimo, ma poi la curiosità l'aveva avuta vinta. Era lì che aveva trovato la sua anatra, anche se la madre e la nonna non lo sapevano.

Quel giorno aveva incontrato la signora vestita di nero, accompagnata da una ragazza giovane. Non le avevano sorriso mai, ma la Liuba le aveva considerate due presenze amiche. Era un giorno di aprile del 1939 e, mentre tornava dando le spalle alla conca d'acqua gelida, la bimba le aveva sentite invocare qualcuno:

«... beertoooooo... tiiinaaaaa...».

Ma non ci aveva dato importanza, eccitata com'era da quella nuova presenza vivace che le caracollava accanto ai piedi.

La Zaira e l'Armida l'avevano vista arrivare di lontano: la bambina che procedeva lungo il viottolo davanti al capanno, seguita dalla piccola anatra come un cane fedele: «Lei è Seme, aveva detto la Liuba».

E le due donne avevano cominciato a piangere perché quelle erano le prime parole che udivano uscire dalla bocca della loro creatura.

Dopo il primo incontro con la Solidea, la Liuba cominciò ad andare spesso dai Cavalieri con la sua anatroccola, nella speranza di incontrare l'amica. Le volte che trovava i bambini pronti per fare il bagno ci si divertiva ancora di più, perché Seme voleva finire anche lei ammollo con la sua padrona, ma i maschi cominciavano a spruzzarla e lei allora agitava le ali, come per volare via.

A quel punto Evro, il cugino della Solidea a cui avevano dato il nome dello zio morto bambino, la afferrava per le zampe, trattenendola. Dovevano intervenire le donne a sedare la bestia, agitando le mani contro il discolo e urlandogli contro:

«*Sta' atènti, Evro, c'at li ciāp*!» Sta' attento che le prendi!

La Liuba però sembrava indifferente agli schiamazzi dell'anatra, a tal punto la mastella la illanguidiva. Nell'acqua chiudeva gli occhi e assaporava il tepore, con un piacere inusitato. Stava completamente immersa lasciando affiorare solo la faccia, dalle labbra in su, immobile. Dopo qualche minuto cominciava a sfiorare la superficie con le manine finalmente linde e a dare dei piccoli cricchi sull'acqua, increspandola in un chioccolio rotondo.

«*Quœnt t'āg' sìa tè, la mastèla la dvèinta nēgra!*» Evro la canzonava perché era così sporca che faceva nera l'acqua.

La Solidea lo inceneriva con un'occhiata, ma la Liuba sembrava imperturbabile. Lo guardava sardonica, senza scomporsi. Allungava indietro il collo come un cigno all'incontrario e lasciava oscillare i capelli nel liquido scurito, che odorava di cenere e strutto.

In quel periodo era corsa la voce che Mussolini era passato in via Gavioli al Cavezzo a trovare il maestro Garfield Morselli, suo vecchio amico dai tempi dei Salesiani di Faenza, dove entrambi avevano studiato alle magistrali, ospitati nello stesso collegio. Una visita ufficiosa, durante la quale il duce aveva badato bene di non farsi vedere in giro, ma la voce si era sparsa presto per le stalle. Qualcuno l'aveva diffusa con orgoglio, la maggior parte della gente però ormai lo malediceva tra i denti, Mussolini, e guardava di traverso sia i fascisti convinti che gli ossequiosi di comodo. Imprecavano e poi intimavano ai bambini di tacere:

«*Ragazōl, vuātar guāi s'a d'gi quèl!*» Guai se dite qualche cosa!

Anche nella stalla dei Cavalieri la notizia aveva rotto gli argini come un fiume in piena, portata stranamente da Marcòun, di solito schivo e di poche parole. Mentre riferiva, il giovane tratteneva a stento la rabbia che gli irrigidiva i muscoli delle lunghe braccia secche. Lo ascoltavano tutti, qualcuno scuoteva la testa. Sua sorella Rosina, in prima fila, assorbiva lo sdegno lungo tutto il suo corpo di undicenne. Pìpi faceva domande a raffica, gli occhietti che si muovevano veloci e nervosi, pronti all'azione. Moris scuoteva la testa. Marcòun guardava i suoi fratelli minori con orgoglio e preoccupazione. Soprattutto per Pìpi si dava pensiero, il più irruento.

Quella sera Embro piangeva contorcendosi in braccio a sua madre.

«Serpi in casa la notte, ne avete avute nei primi mesi?» le chiese di punto in bianco l'Armida, che insieme a sua madre stava intrecciando la paviera per farci delle gabbie di pollo da andare a vendere al mercato.

«Non ne ho vedute.»

La Nadina sembrava urtata da quell'intrusione, ma anche vergognosa.

«Mentre diamo il latte dobbiamo starci più attente. Che vogliono portarcelo via» continuò imperterrita l'altra, assorta in un luogo remoto, solo suo.

La Nadina portò la mano con cui sorreggeva il figlio

istintivamente sul seno sinistro, come a proteggerlo. Poi si ricordò di dire: «Il mio è andato via presto».

«Non ce l'hai avuto regolare?» chiese l'Armida avvicinandosi all'altra.

«Mica tanto. Ne prendevo via qualche goccia alle vacche.»

«Dopo così vengon buoni per il macello.»

Lo sguardo della Nadina dovette comunicare lo smarrimento. Non stava capendo.

«I vitelli sono troppo mansueti per il nostro mondo» le spiegò l'altra.

Le Strulghine le aveva portate la Liuba, nell'entusiasmo della sua amicizia con la Solidea. Era venuto anche Zenone, che quella sera non era andato a bighellonare in giro per i campi come suo solito. Il nome di Mussolini lo mandò in escandescenze:

«Crepare deve, il bastardo!» bofonchiava con la sua voce stonata che nell'eccitazione entrava in un falsetto strozzato. «Non ci costa niente farlo fuori, se ci mettiamo tutti insieme... che non ci regala mica niente nessuno, a noi. Dobbiamo fare da per noi.»

Impresse a quest'ultima frase una serie di note querule, come se la sua mente eruttasse schegge esplosive che facevano deflagrare l'originaria persuasione in un interrogativo stridulo. Fino a quel momento il vecchio Cavalieri era stato zitto, con le sopracciglia aggrottate e lo sguardo rivolto a terra, ma quando il volume della voce del vicino cominciò a tracimare sopra le mura spesse della stalla, si alzò con uno scatto e mandò tutti a letto, liquidando bruscamente i figli maggiori, senza dar loro nemmeno il tempo di chiudere la partita a briscola col tressette.

Era un principio di notte sereno quando le erbarie uscirono dalla stalla. La tarda primavera faceva venire la pelle d'oca, promessa prossima a sbocciare. L'aria ancora fresca profumava di viole del pensiero, ibridate dagli aromi che mandavano le siepi collocate a separare i campi: una miscela in cui si amalgamavano il cerfoglio, il biancospino, la carota selvatica e la sanguinella che coi suoi arbusti aveva tinto di rosso il pallore dell'inverno. Zenone continuava a borbottare il suo diniego, ma né le donne né la bimba sembravano prestargli attenzione. La Zaira inalava quelle essenze, facendo mente locale sui fiori che avrebbe raccolto il giorno a venire. Con la *viola tricolor* un medico condotto di Dogaro le aveva insegnato alcune ricette fenomenali e sapeva che, alzandosi poco prima dell'alba, avrebbe potuto prendere anche il biancospino dalle siepi, per farlo macerare e poi curarci i cuori.

L'Armida nel buio camminava vicino alla madre e avrebbe voluto tenere la Liuba per mano. La brezza sulla pelle era così delicata però che anche lei rabbrividì di piacere e sentì la mascella allentarsi al punto che ebbe voglia di aprire la bocca e respirare da lì, per fare arrivare l'aria diretta sulla lingua, a rinfrescarla. Le sembrò che l'ossigeno le irrorasse i polmoni, allargandole la cassa toracica. Per un attimo si sentì padrona del suo corpo e la spina dorsale le si tese, fiera. Il collo sembrava ancora più sottile, in contrasto con la massa di capelli corvini che portava in parte raccolti e acciambellati sulla nuca in parte sciolti lungo il torace, dove le arrivavano fino all'ombelico.

La Liuba sfuggiva ai tentativi della madre di agganciarle la manina e scorrazzava in avanti, impavida, con Seme che le trotterellava accanto. Se si fermava, era per ascoltare i rumori sottili, che si insinuavano fra i fili d'erba o si annidavano fra i rami. Tendeva l'orecchio verso quei fruscii, rapita, come se stesse saggiando l'acustica segreta di un paesaggio che si dava a lei in immediata pienezza. Una dimensione in cui non esistevano reali confini fra le cose, né l'invisibile aveva meno peso di ciò che i sensi lasciavano percepire. Sembrava entrare in risonanza con il vibrato dei grilli e coi palpiti misteriosi della notte palustre. I boccoli scuri le adombravano il viso, lasciando intravedere però uno sguardo più estatico che meravigliato – come se non fosse un'osservatrice esterna ma stesse immersa dentro il suo elemento primigenio e godesse di questo subitaneo ricongiungimento, datosi inatteso fuori dalla stalla dei Cavalieri.

Giunte al capanno, spinsero la porta di legno, fermata solo da una serratura cilindrica che chiunque poteva spostare. Entrarono e, senza bisogno di accendere la candela, si adagiarono ognuna nel suo letto. Si addormentarono cullate dal fumo della sigaretta che Zenone si era rollato con le barbe di pannocchia e un poco di menta secca, giusto sulla soglia di casa.

Passò molto tempo prima che la Liuba riuscisse a portare l'amica al Pioppeto degli Zingari. La Solidea non aveva mai molto tempo da giocare, ma quel pomeriggio finalmente si era convinta, complice la curiosità di entrare in quel mondo proibito, dove la nonna e le zie si erano raccomandate di non mettere mai piede senza i grandi. Eppure suo padre aveva voluto dare a suo fratello quello strano nome, che nessuno aveva mai sentito prima. Lo aveva saputo pochi giorni prima, quando sua mamma, stizzita, le aveva detto che Embro era un nome da zingaro: «*Parchè to pādar, quand a ghè da balār, an s'tira mai indrìa!*». Tuo padre, quando c'è da ballare, non si tira mai indietro. In realtà, non vi erano certezze su quel nome – Marcòun non aveva mai voluto dare troppe spiegazioni su dove lo avesse strologato – ma tutti sapevano che la musica che arrivava dall'accampamento aveva sempre attirato i suoi piedi ballerini. Se voleva andare qualche volta al Pioppeto, pensava lui, era ben padrone delle sue azioni e non doveva render conto a nessuno. Così quel pomeriggio, quando vide arrivare l'amica con la sua anatra, la Solidea accettò l'invito senza farsi troppo pregare.

Appena giunte al campo la Liuba cercò Delia. Faticò un poco a distinguerla nel nugolo sfilacciato di bambini di tutte le età: stavano tutti raccolti intorno a un signore che parlava ondeggiando con le mani, seduto su uno scranno impagliato. Quel suo dondolio talvolta subiva delle impennate e l'uomo cominciava ad agitare vorticosamente le braccia, anche il volume della voce allora variava e gli occhi, in quei momenti in cui la tensione saliva, li strabuzzava come una maschera del Carnevale. Era il cantastorie, che stava raccontando della morte di Vana giovane madre, e di come suo marito Niglo, indemoniato dal dolore, avesse ridotto a brandelli i suoi vestiti per poi bruciarli, subito dopo aver fracassato la chitarra della donna e averla gettata in mezzo alle fiamme. E così aveva fatto con la sua caffettiera, la tazza, il piatto: li aveva mandati in frantumi e li aveva fatti ardere. L'unica cosa che Niglo non aveva potuto persuadersi a distruggere era la fotografia dell'amata moglie.

I bambini sembravano ipnotizzati dal vigore con cui

il cantastorie li conduceva dentro la vicenda. La Liuba, non potendo raggiungere Delia che si trovava al centro del gruppo con due bimbi più piccoli in braccio, si sedette in ultima fila. La Solidea le fu subito accanto e non ci misero molto a lasciarsi catturare anche loro nella storia: Niglo lavò suo figlio e se ne prese cura, ma era infuriato col destino che gli aveva portato via una donna bella e forte per lasciargli in cambio un poppante che non faceva che strillare e lamentarsi. Una notte però Vana tornò e cantava un'antica canzone contadina mentre porgeva il capezzolo al suo bambino. Dopo averlo nutrito, lo depose sulla stuoia e sparì nel bosco. Per circa un mese Vana poté tornare ogni notte a nutrire il piccolo e a cullarlo per farlo dormire, cantandogli e parlandogli. Si perdeva nelle iridi bluastre del neonato, smisurate e senza bianco. Lui era sereno, ma pian piano cominciò a emanare una calma e un odore di rancido che spinsero Niglo a correre dal prete per farlo benedire. Questi gli disse di aspettare all'alba, quando Vana fosse stata sul punto di andarsene, per afferrarla e trattenerla finché la luce di Dio non giungesse a brillare su di lei. E così lui fece. Vana gridò e le sue grida erano strazianti, ma lui la trattenne finché il sole, rosso, non fece capolino da dietro le rocce e gli sforzi dello spirito per resistere si fecero sempre più flebili man mano che i raggi gialli colmavano la valle. D'un tratto il fantasma si accasciò e scomparve lasciando a Niglo soltanto un nero sudario che si sbriciolò per poi polverizzarsi. Quando l'uomo, barcollante, si riavvicinò alla culla, vide il bambino immobile, con un accenno di sorriso. Il padre capì d'istinto che era morto. Fu seppellito nella stessa bara della madre e quando l'aprirono, dal dolce sorriso che aleggiava sul viso di Vana, perfettamente incorrotto, tutti si resero conto che madre e figlio si erano finalmente riuniti.

Rapiti dentro la magia perturbante del racconto, i bambini sembravano paralizzati. La Solidea, senza accorgersene, si sentiva parte di un rito sconosciuto e s'immaginava il piccolo con le sembianze di suo fratello Embro. Avrebbe voluto domandare se qualcuno di loro si chiamava così, ma non osava prendere la parola in quel contesto estraneo che tuttavia non le comunicava che una naturale e trascurata accoglienza.

Dopo qualche minuto di silenzio una rinnovata vitalità riprese a serpeggiare fra i bimbi. Delia continuava a tenerne in braccio uno che ancora non sapeva camminare da solo, ma fece cenno all'amica di seguirla. La Liuba riprodusse il gesto verso la Solidea, che la guardò, titubante per un attimo, poi si accodò, ancora stregata dalle immagini plasmate dal cantastorie.

7
Nella golena

Per farsi le bambole, la Solidea usava degli straccetti che sua nonna Mitilda conservava dentro una scatola da scarpe, quando gliene avanzavano dai lavori di sartoria. Gliele cuciva nei punti giusti e la bambina dava loro la forma di un corpo con sopra una testa, sulla quale strofinava la carta che sua mamma usava le poche volte che voleva imbellettarsi, perché il rossetto costava caro: bagnava quella carta rossa e ci si tingeva le labbra. La Solidea ugualmente sfregava la carta umida sullo straccetto che era diventato una faccia e alla bambola veniva fuori la bocca.

Un giorno aveva portato con sé le sue bambole dalla nonna Rosa per farle vedere all'Oletta. Nel cortile l'amica si era entusiasmata davanti a quelle rudimentali creazioni. Dopo essersene fatta rigirare fra le mani una come a palparne la consistenza, cominciò a parlare con la voce in falsetto, come a voler condurre l'amica in finzioni a cui l'altra era poco avvezza. Eppure pian piano anche la Solidea si stava abbandonando e quella recita diventava il caldo nido di un momentaneo oblio. I gatti acciambellati sembravano non fare caso alle due bambine infervorate nel gioco, mentre dal pollaio giungeva un chiocciare sordo, sul quale di tanto in tanto spiccava un chicchirichio più acuto.

D'improvviso dalla casa accanto uscì correndo l'Enza, la figlia della Stortina, una delle vicine della nonna Rosa, che doveva averle viste dalla finestra: «Anch'io voglio giocare! Anch'io!».

Afferrò una delle bamboline di pezza che pendeva dalla scatola da scarpe e la scrutò con scarsa convinzione: «A vederle di lontano, mi sembravano più belle».

La Solidea ci restò male, ma l'Oletta continuava con la voce in falsetto: «Preeesto, preeesto. Mi devo preparare per andare a scuola. Dove sono i miei quaderni?».

«Li hai messi dentro lo *s*aino» rispose con tono neutro la Solidea.

«Se parli così però non vale...»

«Li hai meeessi dentro lo *s*aaaino» ci provò di nuovo la Solidea, con voce leggermente contraffatta, ma l'intempestivo piombare della vicina l'aveva turbata.

«Miiii fate arrivaaaare in ritaaaardo e la maeeeeestra pooi ci sgriiiida» intervenne allora l'Enza facendo la vocina sottile, subito calata nella parte.

«Corriamo alloooora, forza!» continuava l'Oletta con la vocetta tintinnante.

«Sìììì. Che magaaari non ce la prendiaaamo la sgridata dalla maestra!» le incentivò l'Enza.

«Sì corriamo!» La Solidea si sforzava, ma la sua voce cambiava di poco.

Mentre il gioco pian piano decollava e le tre bambine sembravano sempre più spensierate, dal carradone spuntò la Liuba con Seme che le trotterellava accanto.

La Solidea la salutò agitando la mano: «Sei arrivata fino qui! Ma tua nonna lo sa?».

«Voglio giocare anch'io con le bambole!» le disse l'altra di rimando.

«Vieni, siediti qua con noi. Ce n'è giusto quattro» la invitò l'Oletta.

«Io con lei non ci gioco» sbottò l'Enza.

«*Mo* perché? Cosa ti ha fatto?» le domandò la Solidea, già in apprensione.

«Mia mamma non vuole.»

«*Mo* perché poi non vuole?» La Solidea non si capacitava.

La Liuba si era fermata di botto e restava impalata in piedi, accanto alle tre amiche, sedute. Anche Seme pareva a disagio.

«Chi è tuo padre?» la incalzò l'Enza. L'Oletta arrossì, ma non parlava.

La Liuba teneva il mento abbassato e gli occhi fissi al suolo.

«Vedete, non lo sa neanche lei. Mia mamma me l'ha detto che questa qua è figlia di nessuno e che non è gente da fidarsi, la sua...»

«Perché la tratti male? Lei che colpa ne ha?» le chiese la Solidea, nell'angustia.

«*L'è melnēta. La spūssa.*» È sporca. Puzza. «Io con lei non ci gioco.»

Le altre restarono impietrite, ma nessuna riuscì a reagire.

La Liuba guardò per qualche secondo la scatola con l'ultima bambola penzolante e poi corse via, con Seme alle calcagna. Dal carradone si girò di nuovo verso le altre e urlò: «Mio padre è uno zingaro e sa raccontare le storie!».

L'Enza tirò su le spalle: «Ve l'ho detto che quella è figlia di brutta gente! A casa vostra non vi insegnano mica niente!».

La Solidea le tolse di mano la bambola e la ripose nella scatola da scarpe, dove l'Oletta distese anche la sua: «Io vado dentro ad apparecchiare».

«Anch'io.»

E la Solidea rincasò. L'Enza restò lì, sola e impettita. Non aveva nessuna voglia di tornare dentro, lei: era la più piccola di tre sorelle e si subiva le angherie delle maggiori che, per passarsi il tempo, si divertivano a farle lo sgambetto, tirarla nei tranelli e farla ruzzolare dal letto.

S'incamminò verso l'argine. Non aveva percorso che qualche decina di metri, quando di lontano vide la Liuba ferma con un ragazzo più grande: era alto e dinoccolato e le parlava tenendo in braccio quella sua strana anatra, a cui accarezzava la testa. La bimba lo guardava incuriosita, abbozzando un sorriso. L'Enza lo riconobbe e scosse la testa:

«Umberto Reami. *N'atær bòun!*». Un altro buono, pensò, ripetendo ciò che chissà quante volte aveva sentito dire in casa sua.

A quell'epoca, in tutte le contrade della Bassa era lo stesso. Si ammucchiavano le pannocchie sotto al portico e si disponevano le sedie intorno al mucchio. Le giornate erano già più brevi, il sole calava presto e allora ci si faceva luce con una lampada a carburo, ma negli anfratti della penombra i ragazzi trovavano l'audacia per sfiorare una mano che fino a quell'ora gli era sembrata proibita e le ragazze alzavano lo sguardo e lo tenevano dritto, la timidezza attutita dalla luce fioca.

Le mani dei grandi correvano esperte lungo le foglie già gialle e aprivano le pannocchie, che scricchiolavano croccanti. Le foglie più interne si mettevano da parte per imbottire i materassi. Le bambine chiedevano il pennacchio di fili marroni in cima ai fusti per fare i capelli alle bambole, che si confezionavano con le loro mani.

Per i piccoli quelle erano le ore più belle, perché le storie dei grandi li accompagnavano verso il sonno. A Evro piaceva ciucciarsi il dito. Quando c'erano le cucciolate di gatti, se ne prendeva uno vicino e gli metteva il pollice in bocca; il gattino lo succhiava coi suoi dentini aguzzi come se cercasse il latte dal capezzolo della mamma, ed Evro si addormentava così, appoggiato alla Solidea di spalle, il dito nella bocca del micio. La bambina sentiva la sua schiena alzarsi e abbassarsi a cadenza regolare, mentre teneva suo fratello Embro accovacciato fra le gambe. Si addormentavano esausti, finché una qualche zia non veniva a svegliarli perché andassero nel loro letto.

Quella sera ad aiutare i Cavalieri erano venuti anche l'Olga, la sorella della Nadina, con suo marito Darco e lui aveva cominciato a raccontare della Grande Guerra e del cavallo ammazzato nei Saldini: «*Gh'īva quatr'ān e mèz, ch'i suldā iēren gnū chè coi cavàj, i suldā ch'im tulīvan in spala. I nōster dóni – me mādar e i mi zìi – i fāvan da magnār la sìra e s'a io vīst l'aparēc gnir zò in mēz ai barléngh c'al tucāva quāsi i cóp. A sém andā a védar, dòp ai è gnū i carabinīr chi han mandā vìa tùt. Quant aie stā la ritiràda, ein tèimp ed guèra, la cavalerìa iera gnūda a finīr chè. La fanterìa la s' serà fermēda in un èter pōst. I mitīven i cavàj in d'la stāla. Nuàtar ragazùal īvem vìst mazār un cavàl in di Saldèin o c'al sīra fat māl – i gh'eren tut dal būs in di Saldèin...»*[1]

La Solidea ascoltava, costernata, quelle parole pronunciate con accento più largo del loro, anche se suo zio Darco era nato solo pochi chilometri più a nord, verso Mirandola. Era contenta che suo fratello dormisse già e non potesse sentire il racconto. Lei invece se lo vedeva, quel cavallo zoppicante ormai troppo indebolito per servire a qualcosa, colpito da una pallottola sparatagli dritta nella testa mentre sprofondava nella terra molle dei Saldini, in sbigottito terrore.

La Mitilda aveva uno sguardo nero di brace e la bocca piegata all'ingiù in una smorfia. Le due anelle dorate che portava appese alle orecchie e la carnagione olivastra la facevano sembrare una zingara, tanto che quando andava al mercato di Carpi certe donne le facevano cenno, guardinghe, per farsi leggere la mano. Lei le allontanava con un gesto spazientito, come fanno le vacche con la coda per cacciar via i mosconi d'intorno al culo. E si faceva ancora più torva. Aveva la voce rauca, le parole le sgorgavano rare, da antri segreti.

In casa c'era una macchina da cucire, una Singer, che

1 «Avevo quattro anni e mezzo quando i soldati erano venuti qua con i cavalli, i soldati che mi prendevano in braccio. Le nostre donne – mia madre e le mie zie – facevano da mangiare la sera quando vidi l'apparecchio cadere in mezzo al macchione di rosa canina che toccava quasi i tetti. Siamo andati a vedere, dopo sono venuti i carabinieri che hanno mandato via tutti. Quando c'è stata la ritirata, in tempo di guerra, la cavalleria era finita qua. La fanteria si era fermata in un altro posto. Mettevano i cavalli nella stalla. Noi bambini avevamo visto ammazzare un cavallo nei Saldini, si vede che si era fatto male – era pieno di buche nei Saldini...»

la Mitilda adoperava svelta. Rammendava tutto: calzini, mutande, canottiere, bragoni di lana, sottovesti. Metteva le pezze nei pantaloni che gli uomini usavano per andare in campagna, così duravano di più. Quelli buoni si tiravano fuori solo per le feste. Non si buttava via niente: quando gli abiti erano troppo lisi, dopo essere passati da un nipote all'altro, da una figlia a una nuora, da un fratello a un cugino, li strappava per farne degli stracci. Il rumore della macchina da cucire scandiva il tempo della Cà Granda. Le figlie avevano imparato presto a cucire e le nuore ci tenevano a diventar brave come doveva piacere alla vecchia, che tuttavia non lasciava mai trapelare una soddisfazione. Quercia sfiorita, la terra del podere dei Morselli sembrava pregna delle sue radici ritorte che cercavano l'acqua nel profondo.

Fin da piccolissima, la Solidea aveva osservato sua nonna con occhi attenti, desiderando imitare quel gesto ripetitivo alla macchina da cucire, rito che salva. Si era abituata in fretta a quell'ava scura, coi denti storti e l'aria vendicativa. Da lei si sentiva custodita di lontano, perché sapeva che era fatta di pane nero. C'era sempre e sfamava. Nessuno l'aveva mai sentita lamentarsi e quando qualcuno si complimentava con lei per tutti i figli che aveva messo al mondo, si scherniva dicendo che tribolava meno a partorire che ad andar di corpo. La si vedeva di rado in confidenza con altre donne, ma dalle Strulghine passava tutte le volte che poteva: lasciava alla Zaira qualche uovo e della frutta, ricevendo in cambio le erbe per i decotti con i quali metteva a letto i nipoti la sera, curava le coliti ai figli e le emicranie alle nuore. Gli scambi fra la grande famiglia dei Cavalieri e il capanno delle Strulghine erano apparentemente radi, ma la vicinanza di quella gente schiva dava alla Zaira un senso di protezione, come un argine invisibile, eretto accanto a quello di terra che le riparava dagli umori di Secchia.

Era primavera inoltrata e intorno al fiume la vita brulicava di un primitivo incanto. Il fondale di limo sabbioso intorbidiva l'acqua nelle zone più profonde ma, dove si toccava, il fiume si faceva trasparente e i bambini si potevano guardare i piedi, che si divertivano a strusciare sul fondo per far risalire verso la superficie disordinati vortici terrosi. Era solo in secoli recenti che Secchia e Panaro avevano acquisito maggior nitidezza scendendo nella pianura per avvicinarsi al Po. Macchie boscose si alternavano sulla sponda ad ampi canneti che slanciavano verso il cielo i loro fusti sottili e fitti a proteggere folaghe, germani, svassi, nutrie e bisce. L'aria scoppiettava di rumori, versi, trilli, richiami. La terra si imperlava di impronte, escrementi, borre, in un incalzare ancora naturale di vite vegetali e animali – evidenti o microscopiche. Era piovuto parecchio quell'anno, e la vegetazione era lussureggiante. Sulle dune di sabbia scorrazzavano bambini di ogni età, i *bagaiétt'*, affidati a fratelli di poco più grandi mentre le madri e i padri lavoravano in campagna. La cura delle creature era diluita dentro un'estesa operosa tribù; sul fiume i piccoli non erano mai davvero soli: c'erano le lavandaie a sgurare i panni con l'*alsìa* fatta di cenere, i cestaioli che intrecciavano rami di salice e vinco, i pescatori e i cacciatori, le erbarie che raccoglievano equiseto, rosa canina, menta e ortiche. Ogni tanto però un bambino si perdeva: si allontanava curioso e il fiume lo avvolgeva nei suoi mulinelli infidi, trascinandolo sul fondo. La comunità era scossa allora da un singhiozzo livido, di scorata accettazione.

Quando era tempo di *far bughēda* e lavare la roba grossa, le donne arrivavano al fiume con le grandi mastelle di panni e lenzuola sulla testa, *bussate* per l'occasione, ossia riempite d'acqua a gonfiare le doghe in modo che le fessure non filtrassero. Quelle *bugadàre* le avevano acquistate i loro mariti dai Benatti, che col bel tempo le rifinivano nel cortile davanti alla Trattoria del Baraccone. Nell'acqua bollente immergevano i panni, da sgurare col sapone ricavato dalle ossa di maiale mescolate con la soda caustica. Le lenzuola però le volevano sbiancate e per farlo si utilizzava la cenere: la si posava su un telo tirato sopra la mastella e la cenere colava giù per tutta la notte producendo la *smója*, capace di illibare lenzuola, federe e asciugamani. All'alba le donne chiamavano gli uomini per sbattere la biancheria, sciacquarla e strizzarla più forte possibile.

Si lavorava sempre di più. Il fascismo si era portato via anche la festa del Primo Maggio. Quel giorno il vecchio Ettore Vaccari passava con un fazzoletto rosso intorno al collo e urlava ai braccianti piegati sulla terra di ribellarsi e tornarsene a casa. Partiva da Cavezzo, dove lo conoscevano tutti come uno dei primi socialisti, iscritto al partito addirittura da fine dell'Ottocento, e pedalava lungo le campagne. Non aveva più la sua copia dell'«Avanti!» sottobraccio, ma erano in tanti quelli che vedendolo passare lo salutavano con un cenno di mano e gli occhi lucidi. Ci voleva del coraggio. Anche le contrade più sperdute erano ormai infestate di camerati. Venivano a provocare, ammucchiati sui loro camion. Laerte Leporati partecipava spesso a quelle spedizioni, bramoso di menar le mani e sempre con la speranza inconfessata di incrociare lungo i campi l'Armida. Se non era mai andato direttamente al capanno di quelle che chiamava *al stariòuni*, le stregone, era per un timore remoto, a cui non osava dar voce.

8
Luci nella pianura

Ai primi di giugno, quando il grano era color del caramello e i chicchi rotolavano copiosi fuori dalle spighe, veniva il tempo della mietitura. Era un bagno di giallo: il frumento ammantava la terra indorandola e la calura bruciava la pelle, rigandola col sale che il sudore, asciugandosi, seminava lungo scie bianche sui visi e sui corpi. Era necessaria molta manodopera e allora i contadini si organizzavano insieme. Si coprivano bene, nonostante le temperature elevate, per evitare i graffi delle spighe e le punture delle bestie, ma anche per non essere trafitti dal sole cocente. Le donne usavano camicie da uomo abbottonate sui polsini che infilavano sopra alla veste, e si coprivano le gambe con due paia di calzettoni pesanti perché gli aculei degli insetti non le trapassassero. Tutti si legavano due fazzoletti al collo – uno ripiegato più volte a coprire la gola e l'altro a triangolo, con un vertice verso il basso, per proteggere la bocca – e si calavano sul capo i cappelli di paglia, sempre più scuri man mano che passavano i giorni, tanto che alla fine della mietitura avevano le tese e la corona color del grano. Le aie si riempivano di falcetti e i bambini più piccoli venivano redarguiti affinché non si avvicinassero troppo alle loro lame taglienti. Quelli più grandi, anche di poco, erano invece chiamati a partecipare perché di lavoro ce n'era per tutti.

La Solidea osservava i contadini esperti che, chinati nell'aria ondulante d'arsura, afferravano la manella di grano, la piegavano e recidevano di netto, in modo da strapparla senza la radice che avrebbe dato da fare in fase di trebbiatura; poi cominciava a lavorare anche lei, concentrata a non tagliarsi: di squarci da falcetto ne aveva già visti – sangue denso a scorrere sulla campagna impagliata – e sapeva di dita cadute nel bel mezzo dell'aia e poi ricucite fra urla strazianti dentro la farmacia del signor Mantovani.

Verso metà pomeriggio arrivò anche la Liuba con sua madre e sua nonna, per spigolare. L'Armida veniva di contro al sole, con gli occhi socchiusi e la bocca increspata. Fissava il campo con lo sguardo svuotato, ma un tremolio le percorse il labbro superiore quando distinse la sagoma di Umberto Reami, piegato di spalle. Si era fatto giovane uomo, la schiena asciutta e robusta, malcelata da una vecchia camicia a scacchi infilata dentro ai calzoni, che ormai gli andava stretta. La Liuba, di malavoglia, camminava dentro a dei vecchi scarponi ben più grandi del suo numero che sua mamma le aveva infilato perché il grano appena tagliato forava le piante dei piedi. Seme le saltellava accanto. Tutti ormai si erano abituati a vedere l'anatra muoversi in simbiosi con la bambina, in estasi inesausta.

La Liuba si avvicinò alla Solidea, la quale, piegata sul mazzo di grano che era pronta a recidere, non l'aveva ancora vista. Umberto, distratto dai saltelli dell'elfa campestre, alzò lo sguardo e si sentì attraversato da un brivido che lo disorientò. Immediatamente l'Armida si chinò a terra, compressa in una smorfia di ostentata indifferenza, e cominciò a raccogliere le spighe dimenticate. La figura slanciata della vedova Reami, sempre avvolta nel suo lutto, le passò accanto come un'ombra gigantesca. Era più alta di tanti uomini e si diceva che non temesse di andarsene in giro da sola per le campagne neanche all'ora del tramonto perché era così imponente che nessuno si attentava a importunarla. Oscurata da quel corpo massiccio, l'Armida sparì dall'orizzonte visivo di Umberto, che si diresse verso la nipote togliendole con delicatezza il falcetto di mano:

«Questo non va ancora bene per te».

La Solidea lo guardò di traverso.

«Fortuna che non ti sei tagliata, ma è un momento solo. Vai con le erbarie a spigolare che sei ancora piccola...»

La Solidea si risentì ma non osò contraddirlo, e si avvicinò guardinga alla Liuba e alla sua papera. Seme era tutta concentrata a beccheggiare il suolo – doveva aver trovato qualche verme – mentre la bimba continuava a raccogliere le spighe da terra, soffermandosi su ognuna e affilandola con le dita lungo lo stelo, come fosse un oggetto miracoloso. Non lo dava a vedere, ma era contenta di avere la Solidea accanto.

Finita la mietitura, dalla notte di San Giovanni fino ai primi di luglio, la campagna era in festa. Le donne impastavano il gnocco fritto, il pane e il gnocco al forno condito col lardo, mentre gli uomini, che avevano le chiavi della cantina, tiravano fuori il prosciutto più grosso e il salame gentile, tenuti in serbo per l'occasione. Da quella via che si accendeva il forno, si metteva dentro anche un buon bensone col sapore, buono da tocciare nel lambrusco, che di quei tempi era trattato come un tesoro; la marmellata di barbabietola lasciata cuocere ore e ore zuccherava l'aria della cucina. Vendevano perfino il gelato. Costava due soldi e lo portava Tonino-Di-Bianco-Vestito in un carretto a forma di barca. Quando andava bene, arrivava anche la Colombina con suo marito, che suonava la pianola a manovella. I suonatori tiravano fuori le loro fisarmoniche e s'intonavano le cante portate dalle mondine.

La sera del solstizio d'estate il capanno delle erbarie profumava d'iperico: una corona di fiori di un arancione luminoso era stata appesa sull'uscio per tener lontani fuoco, fulmini, demoni e diavoli. La Zaira aveva messo qualche foglia di capelvenere nelle tre tazze di coccio sbreccato. Ora spargevano sulla tavola un fumo sottile che accentuava il caldo afoso della pianura estiva, in rallentato raffreddamento. Lo avrebbe fatto bere anche alla figlia e alla nipote; quella era notte di magici scambi e dovevano arrivarci tutte e tre corroborate. Si chiedeva poi che fine avesse fatto suo fratello Zenone, perché avrebbe voluto mescerne anche a lui. Altre foglie della stessa pianta continuavano a bollire sul fuoco: intendeva ricavarne un decotto con cui avrebbero potuto curarsi i capelli. Delle foltissime chiome dell'Armida si era sempre occupata con dedizione fintanto che la figlia era bambina, con discreto turbamento le sorvegliava a distanza anche ora che la giovane galleggiava in una sua temporalità traslata e distratta, come se nei crini scuri che le gravavano sul capo e le coprivano il busto sopravvivesse una sibillina opportunità che la madre pretendeva di custodire. Quando giudicò che la tisana fosse alla temperatura giusta per essere bevuta, la Zaira accennò col mento in direzione della tavola e sia la figlia sia la nipote si approssimarono in automatismo di danza per accomodarsi sulle vecchie seggiole impagliate. Sorseggiavano assorte. Vicine in corpo e spirito, di sogni e pensieri lontane. L'impasto silente del lento ruminare delle due adulte con il fruscio impercettibile che faceva la vita della bimba nel suo fiducioso scorrere venne guastato dall'ingresso pencolante di Zenone, che irruppe nel capanno in una cacofonia squarciante. Non lo vedevano da giorni: aveva la barba lunga e sembrava ancora più secco dell'ultima volta che era passato per casa. Barcollava di un sonno alcolemico, le guardò una dopo l'altra come se non le riconoscesse. La Zaira prese il suo gemello per mano e lo condusse verso una sedia, lo fece accomodare allungandogli una scodella di tisana tiepida. Lui brontolò che non era stagione da fumenti, ma se la portò verso le labbra vizze.

Fu un giorno di metà luglio che il cantastorie zingaro arrivò con la lanterna magica e le gitane si sparsero lungo l'argine, di aia in aia, per reclamizzare a gran voce l'evento che si sarebbe svolto quella sera, appena calato il sole: «Alla Motta c'è arrivato il cinema!» urlavano.

Poche ore più tardi, dai carradoni e dalle carrade, contadini di tutte le età si riversarono verso quel lembo di terra che era il campo dei nomadi. Il vociare delle donne in cammino verso il sott'argine faceva tintinnare l'aria di frequenze alte. Tenevano al collo i neonati e sembravano aver smaltito le fatiche della giornata nell'euforia di quell'avvenimento inatteso, che veniva a scuotere di colori, luce e magia le loro esistenze rafferme. I bambini correvano intorno alle loro stanelle, sovreccitati di imprevista celebrazione. Gli uomini si erano fermati nelle aie a fumare, con la promessa di raggiungerle di lì a poco. Aspiravano voraci dalle loro magre sigarette con le braccia e i volti scuri di sole; si sbrigavano davvero perché quella rarità galvanizzava anche loro, benché non volessero darlo a vedere.

Giunsero al Pioppeto che le donne avevano già ricoperto il prato tenendo al petto o in collo le loro creature più nuove, mentre i bimbi più grandi scorrazzavano intorno. Le zingare avevano tirato fuori dal tendone le polverose sedie impagliate, per farci sedere gli anziani. Anche molte di loro tenevano un neonato in braccio o al seno, abili nell'operare con l'unica mano libera e agili a non inciampare nelle lunghe gonne che strisciavano al suolo, lasciando appena intravedere i piedi scalzi. I vecchi guardavano il lenzuolo su cui sarebbero scorse le immagini, teso fra due fusti zigrinati di pioppo bianco, con le bocche sdentate aperte nello stupore candido dell'infanzia, che riaffiora quando abbassiamo le difese per arrenderci di nuovo allo scorrere fugace dei giorni.

I piccoli gitani rotolavano sul prato insieme ai figli dei contadini; la timidezza reciproca era durata meno di un baleno, per lasciar presto spazio alla cagnara gargagliante che fanno i bambini dimentichi nel gioco. A masnade facevano palpitare il prato di corse e di risate, variopinta matassa di prolificità arcaiche a pullulare nella pianura. Fra loro giocavano anche la Solidea, Evro e la Liuba, felice, come sempre le capitava di sentirsi in mezzo ai nomadi, smagliato anello fra due mondi che parevano non scacciarla. Seme beccheggiava nel prato, senza mai allontanarsi troppo da lei. Si notava tuttavia che lì al campo erano ormai di casa.

Quando dalle campagne furono giunti anche gli uomini, le donne del Pioppeto cominciarono a versare in minuscoli bicchieri di vetro sbreccato caffè di cicoria, che servivano con frittelle di lardo e farina. Intanto i musicanti avevano accordato i loro strumenti e si erano messi a suonare delle melodie che sembravano allegre ma erano tristi. Di una malinconia che non ne inficiava il ritmo, ma piuttosto lo increspava di un'elegia concitata che zittiva il lamento serbando il dolore.

L'Armida era seduta vicino a sua mamma e teneva gli occhi serrati; la moltitudine briosa la avvolgeva in una familiarità protettiva che le concedeva l'ossigeno dell'abbandono. La melodia zingara le irrorò le ciglia di lacrime, ma se ne accorse quando le sue gote erano ormai bagnate e i musicisti si libravano nel più orecchiabile ritornello. Chi la vide piangere perché la stava fissando distratta, mentre scuoteva meccanicamente Embro nell'incavo del gomito, fu la Nadina. Un malessere che era di tutte, ma lei non lo sapeva o non ci aveva mai pensato. E quelle gote rigate di acquosi solchi furono per lei struggente epifania. Ma su quel volto antico e selvatico avvertì il peso di un altro sguardo, uno sguardo che si sarebbe voluto invisibile e che invece bruciava. La Nadina torse magneticamente il collo lungo la traiettoria che si tendeva dritta nell'aria, dal fulcro regale dei capelli raccolti in un enorme nido di cicogna sul capo fiero dell'Armida. E incrociò la faccia bella di suo fratello.

I due Reami avevano rilevato all'unisono le lacrime scendere dagli occhi dell'Armida, mentre lei stessa ancora non ne aveva preso coscienza. La Nadina colse il tremito irrequieto di Umberto e ne percepì il disagio. Accartocciò l'espressione in una smorfia – Embro aveva ricominciato a gnolare, il piccolo stomaco gonfio e duro. Umberto abbozzò un sorriso e sollevò il braccio destro per salutare la sorella e Marcòun, che le si stava avvicinando in quel momento richiamato dal lamento gutturale del bambino. Anche l'Armida, come se un filo invisibile la collegasse a quella scena, spazzò via le lacrime, vergognosa. La Nadina passò il piccolo al marito, sconsolata. Lui lo afferrò goffamente, senza sapere bene cosa farsene. Gli diede due colpetti alla schiena e si allontanò per andare a parlare con un'anziana zingara. La Nadina lo guardò con gli occhi rabbuiati, ma non lo seguì. Si sedette a terra, avrebbe voluto coricarsi e dormire per sempre.

Fu quando il sole stava finendo di tramontare che l'imbonitore arrivò nel prato, trasportando, dentro una carriola di fieno, un aggeggio di metallo scuro con, piantato davanti, quello che sembrava un cannocchiale d'ottone: la lanterna magica. Dietro di lui venivano due ragazzi con un tavolino di smalto leggero e altri due con una cassetta di legno tenuta a quattro braccia. Quelli col tavolino fecero cenno ai bambini che scorrazzavano nell'erba di scostarsi e mettersi giù da bravi: lo spettacolo stava per cominciare. L'orchestrina smise di suonare. I facchini tastavano la solidità del tavolo. Quando lo reputarono abbastanza saldo a terra, il cantastorie vi appoggiò sopra la misteriosa macchina controllandola con minuto scrupolo. Tutti la stavano squadrando con grande curiosità. Dalla cassetta l'imbonitore estrasse dei quadretti colorati incorniciati nel legno: erano le vetrofanie che andavano inserite, a coppie, nella guida del passavedute.

«Perché le metti all'arovescio?» gli domandò Evro che voleva seguire tutto in prima fila. La Solidea lo tirò per un braccio ma lui la scrollò via. Voleva capire.

«Mettiti seduto e preparati a vedere la magia» gli rispose l'uomo. Evro ubbidì e si gettò nel prato accanto alla cugina. Vicino a loro si accucciò la Liuba, che era andata prima a cercare Delia ma aveva fatto in tempo solo a salutarla un attimo, perché l'amica doveva badare ai bimbi dell'accampamento mentre le madri preparavano caffè e frittelle.

Evro si stava divertendo a far inciampare Seme su un arbusto spinoso per sentirla starnazzare, quando l'imbonitore aprì un portoncino sul retro dell'apparecchio e accese un solfanello. Calò un silenzio irreale e sul lenzuolo comparvero le sagome familiari del paesaggio fluviale. Era come se i canneti e gli uccelli trampolieri, le felci e le garzette che riempivano le campagne intorno a Secchia fossero state risucchiate dentro quella piccola camera metallica e, da lì, si riversassero sul lenzuolo in un'espansione conica di luce pulviscolosa. Con la bocca stretta a *U* il cantastorie prese a inspirare aria rumorosamente e a rigettarla fuori in un sibilo delicato e inquietante.

«Quando sulla terra o nell'universo non c'era nient'altro che un'immensa quantità d'acqua» cominciò a raccontare. «Dio decise di creare il mondo, ma non sapeva come fare. Seccato per la sua goffaggine, e in modo particolare per il fatto che non aveva un fratello o un amico che gli potesse dare un buon consiglio, gettò nelle acque il bastone che utilizzava per pascolare le nuvole.»

Ora sul lenzuolo era proiettato il profilo di un volto arcigno, con una lunga barba e il naso adunco, che si protendeva a gettare un bastone incurvato. Era Dio. Un Dio che incuteva spavento. E dopo Dio, ecco comparire il Diavolo appollaiato sul ramo di un albero enorme, con le radici che arrivavano fino al centro della terra, spuntato dall'acqua là dov'era caduto il bastone del Creatore. L'imbonitore avvicendava i vetri con maestria, in un silenzio sospeso, infranto solo dai gorgheggi ignari dei lattanti. Quelle immagini stilizzate avevano per l'Armida una potenza evocativa dirompente. L'albero che svettava ieratico dalla pianura acquitrinosa era l'enorme pioppo bianco accanto alla loro capanna, dov'era approdata un lontano giorno di fine agosto nell'ipnosi meccanica di un incubo mai più rimarginato. Ormai la notte era scesa sulla campagna e il buio si era fatto denso, avrebbe potuto lasciar scivolare le lacrime sulle guance senza che nessuno ci facesse caso, ma le sue ghiandole si erano seccate. Lo stomaco le si contraeva in spasimi ravvicinati, che tentava di soffocare per non farsi scoprire da nessuno. Nemmeno sua madre doveva notarla: la Zaira si sarebbe angustiata arrossendo di vergogna, e l'Armida voleva risparmiarle l'imbarazzo e la pena.

Umberto era ammaliato dalla nidiforme acconciatura sulla testa dell'Armida e continuava a fissarla. Lo sguardo le percorreva il profilo fino a giungerle sul petto, che Umberto notò muoversi in piccoli spasimi ravvicinati. Strinse gli occhi a focalizzare l'espressione della ragazza ma non gli fu possibile. Se la figurò inquieta.

Intanto sul lenzuolo, Dio e il Diavolo continuavano a battibeccare per la noia e la reciproca irritazione. «Il

Diavolo allora domandò a Dio che creasse qualcun altro, considerato che loro due non avevano grandi affinità, ma l'Onnipotente gli rispose che non era mica facile. Aveva bisogno di una mano: serviva che il Diavolo andasse in fondo al mare a raccogliere della sabbia e che poi gliela portasse così lui avrebbe potuto fare la Terra. Ma il Diavolo era impertinente, non si limitava a ubbidire; faceva delle domande: voleva sapere come l'avrebbe creata, la Terra. Dio allora gli disse che gli sarebbe bastato pronunciare il suo nome, ma il Diavolo voleva metterci lo zampino e così scese in fondo al mare a prendere la sabbia, ma pronunciò il suo, di nome, perché voleva averci anche lui un merito. Solo che, non appena nominava se stesso, la sabbia diventava rovente e gli bruciava le mani. Capitò la stessa cosa per nove giorni. Ogni volta il Diavolo provava a pronunciare il suo nome, la sabbia lo scottava e lui tornava a mani vuote. A forza di scottarsi, arrivò da Dio nero come il carbone. L'Onnipotente lo rispedì di nuovo al mare e questa volta, finalmente, il Diavolo gli obbedì per filo e per segno. Dio allora prese la sabbia, pronunciò il suo nome e creò il mondo, che piacque molto al Diavolo: "Bene" disse sedendosi all'ombra di un grande albero. "Io vivrò sotto quest'albero e tu, caro fratello, puoi andarti a cercare un altro alloggio." Tutta questa impudenza fece arrabbiare Dio, che gli gridò: "Ah, furfante! Te l'insegno io a stare al mondo. Vattene immediatamente!"».

A quel punto l'imbonitore cominciò a emettere dei ruggiti cavernicoli mentre cambiava il vetro nel passavedute: sul lenzuolo comparve un bue maestoso, inferocito, che infilzò il Diavolo con le corna e se lo portò via per il mondo. La paura e il dolore fecero gridare il Maligno così forte che tutte le foglie caddero dall'albero e si trasformarono in esseri umani. L'ultimo vetro rappresentava con discreta perizia la metamorfosi delle foglie che si facevano persone. L'imbonitore ora taceva, una lunga pausa strascinata all'esasperazione. I bambini e i vecchi ammiravano il lenzuolo stupefatti. Gli adulti si scuotevano dal torpore inusitato che li aveva portati lontano, in un'evasione scompensata che ora li lasciava spaesati. Gli uomini fumavano, le donne si lasciavano distrarre dai neonati; tutti sentivano che quella teoria luminosa avrebbe potuto rapirli per sempre.

«E fu così che il Signore creò il mondo e gli uomini che lo abitano con l'aiuto del Diavolo!» proruppe infine il cantastorie con voce stentorea. E sghignazzò, luciferino.

Non aveva ancora finito di pronunciare la frase che già le gitane si erano messe a girare fra gli astanti con i loro cestini di vimini, a domandare la mancia: un'offerta libera che troppo libera poi non era, visto che se la cifra elargita veniva giudicata infima, lanciavano sul malcapitato uno sguardo inceneritore che, nove volte su dieci, lo spingeva a rimettersi la mano nella bisaccia e allungare qualche altro spicciolo biascicando bestemmie.

Finito lo spettacolo, la notte sembrò avvolgere l'intero campo, ma spostando lo sguardo sotto ai pioppi, subito accanto al riquadro dove gli zingari avevano sistemato la loro carovana, tutti rimasero meravigliati perché, dall'erba tiepida che sapeva di mentastro, salivano nel buio migliaia di lucciole. Aloni luminescenti a tremolare nell'aria del breve refrigerio notturno: quelli intermittenti dei maschi mischiati a quelli prolungati e coriacei delle femmine. I fanali ad acetilene restarono allora spenti, in muto rispetto.

Umberto cercò l'Armida assottigliando gli occhi nella notte, ma si accorse presto che le erbarie si stavano già incamminando verso casa, tenendo la Liuba e Seme nel mezzo. Non si sfioravano nemmeno, ma al ragazzo sembrarono un essere unico, dai morbidi tentacoli, nell'inebriato luccichio della pianura immota.

Quella notte l'Armida sognò il pioppo incendiato. Lo vedeva da lontano stagliarsi contro il cielo livido, di un grigio plumbeo, gonfio di pioggia. Era l'unica ad accorgersene: le persone che aveva intorno non lo vedevano. Badavano a gozzovigliare fra i banchi del mercato, le donne mangiavano da due bocche: ne avevano una anche nel ventre, si spalancava e divorava le scarse cibarie di quel magro banchetto. Gli uomini si arrabattavano per mangiare tanto quanto loro, ma avevano una bocca sola. Allora presero delle pietre e le lanciarono contro le donne facendole sanguinare da entrambe le bocche. Alle donne cadevano i denti e, da una fessura sottile di una protuberanza rugosa nel terreno, usciva un'interminabile fila di formiche rosse che cominciarono a pungere le donne. E le donne cercavano di scappare, perché si accorgevano dell'incendio che stava arrivando, galoppante.

Quando anche gli uomini lo videro, ormai era troppo tardi.

9
Rosso il sugo

L'estate del '39 passò alla storia per la gigantesca pianta di pomodoro nell'orto dei Camurri, all'Uccivello. Era alta più di quattro metri, superava di gran lunga il muro di cinta, oltre il doppio di un uomo, quattro volte un bambino già capace di correre. E diede trentotto chili di frutti. I Camurri erano semenzai con una licenza molto antica che risaliva alla fine del XV secolo quando erano dovuti fuggire da Firenze perché invisi alla signoria medicea ed erano stati accolti nel feudo dell'amico Pico della Mirandola.

A nord delle Alpi stava per scoppiare la guerra, ma Mussolini conosceva le condizioni del suo esercito e non sottovalutava l'esasperazione di molti italiani ridotti alla fame. Per i braccianti come Zenone, la situazione si faceva ogni giorno più dura. L'alimentazione scarsa e monotona faceva ammalare i bambini e invecchiare più in fretta gli adulti, cosicché ormai la Zaira veniva chiamata nelle cascine tutti i giorni. Non domandava mai nulla per le sue cure e, anche se tutti sapevano che non potevano mandare via la guaritrice a mani vuote, le ricompense erano sempre più scarse.

Agli occhi dei cameranti, i contadini se la passavano decentemente, ma la realtà si andava rabbuiando anche per chi aveva un piccolo appezzamento o lavorava al terzo, come i Cavalieri. Le bocche da sfamare erano tante e d'inverno si pativa freddo: si faceva legna anche con le *stèlle*, sottili scaglie cadute durante la potatura dei pioppi e degli olmi che le donne andavano a raccattare da terra, con le radici dell'erba spagna e addirittura con *al màlga*, gambi di frumentone che erano buoni per scaldare l'acqua da fare il bucato. Umide com'erano, dentro al camino emanavano una fumana densa, ma almeno creavano quel poco di tepore che altrimenti si trovava solo nelle stalle.

Quell'estate la fama della pianta di pomodori alta fino al cielo giunse anche alla Motta. Umberto Reami l'aveva vista in una delle sue camminate di fine giornata: percorreva lunghi tragitti per sgranchirsi perché le giunture gli dolevano, da tanto che si era allungato in fretta. Certe notti gli veniva da piangere per il male, gli sembrava che le gambe dovessero paralizzarsi immobilizzandolo per sempre. Quella domenica, dopo la messa, si era allungato fino al podere dei Morselli. Ci finiva spesso negli ultimi tempi, senza capirne bene la ragione. Aveva senz'altro voglia di visitare quei suoi nipoti che aveva visto nascere. Sua sorella Nadina era in casa con Embro, che stava di nuovo poco bene e lei non aveva potuto andare a messa. Umberto disse che avrebbe portato con sé la Solidea a vedere la pianta miracolosa.

Giunti davanti al capanno delle erbarie scorsero la Liuba che giocava con Seme. La bambina corse loro incontro e l'anatra la imitò: «Dove andate?».

«All'Uccivello dal pomodoro gigante» le rispose la

Solidea, come se tutti dovessero essere al corrente della notizia portata da suo zio.

Senza dire nulla, la Liuba si aggregò. La Solidea osservava ammirata la danza che l'altra, senza volere, tracciava sul suolo con la sua anatra, arcana bizzarra intesa. A Umberto scappò un sorriso. Quella strana bambina e il suo germano gli trasmettevano, ogni volta che le vedeva, una leggerezza per lui inconsueta. In lei inoltre, poteva osservare i tratti della madre senza arrossire né abbassare lo sguardo.

Quasi lui l'avesse evocata senza volere, in quel momento l'Armida spuntò dal capanno. Era scalza e con una cordicella si stava annodando i capelli, le mani abili e veloci: «Vengo anch'io all'Uccivello... A veder se questa pianta è poi così grande come dicono...» aggiunse subito, notando l'imbarazzo del giovane. Mentre si allineava al piccolo gruppo, s'infilò un paio di scarpe basse e consunte.

La Solidea quel giorno correva avanti con la Liuba e Seme, ogni tanto incespicavano in una buca ma sembravano immuni dalle storte. Se cadevano, trasformavano il crollo in capriola e l'anatroccola si buttava giù anche lei, incurvando il collo a forma di *S* e appoggiandosi sulla testina, sollevando il sedere per aria e ributtandolo a terra dall'altra parte, elastica anche lei, come tutti i cuccioli.

Umberto e l'Armida, poco più indietro, si fingevano assorbiti dal rocambolesco volteggiare delle bimbe e della bestiola, come a smentire l'inquietudine che li pervadeva. A lungo non parlarono. D'un tratto l'Armida lo fissò, senza rendersene conto fece gli occhi a fessura ed esclamò: «Ti sei fatto grande tutto d'un colpo».

«Tutto d'un colpo ve ne siete accorta.»

Umberto si stupì della sua stessa audacia, ma quelle parole oramai erano state pronunciate. Lei sorrise, per un attimo:

«Il suo piscio, gli deve far bere».

Lui si scosse, stupefatto, e la guardò. «Tua sorella a tuo nipote, Embro. Deve fargli bere la sua urina, finché è piccolo.»

«Ce lo ha detto anche la zingara, con mio cognato. Ma mia sorella non si lascia convincere.»

«Il suo piscio e un poco di bicarbonato. Così vedrai che guarisce.»

Il semenzaio dei Camurri era a pochi metri. Entrarono. Umberto le guidò sicuro verso l'arbusto fattosi albero, fiero come se fosse opera sua. Per fortuna non c'era lì nessun altro e il quartetto con anatra poté fermarsi in muta contemplazione: la pianta era enorme, con la bizzarra sagoma di un cuore scarruffato. Grondava pomi di un rosso lucido. Umberto si guardò intorno e, vedendo che erano davvero soli, ne spiccò tre frutti. I due più piccoli li porse alle bimbe che li addentarono gioiose, il terzo, il più grande, lo passò ad Armida con un movimento impacciato. Lei allungò la mano a coppa, senza guardarlo, e lo prese con uno strappo. Lo morse. Era succoso, denso di sole. Ne mangiò metà, poi lo restituì a Umberto che, ricevendolo, sentì il liquido intriso di semi che gli colava sulle dita. Addentando il frutto vermiglio continuava a fissarla. Finché decise di inghiottirlo in un unico boccone.

A Zenone ormai bastava poco per accendersi come una miccia. Al capanno piombava imprevedibile in qualsiasi ora del giorno o della notte, ma si fermava sempre poco. Di solito si buttava sul suo letto di paglia per dormire brevi sonni inquieti, si rifocillava di erbe, uova rubate dai nidi e qualche cucchiaiata di riso che sua sorella sapeva assemblare con fantasia e trasformare in pietanze inaspettatamente appetitose, poi tornava a perdersi in mezzo a campagna. Dargli da lavorare, anche mansioni facili, la gente ormai si fidava sempre meno, ma erano in pochi quelli che gli negavano un tozzo di pane e un bicchiere di vino schietto. Quando alzava troppo la voce nel suo farneticare di politica, gli dicevano di far piano. Con le buone o con le cattive, dipendeva dal soggetto e dall'aria che tirava. Zenone alternava infatti momenti di straniata docilità a impeti polemici o addirittura aggressivi che qualche contadino di scarsa pazienza e rara favella preferiva risolvere tirando fuori il rastrello.

Capitava anche che approdasse alla trattoria del Baraccone, in piazza alla Motta. Non di frequente, perché pagare il vino di tasca propria non poteva permetterselo, ma l'oste Bignami era un buon uomo e non mancava di tenerlo a banco, seppur con cupo cipiglio, e di chiudere un occhio quando Zenone spigozzava sullo sgabello per interi pomeriggi o si seccava i fondi delle cagnette lasciati dai contadini frettolosi di rientrare a casa, prima che le mogli infuriate arrivassero a recuperarli di persona.

Anche quella volta aveva trascorso alla trattoria parecchie ore di seguito, quando mise il naso fuori nella notte stellata incespicando in respiri ravvicinati che gli facevano dolere le viscere. Camminava sbilenco ma senza indugio, nell'aria rarefatta dal frinire dei grilli. Con fiuto di segugio calpestava la rotta verso il casotto, quando sentì sopravvenire diverse voci giovani di maschi. Erano nel bel mezzo di un'accalorata discussione. Riconobbe i più giovani dei fratelli Cavalieri e un altro figlio di terzadri che vivevano nel podere dei Morselli, di nome Egidio.

Scorgendo la sagoma dell'uomo, i tre ragazzi arrestarono la chiacchiera assottigliando contemporaneamente la vista.

«Cospiratori! La Legge incombe! Guai a voi!»

I tre furono percorsi da un simultaneo fremito, ma quando misero a fuoco l'andatura altalenante di Zenone tirarono un sospiro di sollievo: «Siete voi... d'un Dio!».

«Se vostro padre impara che andate in giro a far i comunisti ve lo dà lui, ve lo dà!» rilanciò l'altro di rimando, agitando la mano nell'aria e sbilanciandosi in avanti con la testa, come ipnotizzato dal moto del suo arto.

«Il pomo cade a teso della pianta» commentò Egidio, non si capiva se con più orgoglio o più malizia.

«Vedo che qua alla Motta il pensiero della libertà non è ancora arrivato...»

«*Va' là va' là*, fatemi il piacere. Anche a guardar voi non mi sembra che l'anarchia trionferà» lo rimbrottò Pìpi, caustico, guadagnandosi un'occhiataccia da suo fratello Moris che non condivideva quella maniera di trattare un adulto, seppur non di rado sbacioccante com'era Zenone del casotto.

«Non ti curar di me, ma guarda l'idea.»

Nella fattispecie, il vino rendeva l'uomo più facondo, regalandogli barlumi di saggezza al chiaro della luna. La scena emanava una sua ingenua delicatezza che Moris non mancò di avvertire nella forma di una stretta alla bocca dello stomaco. Suo fratello ed Egidio però, non avevano nessuna intenzione di mollare la presa:

«È ben l'idea che guardiamo, Zenone. E non ce la conta giusta» continuava Pìpi imperterrito.

«In Russia la rivoluzione l'hanno fatta per davvero. E non devono ringraziare gli anarchici» rincarava la dose l'amico.

«Cosa volete saperne voi, della Russia... che c'avete ancora le labbra bagnate di latte.»

«Siam cresciuti in fretta, da 'ste bande. Ma adesso torniamo verso casa.»

Aveva preso la parola Moris, con quella pacatezza che mai lo abbandonava.

«Vi siete già detti tutto?» A Zenone dispiaceva smettere la conversazione che reputava un ameno diversivo lungo le traiettorie delle sue nottate solitarie.

«Siam usciti a prendere una boccata d'aria, ma fra tre ore ci tocca di alzarci lo stesso per andare nella stalla. Torniamo in là con voi.»

Si allinearono al più anziano, due da una parte e uno dall'altra. E parevano contenerne l'ondeggiare, in istintiva sponda.

10
A fior di pelle

Anche quell'anno il 5 agosto alla Motta ci fu la sagra della Madonna della Neve. Il giorno prima il barbiere e la parrucchiera che davano sulla piazza avevano lavorato più del solito: uomini e donne della piccola borgata erano disposti a rinunciare al pane pur di sistemarsi i capelli e andare alla festa in ordine.

Nelle cucine le donne preparavano i tortellini, nonostante l'afa che ammantava ogni cosa. Embro stava un po' meglio e quella mattina la Nadina aveva potuto accompagnare in piazza Marcòun che per l'occasione vendeva aranciate e gazzose dal suo calesse, dove riusciva anche a tenere un piccolo frigo con due gusti di gelato: cioccolato e panna. Accanto a lui, uno zingaro impagliava delle sedie. Marcòun ci scherzava volentieri e, quando non aveva clienti, gli si impalava accanto con le braccia conserte osservandolo minuziosamente per capirne bene la tecnica. Aveva mandato la Solidea a comprargli le sigarette nella tabaccheria interdipendente col negozio di alimentari. Consegnato il pacchetto, la bimba poteva ora passeggiare nella piazzetta antistante la chiesa, osservando i giocattoli di latta colorata sui due banchetti che venivano per la sagra. Ma inconsueta meraviglia nei bambini la destava l'albero della cuccagna. Non lo aveva mai visto perché l'anno prima lei era rimasta a casa insieme alla madre col fratello malato e delle sagre precedenti non aveva ricordi nitidi, ma suo zio Pìpi glielo aveva descritto con tale dovizia di particolari che quando lei lo vide le sembrò di conoscerlo di già. Gli occhi dello zio erano piccoli e brillanti mentre le raccontava di quel palo ingrassato con in cima una pignatta da spaccare. L'anno prima Egidio era stato più veloce di lui, ma stavolta non gliel'avrebbe fatta, era sicuro. Pìpi si aggirava infatti attorno all'albero con sguardo voluttuoso, ingurgitando un pezzo di gnocco fritto col salame. Gli sembrava di aver scordato il gusto da tanto che non ne mangiava. Seguiva con sguardo insistente tutte le donne al di sotto dei quarant'anni, talora intrigato talora per schernirle:

«*An'ghè brut badilās c'àn gāva al so mangās.*» Non c'è brutto badilaccio che non abbia il suo manicaccio, stava commentando ora sarcastico davanti a suo fratello Moris, che sorrideva imbarazzato. Sotto il portico della chiesa tre ragazze vestite di festa chiacchieravano in crocchio, e Pìpi voleva farsi notare.

La Solidea avvistò per prima Seme. Sapeva che poco distante doveva esserci la sua amica. La Liuba era lì, in effetti.

«*Cusa gā't, bagaiéta? L'è ancora prèst par guardar ch'i mas'c!*» Cosa guardi ragazzina? È ancora presto per guardare i maschi. Pìpi la apostrofò con l'abituale insolenza. Voleva attirare l'attenzione. Soprattutto il suo sguardo non si staccava da una biondina con le gambe magre, che parlava più veloce di tutte. La Liuba si girò veloce e corse via, ma il ragazzo non si curò più di lei. Si era messo zitto per affinare l'udito, che per una volta volavano frasi interessanti: «Tutti dritti a fare il saluto romano come degli omarini da niente! Mio padre dice che in quello stadio non dobbiamo metterci piede che è così che si fan saltare i fascisti. Smettendo di dargli corda» stava dicendo. "Da quando in qua le donne facevano discorsi del genere? Quella sbruffoncella aveva fegato!" Pìpi era turbato. Capì che la ragazzina si stava riferendo al campo sportivo del Littorio inaugurato pochi mesi prima, di cui la gente parlava con molta ammirazione.

«Parla piano che c'è arrivato anche Leporati. Se ti sente lo va dire a suo padre e poi te vedi...» la consigliò un'amica.

«*Chi éla quala lè?*» chiese Pìpi a Egidio. Chi è quella lì. L'altro tirò su le spalle, come se la cosa non lo riguardasse: «C'ha due gambe secche che sembra una malgarina vestita».

«Se si mette a correre dà la paga all'Ondina Valla, quella lì» continuava Pìpi, lasciando trapelare la sua ammirazione.

«*Mo va' là!* L'Ondina Valla c'ha i muscoli, questa qua invece se la porta via il vento!»

Nonostante l'amico la denigrasse, Pìpi continuava a fissarle, quelle gambe sottili. La vocetta decisa della biondina gli rintronava in testa, suo malgrado. Tanto che ne fu infastidito, distolse lo sguardo e incrociò la sagoma del fascista. Laerte Leporati cominciava ad avere qualche capello grigiastro ma, con disappunto di suo padre, non si decideva a prender moglie. Portava stampato in faccia un sorriso infingardo e si muoveva baldanzoso, con il petto in avanti e le natiche sporgenti. Fingeva indifferenza e annusava l'aria come un felino annoiato, ma era come un cane da caccia pronto a balzare sulla preda.

Quando vide l'Armida, i suoi occhi ebbero un guizzo repentino. Era giunta sul sagrato con aria assente, come se nulla di quanto stava accadendo intorno potesse davvero toccarla, eppure, sicura di non darlo a vedere, stava cercando qualcuno. L'uomo le si fece incontro, come se si conoscessero bene, e le sussurrò qualcosa all'orecchio. Lei si scostò, brusca, e fissò gli occhi a terra come se la testa le pesasse sulle spalle, quasi a schiacciarla.

Umberto era appena arrivato quando vide quella scena. Sentì il sangue salirgli alle tempie e, senza pensarci, si parò davanti a Leporati: «Va' a casa tua, maiale...».

Quello restò esterrefatto un attimo ma subito reagì irritato: «Di nuovo tu, *bagaiét t'an sìa atar*?!». Moccioso che non sei altro. Diede uno spintone a Umberto, ma Pìpi e Egidio, a cui non era sfuggita la collisione, subito si precipitarono verso il giovane Reami, per far capire al fascista che il ragazzo non era solo. Leporati si guardò intorno, ma nessuno dei suoi camerati aveva voluto accompagnarlo alla sagra della Motta, snobbata da quei cavezzesi che potevano permettersi di viaggiare anche tutte le settimane fino a Carpi o Mirandola. Lui era venuto alla Motta solo perché era praticamente certo di vedere l'Armida.

«Torna nella fogna da cui sei uscito!»

Questa volta non poteva essere stato un uomo a parlare, nemmeno un ragazzo giovane che ancora doveva cambiare la voce. Era uno stridio acuto, quasi dolente, quello che aveva sferzato l'udito del fascista incredulo. Pìpi guardò la monella impudente con malcelata ammirazione. Era di nuovo lei: la bianca smilza. Laerte era rosso di risentimento, stava per colpirla ma Umberto saltò nel mezzo e fu di nuovo la sua pelle a incassare l'urto di quella manata zotica. Questa volta però reagì e restituì il pugno, colpendo l'energumeno sulla guancia sinistra.

In quel momento arrivarono la Solidea e la Liuba, con Seme alle calcagna. La bimba guardò sua madre con sguardo confuso; la Solidea avrebbe voluto correre da suo zio Umberto per farsi dire come stava, ma aveva soggezione e si limitò a guardarlo, apprensiva. Leporati barcollò e si vide circondato. Istintivamente si portò la mano sulla guancia che cominciava a gonfiarsi, si aggiustò la cravatta e il collo della camicia dentro cui sembrava esplodere, e fece per andarsene, ma di nuovo quella vocina sferzante lo trafisse:

«Niente vi meritate, mangiapane a tradimento!»

Le sue parole erano un sibilo.

«Bisogna che impari a tacere!»

Pìpi la redarguì, sardonico. Lei lo guardò, sprezzante, e tirò su le spalle, quindi si avvicinò all'Armida, toccandole gentilmente il braccio. La giovane donna avrebbe voluto scomparire. Ma non fu scortese con l'altra. Ne ammirava la voce ferma, che non retrocedeva davanti al pericolo. Era minuta, sembrava un foglio di carta da tanto che era bianca e sottile ma la sua voce squillava. E intimidiva. Leporati fece finta di cambiare direzione, virando verso di lei e accelerando, mentre alzava la mano e strabuzzava gli occhi, come per colpirla. Ma abbassò lesto il braccio e scoppiò in una risata cava, nervosa, allontanandosi verso l'argine:

«Anita Malagoli, non credere che non ti conosciamo, a te e alla tua famiglia!»

Si allontanò sulle note stridenti di quell'oscura minaccia, proprio mentre il maestro Artioli attaccava a suonare, seguito dal resto della banda. Pìpi prese per mano l'Armida e la condusse alle danze. Era sfrontato, voleva farsi notare: con una donna più grande di lui, madre smaritata per giunta. Non gli importava che la gente parlasse. Anzi, ne era contento. L'Armida lo seguì come un ramo che si piega. Senza convinzione, lo sguardo stanco; ma non si ritrasse.

Umberto si allontanò imbronciato.

Era calato il buio ormai, e la notte andava di nuovo riempiendosi di lucciole.

11
Agguati

La vendetta per quanto era accaduto alla sagra, Laerte Leporati ebbe occasione di consumarla molti mesi dopo. E non fu nemmeno merito suo.

L'Anita, la giovane che aveva osato affrontarlo alla Motta, era figlia di cameranti di sinistra che di quei tempi faticavano ancora di più del solito a trovare lavoro, perché non avevano mai nascosto le loro idee. I fascisti ormai comandavano anche il collocamento della manodopera e il tribunale speciale era capace di far licenziare lavoratori esperti che osassero manifestare il loro dissenso, con l'accusa di essere dei bolscevichi. I Malagoli erano tra quelli che avevano sofferto più discriminazioni. La madre dell'Anita era stata aggredita più di una volta, insieme ad altre donne, mentre si recavano al lavoro come braccianti. Chi non riusciva o non voleva scappare finiva bastonata, veniva portata alla sede del Fascio e minacciata di essere mandata al confino con la propria famiglia: «Per i sovversivi di lavoro qui non ce n'è» dicevano.

Per fortuna l'Anita era una ragazza svelta e l'oste Bignardi si era lasciato convincere a prenderla a lavorare alla trattoria del Baraccone, all'inizio dell'estate del '39. Così tutta la famiglia si era trasferita alla Motta, in casa da dei contadini che le affittavano una stanza, dove alloggiavano padre, madre, la sorella minore e lei, l'unica che portava a casa il pane con regolarità. Aveva solo quattordici anni, ma imparava in fretta e lavorava sodo. Era curiosa, chiacchierina, gli anziani presto ci si affezionarono e i giovani andavano in taverna per vederla perché lei diceva sempre quello che pensava, senza peli sulla lingua, e li faceva divertire. La giovane taverniera però non piaceva a tutti.

Quando, il 10 giugno del 1940, la radio annunciò che l'Italia aveva dichiarato guerra alla Francia trasmettendo integralmente il discorso di Mussolini, anche al Baraccone qualcuno sollevò i bicchieri per brindare, facendosi contagiare dall'entusiasmo indotto. Nella monotonia di una vita sempre più grama, ogni scusa era buona per alzare i calici e in tanti lo facevano senza troppo ragionamento.

Ma l'Anita badava a scossare la testa: «Non avete capito niente. Ce ne pentiremo di tanta allegria, altro che storie!».

«*Mo va' là*, ragazzotta! Fatti un bicchiere con noi che ti riposi un attimo!»

«Non c'è niente da festeggiare. Se non ve ne rendete conto sarà peggio per voi!»

Quando all'oste Bignardi sembrò che la ragazza si stesse esponendo troppo, si girò verso di lei allargando gli occhi, ad assumere un'aria severa: nella locanda non passavano soltanto orecchie innocue. La ragazza capì al volo e abbassò lo sguardo, cercando di estraniarsi da quella baldoria immotivata.

La domenica successiva l'Anita arrivò in piazza alla Motta tutta vestita di bianco, con i capelli raccolti in un'unica treccia, biondissima, che le superava la metà della schiena. Spianava un abito nuovo, almeno per lei, visto che glielo aveva passato la contadina da cui vivevano a pigione perché a sua figlia ormai andava piccolo. Era in compagnia della Rosina Cavalieri: avevano circa lo stesso tempo ed erano diventate amiche. C'era il mercato e la giornata era radiosa, ma in giro non circolavano solo delle belle facce. Un gruppo di cinque squadristi puntò le due ragazze mentre uno di loro cominciò a intonare una canzone con allusioni oscene:

E la mamma di Rosina era gelosa
(biribon giragaglien che gusto ch'la g'ha, Rosina dammela)
Ti voglio macinare con gli occhi bianchi e neri
Ti voglio macinar farina fina
(biribon giragaglien che gusto ch'la g'ha, Rosina dammela)

La più giovane dei fratelli Cavalieri era arrossita e aveva cercato di aggirarli, ma quelli sbarravano loro il passo. L'Anita entrò rapida sulla difensiva, ma non voleva guastarsi l'abito nuovo e badò a far finta di niente. Quelli però non ci avevano messo molto a imparare il ritornello e continuavano a infrapporlo a caso mentre l'unico che conosceva il brano lo improvvisava, saltando vari versi per arrivare più veloce alla parte che evidentemente gli piaceva di più:

Io tengo una pistola con gli occhi bianchi e neri
Io tengo una pistola caricata
E caricata con due palline d'oro
(biribon giragaglien che gusto ch'la g'ha, Rosina
dammela)

Mentre cantava così, il fascista si passava la mano lungo l'inguine, con aria torva:

Ti sparo contro te con gli occhi bianchi e neri
Ti sparo contro te, Rosina dammela
Ti sparo contro te con gli occhi bianchi e neri
Ti sparo contro te, Rosina dammela

«Adesso smettetela!»

Avevano passato il segno e l'Anita era sbottata, mentre la Rosina con gli occhi umiliati e pieni di rabbia le teneva il braccio, come a dissuaderla.

«Ma come!? Non siete di quelli del libero amore, voialtre?»

Così le stava canzonando uno che fino a quel momento si era limitato a guardarle con la foia dentro gli occhi, senza nemmeno riuscire ad accompagnare i camerati nello sgangherato approccio. Era Laerte Leporati.

Quello che avvenne dopo accadde così in fretta che le due ragazze riuscirono a ricostruirlo solo a posteriori, nella memoria. Lì per lì non si accorsero del movimento repentino di quello che era rimasto più defilato di tutti, covando frustrata bramosia, il quale aggredì l'Anita con una sfilza di schiaffi sulle guance:

«Tu stai zitta, strega! Così impari a dir male del nostro Paese! E soprattutto impari a offendere uno come me!».

Lei provò a ripararsi ma gli altri le furono addosso, le strapparono il vestito, le sciolsero la treccia e le riempirono la faccia di nerofumo. Poi corsero via, in mezzo alle persone attonite.

L'Anita era rimasta talmente scioccata che non riuscì a fare nulla. Camminava avanti e indietro per la piazza coi capelli scarmigliati, mentre le lacrime le rigavano le gote facendole due solchi bianchissimi nel nero del viso. La Rosina aveva provato a prenderle un braccio per consolarla, ma lei l'aveva spinta indietro: «Voglio tornare a casa!» riuscì a dire dopo un quarto d'ora che vagava per la piazza. E corse via.

La Rosa Pacchioni la vide passare sconvolta davanti alla finestra di casa, intanto che la Solidea badava a girare il cucchiaio di legno nella crema di latte perché non si attaccasse al paiolo e non ci venissero i balocchi. La vedova chiamò suo figlio Umberto, che andasse a vedere cosa era successo alla giovane. Lui la inseguì e la raggiunse, prendendola per un braccio, ma lei provò a liberarsi della presa, con una rabbia selvaggia. Continuava a piangere:

«Chi è stato?» le domandò lui.

«I fascisti in piazza!» urlò lei con gli occhi che sembravano schizzarle dalle orbite. Ma fuggì subito via.

Umberto rimase lì, scuotendo la testa con gli occhi fissi a terra. Poi sputò sull'erba e si girò, per tornare verso casa. Alla finestra dei vicini, scorse le due figlie maggiori che lo spiavano. Quando incrociarono lo sguardo del ragazzo, loro finsero di essere lì per chiudere gli scuri e li tirarono uno per uno, lasciandoli in cassone.

Quel pomeriggio la Liuba era passata dai Cavalieri per chiamare la Solidea a giocare lungo i fossi, ma le avevano detto che la bimba era dall'altra nonna. A casa Reami, dopo l'incidente con l'Enza, la Liuba non aveva più voglia di andare, così restò per qualche minuto a gingillarsi nell'aia, finché uscì Evro sbattendo la porta. La vide e le chiese se voleva del bensone. Era domenica e, chi ne aveva ancora la possibilità, si preparava un qualche dolce con quel che c'era in casa. La Liuba lo guardò senza rispondere, ma i suoi occhi sorridevano al pensiero della pastafrolla dolce e della marmellata che si scioglieva col calore della saliva. Evro rientrò svelto: «Ne vuole un pezzo anche lei».

La Mitilda allungò una fetta al nipote. Lui uscì di nuovo nel cortile e la porse alla bimba, poi si mise a guardarla mentre masticava con una voracità insospettabile per delle mandibole così minuscole. Le poche briciole che cadevano a terra, nonostante la Liuba tenesse l'unica mano libera aperta sotto alla fetta per raccogliere quelle che si staccavano, le becchettava Seme. Evro era divertito da quella scena e provò ad accarezzare la papera, ma lei subito si ritrasse, impaurita.

«Ci sai andare a nidi?» chiese alla Liuba.

«Sì.»

«Che nidi raccogli?»

«Nessuno.»

«Allora cosa ti vanti?»

«Non mi sono vantata.»

«Invece sì.»

«Ci so andare, ma non ci vado.»

«Ah ecco, volevo ben dire. Vuoi venire con me adesso?»

«Va bene.»

S'incamminarono lungo l'argine. Dopo qualche centinaio di metri, discesero nella golena, verso il Pioppeto degli Zingari.

«Li vedi quelli lì sugli alberi?» le diceva Evro, come per insegnarle.

Lei però non gli rispondeva, assorbita dai suoni.

«Sono troppo in alto, quelli, per arrivarci» continuava lui imperterrito.

«Ma se ci spostiamo verso il fiume, ci sono delle siepi. Se non è già passato qualcuno, lì ne troviamo.»

La Liuba lo seguiva, con Seme incuriosita che si stava anche lei abituando alla nuova presenza del bimbo.

Giunti a un gruppo di cespugli, Evro ci s'infilò e la Liuba lo seguì tenendo l'anatra in braccio.

«Attenta a non graffiarti» le disse lui

«Sì.»

La Liuba lo assecondava ma conosceva bene quei luoghi, che tante volte aveva esplorato, accompagnata solo da Seme. Fu la prima a intravedere un nido, al di sopra delle loro teste. Lo indicò a Evro, ma era troppo in alto:

«Devi montarmi in spalla. Molla giù la papera».

«Si graffia.»

«Se sta ferma no. Che deve imparare anche lei a stare al mondo.»

La Liuba non sembrava del tutto convinta, ma posò Seme al suolo e salì coi piedi scalzi sulle mani di Evro, che le teneva intrecciate per fargli da scalino. Ma anche così il nido rimaneva troppo in alto.

«Forse se mi arrampico ci riesco.» Lei non demordeva.

«I rami sono troppo piccoli, li spezzi.»

Senza rispondere, lei si diede una leggera spinta sulle mani del bambino per poi abbandonarle e poggiarsi su un arbusto irto di speroni, che le fece male sul piede nudo. Ma non si spezzò. Da lì, leggera, raggiunse il nido, controllò che non ci fossero i piccoli, ma vide solo cinque piccole uova azzurrate. Le afferrò e le racchiuse fra le conche dei palmi. I rami continuavano a sorreggerla. Si abbassò verso Evro e fece scivolare le ovine nelle sue mani. Il bimbo le ricevette con soddisfazione. La guardò scendere e, quando la Liuba fu di nuovo a terra, si sedettero sull'erba.

«Sei brava, anche se sei una femmina. Sono uova di merlo» volle spiegarle. Poi ne bucò una con gli incisivi e gliela porse. La Liuba ne bevve il liquido, che filava sottile dalla fessura creata dal morso di Evro. Lui fece uguale con un secondo ovetto, sorseggiandone il liquido filamentoso mentre guardava verso il Pioppeto degli Zingari.

Quando tornarono alla Cà Granda, trovarono nell'aia la Rosina e Pìpi che discutevano:

«Deve imparare a tacere, la tua amica, altrimenti mette nei guai anche te».

«Ci sono saltati addosso, non avevamo fatto niente!»

«La lingua si sa che quella lì a posto non la tiene. E te, prima ti scanti meglio è, *va' là...*»

La Rosina fissava terra, sugli occhi un velo di lacrime, delusa che suo fratello non volesse capire. Evro e la Liuba arrivarono correndo, con Seme che starnazzava, sovraeccitata da quel pomeriggio di avventure.

«Siamo andati a nidi!» comunicò agli zii. «È buona anche lei» disse indicando l'amica, poi aggiunse rivolto alla Liuba: «*Dissù*, ce lo vuoi mettere del lardo lì dove ti sei graffiata, sotto il piede?».

Ma la bimba non gli dava più a mente: si era impalata a guardare una lucertola, immobile sulla parete della barchessa. Una lucertola che pareva stampata, ieratico monumento di pietra a cui nessuno avrebbe mai reso omaggio. Tranne quello sguardo di bimba, abbacinato dal sole.

Pìpi la squadrò da capo a piedi, poi rientrò in casa scuotendo la testa. A sua sorella Rosina invece non diede neanche un briciolo di soddisfazione e la piantò in asso nel mezzo della barchessa. Lei sollevò l'avambraccio in un gesto meccanico, come per scacciare una mosca, spazzandosi via dalla guancia sinistra la lacrima a cui non voleva dare il permesso di scendere oltre.

12
Sibilla della Bassa

La piazza delle Erbe a Carpi era già gremita di gente quando la Mitilda vi giunse, quella domenica mattina dell'8 giugno 1941, sul presto. Il sole nasceva poche ore dopo la mezzanotte e le giornate si erano fatte lunghe, molto afose. Erano diverse settimane che la vecchia tribolava a prender sonno; le rughe ordivano una trama fitta sul suo volto olivastro e le labbra avevano preso una piega ancora più arcuata, di diniego. La mattina si era alzata che faceva ancora buio, si era avvicinata al letto della figlia minore, la Rosina, quella che le assomigliava di più, e le aveva bisbigliato che sarebbe andata al mercato di Carpi a vendere delle padelle. Voce di carta vetrata, anche quando si faceva sottile. Alla ragazza bastavano queste parole per sapere che avrebbe dovuto alzarsi lei per aiutare sua sorella Dolores e le cognate a preparare la colazione per gli uomini che tornavano affamati dalla stalla, e che poi sarebbe dovuta andare nell'orto. Ad apparecchiare la tavola per fortuna ormai era buona anche la Solidea.

La Rosina aveva fatto quattordici anni subito prima

di Natale: era assennata, di poche parole, andava d'accordo con tutte le cognate perché era raro che qualcosa, nell'organizzazione pratica della vita di campagna, non le andasse bene. Non era accondiscendenza, la sua: aveva l'indole di accogliere quel che le arrivava, che poteva esser fatto in tanti modi, prender vita da fili diversi – nessuno migliore degli altri – e quei fili tessevano l'involucro di ciò che contava per davvero, proteggendolo forse, a confondere il destino. Non sapeva dire cos'era che contava per lei ma le piaceva giocare coi nipoti, parlandoci normale, senza tanti *simitoni*. E insegnargli a far bene. Era giusta per inclinazione naturale. Alzava la voce solo davanti ai soprusi. Le cognate si stupivano quando le rimproverava perché mandavano troppe volte la Solidea nell'orto o le lasciavano da pulire i pioli infangati di tutte le quaranta seggiole di casa, per mettersi loro a prender aria nella barchessa.

Alle parole della madre, quella domenica mattina si sollevò sul materasso che scricchiolava per i fusti di pannocchie e poggiò i piedi accanto al letto, pronta ad alzarsi:

«*'Spèta la lūs, Rusìna... me a vāg parchè arrivèr a Cārpi a pìa l'è lunga...*».

Le diceva di aspettare la luce per alzarsi e che lei doveva andare perché la strada per arrivare a Carpi a piedi era lunga, anche se il giorno prima si era accordata col barcaiolo perché la traghettasse sull'altra sponda di Secchia per accorciare il cammino. Durante il tragitto, la Mitilda non si era distratta un momento a guardarsi intorno, continuando a fissare il suolo su cui i suoi piedi procedevano metodici, senza esitazioni né guizzi. Sperava di vendere qualche paiolo, visto che la patria, dopo il ferro delle cancellate, chiedeva ora il rame. L'Italia aveva sulle spalle il peso di più di cinque anni di sanzioni internazionali a causa dell'invasione dell'Etiopia e ora, prima con la Spagna e poi con questa nuova grande guerra, per il commercio di cappelli e trecce la situazione era ulteriormente precipitata.

Pentole, padelle e paioli venivano ritirati al mercato dei polli. Era uno spettacolo unico veder aggirarsi fra i banchi uomini e donne carichi di stoviglie in rame, gli sguardi ormai sguarniti di ogni reminiscenza di abbondanza. Ma per la Mitilda i tegami e le casseruole erano una scusa per recarsi dall'indovina. Una scusa davanti alla famiglia, certo, ma anche davanti a se stessa: non avrebbe mai ammesso che aveva bisogno di quella donna per incanalare il suo disagio, per sfogare la sua inquietudine senza dovere sempre insabbiarla.

Dopo aver depositato le tre pignatte, ricavandoci un magro compenso – l'offerta era ormai copiosa almeno quanto la domanda statale –, girò l'angolo e s'infilò quatta dietro una tenda color bianco sporco, logora, dietro cui s'intravedeva appena uno scranno. Lì sopra stava seduta una donna dai capelli lunghi e grigi, una gitana. Portava alle orecchie delle larghe anelle ed era truccata vistosamente. Soprattutto sugli occhi, bistrati. Portava una canottiera nera, accollata e attillata, che le copriva tutta la schiena e le fasciava il busto generoso. Le braccia erano vizze, le dita ciunte e la pelle le ondulava dalle braccia come il gozzo di un tacchino. Sotto le ascelle sbracciate s'intravedevano i peli, scuri come i baffetti sulle labbra carnose. Emanava un odore denso. Di frutta secca, caffè e sudore.

Quando il viso cupo della Mitilda fece capolino nel varco della tenda, l'indovina le fece cenno di accomodarsi sullo scranno davanti al suo. Non era la prima volta che si vedevano, ma la zingara ostentò indifferenza: la maggior parte delle persone che entravano nella sua edicola ambulante non apprezzavano d'essere riconosciute. Una volta seduta, la Mitilda le porse la mano sinistra col palmo rivolto verso l'alto. La zingara avvicinò la sua, capovolta per farle combaciare, e un miscuglio caldo le trapassò. Aveva appena finito di mangiarsi un piatto di patate col granturco e, con la forchetta unta che teneva ancora nell'altra mano, cominciò a seguire i solchi dei palmi nodosi della vecchia Cavalieri. Erano marcati, scuri di terra, anche se prima di uscire la Mitilda si era sgurata di buona lena. Il contatto col metallo oleoso dei denti della posata le dava i brividi lungo la schiena e contrastava col tepore che la figura della forestiera emanava. La zingara studiò a lungo le linee della mano segnata che le vibrava davanti e quando, di scatto, puntò gli occhi dentro quelli della Mitilda, li vide sbigottirsi di subitaneo terrore. Le richiuse il pugno scostando il palmo, come se non volesse leggere oltre. La vecchia sentì una fitta alle viscere: «La tua casa si svuoterà di figli. Uno dopo l'altro se ne andranno tutti, chiamati a questa guerra che – ormai lo sanno tutti – non potrà essere breve. Il lutto sfiorerà la tua casa senza trovarci dimora. Quando per gli altri sarà tutto finito, a lungo ti saranno strappati i tuoi frutti più nuovi. Ma saprai pazientare. Ancora e ancora e ancora. Ti accorgerai allora di avere già imparato la solitudine, anche in mezzo a tanta gente».

La Mitilda ritrasse la mano e la guardò come fiera ferita. Perché era venuta poi? Perché sovraccaricarsi di futuro quando lo si poteva centellinare, ora dopo ora, minuto dopo minuto, fiato di secondo soffiato via sottovoce? Guardò la zingara in cagnesco, alla ricerca di un indizio per quel sollievo che sapeva non le sarebbe arrivato. L'altra fissava dritta davanti a sé la tenda immobile nella canicola estiva. Impassibile e lontana, distratta dai rumori del mercato che la stoffa assorbiva, ovattando le due donne in una dimensione a parte. La Mitilda le lasciò qualche moneta e sollevò la tenda, respirando profondamente. A terra c'erano delle cartacce, alcune appallottolate, altre erano fogli distesi che la donna sollevò pensando che le sarebbero stati utili per asciugarsi il sudore sulla via del ritorno. Se li infilò in seno e si guardò intorno con istintiva circospezione. Poi s'incamminò con passo meccanico. Stanca.

Poco meno di due ore dopo, entrò nell'enorme cucina con al centro il tavolaccio rustico e vide sua nipote Solidea, che apparecchiava, allungandosi per sistemare i bicchieri ben centrati, ognuno davanti al suo piatto. Le passò uno dei volantini che aveva usato per detergersi il sudore durante il tragitto e le ordinò di leggerne a voce alta il testo. La bimba cominciò a sillabarlo, in stentata decodifica:

Italiani vi sono cari i vostri figli?
Fermate questo macello.
Mussolini nemico del Popolo.
Italiani!
Il duce assassina i vostri figli e le bastonate ne saranno il compenso.
Italiani!
Il fascismo ha sempre operato ed opera tuttora a vostro danno.
Abbasso il duce ed i suoi gregari, massa di sfruttatori.

Ascoltando quelle parole, la Mitilda fu attraversata da un brivido sinistro. Strappò il foglio dalle mani della Solidea e lo gettò nel camino, dove le braci sonnecchianti si attizzarono in repentina fiamma. Al primo volantino seguirono tutti gli altri, che fecero crepitare di un fuoco effimero e fumoso la cucina scura. La zaffata di luce fece notare alla vecchia che la nipote aveva appoggiato il pane capovolto sulla tovaglia, probabilmente con l'intenzione di sistemarlo appena finito di leggere. Le sembrò un ulteriore cattivo presagio: «*Cun al pàn miss a l'arversa, a 'n vìan mai sira*» esclamò perentoria. Col pane messo a rovescio non viene mai sera. E senza neanche sedersi un attimo a riposare, s'infilò il grembiule e uscì nell'orto a strappare un po' di borragine da mettere nella frittata. La Solidea prese le pagnotte e le girò per il verso giusto, al centro dell'enorme tavola a cui stava per radunarsi tutta la famiglia.

"Oggi pomeriggio scappo dalla nonna Rosa" decise.

13
È grande il peso

Per Natale andavano la sera, di nascosto, a tagliare un ramo da un albero per poi guarnirlo come potevano. Ci appendevano dei mandarini e qualche castagna incartata con gli involucri delle rare caramelle che la Nadina conservava durante l'anno. Lo appoggiavano sopra al camino e, quando la grande lumiera a petrolio della cucina illuminava la stanza, sentivano il calore speciale della festa.

A Capodanno, invece, la donna portava disgrazia e non poteva entrare a casa della gente. «Le donne portano danno» si diceva. E allora alla Solidea toccava rimanere a casa, mentre Embro e Evro andavano a fare gli auguri alle famiglie del vicinato e tornavano coi tortelli farciti al sapore e i dolcetti.

Il 1942 tuttavia cominciò in modo diverso da sempre. Era mattina presto, suo fratello e suo cugino erano appena usciti, dopo che a tutti e tre era stato fatto ingurgitare l'olio di fegato di merluzzo, puzzolente e indigesto, nemmeno attutito, in quei tempi di magra, dallo spicchio di un mandarino o da una mentina. La fame aveva fatto svegliare i bimbi ancor prima del solito, anche se non si aspettavano grandi doni perché la miseria la faceva da padrone ormai in casa di tutti. Canticchiavano al pensiero di ciò che avrebbero potuto sgranocchiare di lì a poco, mentre si allontanavano lungo i campi. La bambina sentiva le loro voci assottigliarsi e intanto pensava che di lì a poco sarebbe arrivata la Befana, le donne avrebbero raccolto quel poco che c'era sull'albero e lo avrebbero infilato nelle calze, appese alla trave di legno più vicina alla finestra della cucina. A occhi aperti si sognava i *mignin* con le lamine croccanti dei wafer a separare sottili gli strati di cioccolato, e i biscotti Goldoni che la nonna Rosa aveva portato qualche volta quando lei e suo fratello avevano l'influenza.

Se ne stava ferma davanti alla finestra della cucina, fissando i bordi degli oggetti orlati di galaverna nell'aia immobile, quando vide comparire la Liuba, con un maglioncino rosso di lana e una berretta come un calice di fiore capovolto, troppo grande per lei. Sotto portava una gonna rattoppata, con i calzettoni, le avevano rimediato un paio di scarponcini e questo diede sollievo alla Solidea, che pativa di saperla al freddo. La fissò rabbuiata, alzando istintivamente la mano sinistra come a bloccarla, che non bussasse alla porta o addirittura entrasse con l'irruenza che talora le era propria. Uscì lei nel cortile e una zaffata di aria gelida le bruciò il viso: «Siam per Capodanno. Donne in casa non ne vogliamo».

La Liuba la guardò con lo stupore di un animale ferito.

«Son credenze antiche» cercò di spiegarle la più grande. «Dicono che porta sfortuna.»

L'altra le tese le mani, come per attirarla verso di sé.

La Solidea era riluttante – sentiva le orecchie che le si stavano irrigidendo per il gelo. Quell'inverno sembrava ancora più freddo dei due precedenti, che già erano stati severi. Bloccò di nuovo l'amica con la mano, perché non si avvicinasse all'uscio, rientrò svelta in casa, prese il paltò che era stato di sua zia Rosina, e fu di nuovo sull'aia, pronta per seguirla. La Liuba s'incamminò verso il suo capanno.

Appena giunte nei pressi della casupola, videro stagliarsi all'orizzonte i corpi della nonna e della madre di Liuba. La Zaira e l'Armida stavano chinate a terra, l'una di fronte all'altra, assorte in un'attività che da lontano la Solidea non riusciva a distinguere.

Quando arrivarono loro accanto, si accorse che stavano modellando della creta di un colore rosato tendente all'arancione, un colore che la Solidea non aveva mai visto nella terra di quelle zone. Davanti a loro un mucchio di argilla fresca. Udendole arrivare, la più anziana sollevò leggermente la testa e fece loro cenno di sedersi lì accanto. La Liuba si inginocchiò davanti a lei mentre la Solidea incrociò le gambe a terra di fronte all'Armida, che pareva non essersi accorta del loro arrivo e continuava a impastare la creta in un gesto meccanico, assorta nei suoi pensieri. Fissava il centro del cerchio che ora avevano formato e le sue mani stavano dando forma a una donna. Anche la Zaira stava plasmando una figura simile, ma nella sua si vedevano già i seni che aveva arrotondato con zelo. La Solidea arrossì quando si accorse che si era ipnotizzata sui capezzoli sporgenti che la donna stava modellando con distaccata persuasione. La Liuba prese un po' di fango dalla mucchia nel mezzo, ne fece una palla con le mani e afferrò un'ampolla di vetro sottile appoggiata accanto all'Armida. Era piena di un liquido rosso e grumoso. La Liuba lo rovesciò nella conca che intanto aveva scavato nella sua palla di limo. Cominciò a impastare finché, pian piano, la pallina non assunse quel colore rosato caldo che aveva l'argilla lavorata dalla madre e dalla nonna.

«Cosa ci versi?»

«Sangue» le rispose lei.

«È il sangue che l'Armida ha raccolto a ognuna delle sue lune per tutto l'anno passato» spiegò la Zaira. «Ce n'è anche per te. Prepara la tua bambola.»

«Sei tu» le disse la Liuba. La Solidea la interrogò con lo sguardo.

«Falla più somigliante che puoi» chiosò la Zaira.

La Solidea fu percorsa da un brivido di ribrezzo, ma intanto la sua mano si era già allungata verso l'ampolla senza che avesse avuto il tempo di controllarla. Sollevò l'ammennicolo e lo guardò in controluce. L'Armida smise di impastare e la squadrò, realizzando solo in quel momento la sua presenza e quella della figlia. La Solidea riappoggiò l'ampolla a terra e protese l'altro braccio verso il centro del cerchio, scavando nell'argilla per prenderne una quantità sufficiente nella mano. Imitando quanto aveva visto fare alla Liuba, la appallottolò e incavò nel centro, versandovi poche stille di sangue. Cominciò a impastare, ma il suo fango non cambiava colore: rimaneva scuro e opaco. Allora la Liuba prese lei l'ampolla e le versò la quantità giusta di sangue. Lo fece con un movimento esperto e aggraziato, senza che ne cadesse al suolo nemmeno una goccia. L'altra riprese a impastare, timorosa di vedere le sue dita sporcarsi di sangue. Accadde per un attimo, ma il liquido fu subito assorbito dall'argilla, che ben presto si fece rosata. Vedendola trascolorare, la Solidea sentì il petto che traboccava. Respirò a fondo.

Quando tutte e quattro ebbero pronte le bamboline, il sole era a picco. Si era fatta una giornata tersa, seppur gelida.

«Ora le riportiamo alla Busa di Bambèin» disse la Zaira.

Sentendo nominare quel luogo che fin da piccola le era stato proibito un brivido attraversò la schiena della Solidea, che tuttavia non osò protestare. Notò che la Liuba non era affatto impressionata e non voleva passare per paurosa.

Si incamminarono tutte e quattro verso la risorgiva.

Giunte sulla riva dove il terreno si faceva più molle, la Solidea vide le due donne e la bambina allungare contemporaneamente le mani verso l'acqua e lasciar scivolare ognuna la propria pupa dentro la pozza. Non poteva credere che, dopo tanto lavoro, avrebbe dovuto lasciar andare quella bambolina uscita dalle sue stesse mani, della quale si sentiva ormai così fiera.

La Zaira si accorse del suo disagio: «Ci hai messo tutto il tuo impegno. Ora devi solo liberarla. Domani pomeriggio, per la luna piena, sarà già tornata fango».

La Solidea si chinò di malavoglia, guardò la sagoma di fango rosa stesa sulla sua mano sinistra: non le assomigliava, ma qualcosa di lei vi era entrato dentro al punto che, mentre la lasciava cadere nello stagno, sentì che stava per piangere. Ma spinse indietro le lacrime, increspando il mento. E anche la sua creatura scomparve nelle acque trasparenti della Busa di Bambèin.

Parte terza
Sangue

Vorresti sparire alle case, destarti
ove trascinano lenti carri
sbarre di ferro verso la campagna –

ché là pei fossi infuriano bambini
nell'acqua, all'aurora
e vi crollano immagini di pioppi.

Antonia Pozzi

1
Il sigillo

L'8 gennaio del '42, davanti al capanno delle erbarie, la neve si tinse di sangue.

Qualche mese prima, mentre il suolo si riempiva di foglie gialle e rossastre, la Nadina aveva provato un senso di vertigine così forte che aveva capito di essere di nuovo in attesa. Da troppo tempo provava l'innaturale sensazione di attraversare la vita di qualcun'altra. Un remoto richiamo che la scostava, anche se di poco, dalle maglie ingabbianti della normalità. In certi attimi di fulgore si sentiva a casa, ma poi subito sparivano. E intanto, lei deperiva.

Non si era mai sentita a proprio agio dai Cavalieri. Le cognate la guardavano di traverso perché ad andare in campagna si stancava presto, tornava con la schiena dolorante e il viso carico di anni che non aveva ancora vissuto; quando qualche contadino dei paraggi la veniva a chiamare per fare una puntura a un parente che non stava bene, le cognate non mancavano di commentare:

«*La gà sèimper quēl par n'andēr ménga a lavurēr...*».

Ha sempre qualche scusa per non andare a lavorare. Solo con la Dolores andava d'accordo. Era la più fine delle sorelle di Ettore. Nonostante fosse già sposata, era tornata nella casa del padre perché il marito era partito per la guerra e lì c'era bisogno di lei. Spesso le due donne rimanevano da per loro nella grande cucina a preparare per tutti, con anche la Solidea che imparava svelta e ne ascoltava le confidenze, bucherellate di reticenze e cautele: la Dolores era riservata di natura; la Nadina invece amava l'amichevole confidenza femminile, ma quella era pur sempre la sorella di suo marito e allora badava anche di trattenersi, per quel che poteva. Stava sul generico: parlava di ciò che le donne non avevano e che invece si meritavano, di idee che a lei sembravano frutto del buonsenso ma che in tante ancora faticavano a vedere. Del diritto di andare a votare come gli uomini, perfino. Capitava che ci fosse con loro la Rosina che a quei discorsi si ravvivava, nel baluginio di un'opportunità insperata.

Fu, quello del 1942, uno dei più freddi inverni di sempre. Le giornate erano tanto brevi che non si faceva a tempo ad abituarsi alla luce che cadeva già la notte. Il sole era di un grigio opaco. E allo stesso modo si sentiva la Nadina. Il viso smunto e gli occhi piccoli, pallida. Era magrissima, ma le gambe le scendevano massicce, in un unico blocco, e le caviglie erano così gonfie che i piedi faticavano a star dentro alle sue vecchie scarpe di cuoio grezzo. Stava per compiere ventisei anni e nelle ossa se ne sentiva il doppio. Ossa ricoperte di poca carne, vizza. Da qualche giorno avvertiva delle fitte allo stomaco: le attribuiva alla fame. Si era anche insognata la polenta pucciata in così tanto unto da galleggiarci in cima. In tutta la nazione la carestia si faceva sentire, anche se in campagna qualcosa da mangiare si trovava sempre. Bastava accontentarsi e quello lo aveva sempre saputo fare, checché ne dicessero le cognate. Non voleva chiedere di più, approfittando del suo stato di gravida.

Giovanni Battista aveva deciso di potare la vite di luna calante, con meno linfa in circolo, in modo da attutire il pianto a primavera quando il taglio si fosse cicatrizzato. «Pota alla luna di gennaio se vuoi riempire le botti.» In quell'epoca spoglia di giovani virgulti, gli sembrava che in campagna tutte le braccia fossero buone e c'era andato con le nuore. La Nadina aveva freddo alle mani, che teneva nude per recidere meglio i rami, là dove serviva. Domandò al suocero il permesso di rientrare; il sole stava per tramontare e sentiva che se avesse continuato a potare sarebbe probabilmente caduta stesa a faccia in giù nella neve.

S'incamminò sola, timorosa di non farcela nemmeno ad arrivare fino a casa. Voleva chiamare sua figlia Solidea in aiuto, ma si trattenne. La Cà Granda era ancora lontana, avrebbe dovuto urlare con una forza che non aveva in corpo per farsi sentire da sua suocera Mitilda. Donna scura e indecifrabile. Procedeva a stento, quando sentì un liquido caldo colarle lungo le cosce mentre le viscere le si stringevano in una morsa lancinante. La vergogna che l'aveva immediatamente invasa si trasformò in terrore nel vedere un rigagnolo rosso che sbucava dalla sottana, lunga fin sotto le ginocchia. Le mancò il respiro, si appoggiò a un albero. Era l'enorme pioppo bianco che svettava davanti al capanno delle erbarie.

In quel momento alla finestra c'era l'Armida che fissava il suolo congelato con aria assente. Ma quando vide la neve macchiarsi di sangue si scosse dal torpore del crepuscolo invernale e corse fuori. Posò la mano destra sulle reni della Nadina e avvicinò la mano sinistra al tronco su cui l'altra teneva appoggiata la sua. La sorreggeva, delicata. Leggera, portò la mano destra sulla fronte della sofferente e sentì che era calda.

«Venite dentro» la invitò. L'inferma entrò nel capanno, docile. L'Armida la fece sedere e, rivolgendosi a sua madre che stava cucendo a lume di candela, disse: «Sta espellendo».

La Zaira appoggiò la calza che aveva in mano puntandoci dentro l'ago e il filo, poi si avvicinò per vedere chi era con la figlia: «Salve, Nadina».

«Buonasera, Zaira. *A sòn gnūda a fār d'la confusiòun*» rispose la giovane con un certo imbarazzo. Son venuta a fare della confusione.

«Son cose che succedono» rispose la più anziana con benevolenza.

L'Armida prese una pezza e la inumidì con la neve appena fuori dalla porta per posarla sulla fronte della donna. Sua madre cominciò a preparare un decotto di camomilla. Intanto la Liuba, che all'entrata dell'Armida e della Nadina aveva interrotto i suoi giochi coi rametti, osservava le tre donne senza fare domande. «Fa' una corsa dalla Mitilda a dirle che c'è qua sua nuora, indisposta.»

La Liuba uscì di malavoglia, ma non osò ribattere l'ordine della nonna che aveva imparato a essere perentoria. Seme la seguì, nonostante l'impatto che il gelo aveva sulla membrana sottile delle sue zampette.

La Nadina stava perdendo molto sangue ed era sempre più debole. Le avevano deterso le gambe e avvolto il ventre con le pezze quadrate che usavano per il ciclo, ricavate da vecchie lenzuola. Aveva bevuto la camomilla ma si sentiva la lingua secca e impastata. Le palpebre le crollavano e le erbarie temevano non fosse soltanto il sonno.

Bussarono alla porta. La Liuba era tornata al capanno col vecchio Cavalieri, la Rosina e la Solidea. In ansia per la madre, la bimba aveva lasciato il fratello alle cure delle zie. La Zaira parlò con Giovanni Battista in dialetto finalese stretto. Concordarono che bisognava portare la nuora all'ospedale in fretta e il vecchio andò a preparare il biroccio con le due cavalle. Disse che quelle erano cose da donne e che gli serviva una mano. Venne la Dolores; aiutò il padre a sistemare la Nadina sul carro, adagiandola su del fieno che le avrebbe fatto da cuscino, poi montò sulla stanga del calesse anche lei. Si congelava, ma non osava avvicinarsi troppo al patriarca. Controllò la cognata di sottecchi, con sguardo esperto. Sembrava dormire ma il volto era pallidissimo. I denti però non li batteva: perché non congelasse, l'avevano coperta con dei panni che tenevano nella barchessa per proteggere le pere d'estate.

La Nadina restò all'ospedale di Carpi una settimana e in quei pochi giorni la Solidea crebbe di cinque anni. Non perdeva di vista un attimo suo fratello Embro. Le donne di casa si fidavano e lui la seguiva ovunque.

La loro mamma tornò dall'ospedale più smunta di quando era partita, con l'espressione di un topo spaurito. Alle donne di casa sembrava ancora più strana di prima, come assente, e fra loro la chiamavano «scopa vestita»:

«*L'è turnāda c'la pār na malgarìna vistīda!*» dicevano.

Era ancora molto debole e per qualche tempo fu esonerata dalla maggior parte dei lavori. Ne approfittava allora per arrivare fino al capanno delle erbarie. Bussava alla porta, di solito era la Liuba ad aprirle. La facevano sedere su una vecchia sedia impagliata. La Zaira non smetteva di cucire bagnando di tanto in tanto il filo con la saliva per farlo entrare più compatto nella cruna dell'ago. Intanto l'Armida continuava a distillare oli essenziali con un alambicco artigianale. Nell'aria, un odore inebriante di erbe officinali. Le offrivano una tisana e parlavano pochissimo. La Nadina si lasciava cullare dalla virtù di quel silènzio.

«Dobbiamo andare a ringraziare le vostre cavalle» disse una volta l'Armida all'improvviso.

La Zaira annuì con un cenno del capo: «Andate voi due». Smise di rammendare e si alzò per aprire il cassetto della credenza tirando il tappo di sughero con cui avevano sostituito l'originario pomello, quando era andato perduto. Estrasse due candele di cera giallognola e le porse alla figlia.

Il sole stava tramontando. Le due cavalle che avevano portato la Nadina fino all'ospedale di Carpi dormicchiavano in una piccola rimessa accanto alla stalla, adibita a scuderia. La Roma era una cavalla da tiro, mansueta e di buona stazza, mentre la Dora era da corsa, più imprevedibile e bizzosa, capace che se non le andavi a genio ti strappava la manica del vestito o ti morsicava perfino un braccio. Le due donne entrarono, guardinghe. Una volta sinceratasi che non ci fosse nessuno, l'Armida accese le candele con uno zolfanello e ne passò una alla Nadina. Quindi si avvicinò alla Roma e inclinò la sua in modo da lasciare sgocciolare la cera sulla criniera ampia della cavalla, che sollevò il muso dalla biada squadrando la donna da vicino. Le annusò i capelli, che l'Armida aveva lasciato sciolti. La Nadina imitò la compagna, facendo lo stesso sul crine della Dora. La puledra lanciò un nitrito altezzoso e scalpitò con le zampe anteriori. L'Armida allungò la mano per accarezzarla e la guardò dritta negli occhi dal diametro enorme, che si restringevano bruscamente ai lati. La bestia scrollò il muso, nervosa, ma poi lo piegò verso la mangiatoia.

Dalla porta socchiusa si potevano vedere soltanto due donne vestite di abiti logori, troppo leggeri per il vento gelido che li faceva svolazzare, due donne che colavano cera di candela sulle criniere di due cavalle intente a mangiare.

Si potevano vedere. Ma nessuno passò né le vide mai.

2
Intanto la guerra

Un mugolio come di cucciolo angustiato svegliò la Pina all'improvviso. La ragazza tese le mani con le dita divaricate sul materasso, quasi stesse arrestando una caduta, ma si accorse di essere immobile. Pochi secondi per mettere a fuoco che il lamento arrivava dalla stanza di sua madre. Erano rimaste solo loro due a vivere in quella casa: i fratelli in guerra, le sorelle partite spose. Qualche volta veniva sua nipote Solidea a trovarle. La Pina si precipitò nella camera della vedova Reami, senza bussare, a chiederle cosa stava succedendo:

«*Mæma, ch-s'à gh'iv?*».

Cos'avete, mamma? La donna spalancò gli occhi, ma le sue pupille vagavano senza capo né coda nella notte. Solo un sottile filo di luce lunare rischiarava la stanza filtrando attraverso una smussatura del legno, ormai consunto. Il risveglio repentino le fece recuperare la regolarità del respiro, ma lo sguardo restò vacuo, come se il suo cervello stesse leggendo il negativo della retina. E su quello schermo segreto continuava a scorrere il sogno da cui era stata strappata: l'arsura di Secchia prosciugata, i rigagnoli inariditi dalla canicola che singhiozzavano come seni vuoti di latte. Le mani a scavare sotto i ciottoli incrostati di fango secco per trovare dove la terra si scuriva, di nuovo intrisa di acqua. Le unghie a sanguinare invano perché la terra restava secca e opaca.

Fu la voce della figlia a ricondurla alla veglia e allora anche il suo sguardo riprese coscienza. Istintivamente sollevò le mani a guardarsi le unghie: erano strette e maculate di bianco, ma non c'era traccia di sangue

«*L'è gnīnta. Va' a lēt, Pina. Ponsa ch'le incòra nōt*» disse alla figlia che la fissava allarmata di tornare a letto, che era ancora buio.

Da più di tre mesi non ricevevano notizie da Umberto, che era stato chiamato per la campagna di Russia. Nelle lettere le sembrava di parlare con un figlio diverso dal ragazzo taciturno che conosceva: Umberto la chiamava «carissima mamma», chiedeva di tutte le sue sorelle e della Solidea, voleva sapere dei più piccoli, Embro e Vittorio, il figlio dell'Olga appena venuto al mondo, la rassicurava sulla sua salute e le raccomandava di tenergli un poco di vino buono da parte perché presto sarebbe venuto a casa in licenza, infine la salutava con quei «bacioni» che mai aveva osato darle dal vero. Quando arrivavano le lettere la Rosa Pacchioni ringiovaniva di dieci anni e galleggiava leggera sull'erba, lo sguardo sognante. Correva dalla Nadina per leggerle a lei e alla Solidea, baciava la nipote sollevandola da terra con la goffaggine di chi non era troppo usa al contatto. Lì per lì non ragionava sul fatto che quelle lettere ci mettevano parecchie settimane ad arrivare e che suo figlio poteva essere morto ammazzato un minuto dopo averle scritte. Erano ossigeno vivo nelle sue giornate tristi.

Ma erano quasi quattro mesi che Umberto non mandava notizie.

Anche la Cà Granda continuava vuota di uomini.

Il 13 gennaio del '43 nella sezione «Tra Secchia e Panaro» della «Gazzetta dell'Emilia» accanto agli «echi della Befana fascista» vennero pubblicate le foto di sette degli otto fratelli Cavalieri. *Un primato della gente modenese*, diceva il titolo: «La famiglia di Giovanni Cavalieri, da Motta di Cavezzo, ha l'orgoglio di contare sette dei suoi figli che servono la Patria in armi: Gino, autiere della classe 1908; Bruno, fante della classe 1912; Ettore, granatiere della classe 1913; Solideo, artigliere della classe 1914; Edoardo, fante della classe 1916; Moris, fante della classe 1922; Jaures, bersagliere della classe 1923. Questa schiera di giovani forti e baldi segue e seguirà l'esempio del padre, combattente della guerra 1915-1918, compiendo il più alto dovere di soldati d'Italia, come seppero già compiere quello di cittadini laboriosi e disciplinati».

Quando lo lesse alla trattoria del Baraccone Giovanni Battista pensò una bestemmia che non disse. Strappò la pagina e se la infilò sotto il pastrano, sopra quel cuore che ormai aveva cominciato a perder dei colpi. Neanche un uomo a casa e c'era da ammazzare il maiale, *al ninēin*: avevano voluto aspettare più del solito per vedere di farlo ingrassare un altro poco. Il vecchio Cavalieri aveva mandato a chiamare gli anziani Gavioli e Mantovani dai poderi limitrofi, e poi si sarebbero scambiati il favore. Gavioli da giovane era stato per qualche tempo garzone al macello: l'esperienza almeno non gli mancava. Anche dei transumanti erano scesi solo i più anziani, ma fra loro c'era gente di Verica, esperta in norcineria, e quelli di pianura avevano voluto ascoltare il loro consiglio di attendere la luna piena del 21 gennaio.

Quella mattina la Liuba fu svegliata dagli sbraiti nasali che faceva il maiale mentre lo scannavano. Volse lo sguardo verso il giaciglio in paglia della madre per cercare conforto, ma trovò la cuccia vuota. L'Armida era uscita per sottrarsi a quell'agonia troppo prossima e all'odore spesso di sangue che rapprendeva l'aria ricordandole il periodo trascorso nelle baracche vicino alla macelleria del Cavezzo, il tempo della povertà assoluta. Si era incamminata verso l'argine: l'avrebbe scavallato e si sarebbe inoltrata lungo i filari di pioppi; dentro la golena le grida della bestia squartata non sarebbero giunte, assorbite dalla terra che ovattava, protettiva. Ma sull'argine la nebbia era fitta, l'aria umida. Sentì paura. Tornò indietro e si diresse dalla parte opposta, verso la Busa di Bambèin, orizzontandosi nel lamento lontano dell'antica madre che cominciava a riecheggiarle ora, non sapeva se dentro o fuori di lei.

Era dall'alba che i vecchi si adoperavano nella barchessa e anche la Solidea si era alzata ancora più presto del solito quel giorno. Osservava sua nonna fare avanti e indietro dal pozzo, con dei secchi d'acqua che gettava in un paiolo enorme, messo a bollire sopra una grata che sembrava abbrustolita dal fuoco, su cui poggiava direttamente. Badava a scorgere qualche segno di contrizione sul volto chiuso della Mitilda ma la vecchia sembrava imperturbabile, fissa in un altrove fosco, su una frequenza incatturabile. Non batteva ciglio, come sorda. Eppure il maiale lo aveva allevato lei dandogli da mangiare due volte al giorno dalla primavera precedente: prima la broda sconza e poi rimpinguata con la scorza di patate e un poco di frumentone.

Finito di riempire il paiolo con l'acqua che, una volta bollita, sarebbe stata usata per lavare il maiale in modo da ammorbidirne le setole, diede una scossa brusca all'altro pentolone. Lo trascinò sotto alla trave, dove di lì a poco avrebbero appeso il cadavere a scolare per un giorno e una notte, aperto longitudinalmente e sviscerato, per poi segargli le ossa e spiccargli via l'enorme testa dalle minuscole orecchie pendule.

Fu Gavioli, mentre preparava acqua tiepida e aceto per metterci a macerare le budella, a far caso ai bambini che stavano raccolti a semicerchio attorno al cruento rituale: «*N'è minga ora c'andadi a scùala?*» Non è mica ora che andate a scuola?

«*L'è bèla tārd...*» rispose pronta la Solidea. Ormai per la scuola si era fatto tardi.

«*T'gh'iv da badāræg' tè a to fradēl e a to cuzèin. Incō nuàtar a'n gh'em minga tèimp!*»

Doveva badarci lei ai piccoli che loro non avevano tempo: i modi sbrigativi della nonna come al solito la ferirono, ma la Solidea non rispose. La Liuba la tirò di lato: «Andiamo da me, *mo sèinza chi mas'c*».

C'erano delle volte che la Liuba dei maschi non ne voleva sapere.

A Embro piaceva giocare alla conta con sua sorella, soprattutto quando la coronava col solletico. Lui allora si buttava a terra e si sganasciava dalle risate.

Ambarabà ciccì coccò
tre civette sul comò
che facevano l'amore
con la figlia del dottore
il dottore si ammalò
ambarabà ciccì coccò!

Non erano tanto le parole a farlo ridere, ma le mani della Solidea che partivano veloci come topolini in direzione dell'incavo delle sue ascelle non appena veniva pronunciato l'«ambarabà ciccì coccò» conclusivo, infilandosi poi sotto la canottiera a fare ghirighiri con l'indice che si contorceva come un uncino impazzito. Rideva fino allo sfinimento.

Gli piaceva anche costruire motori col filo di ferro. Evro gli aveva insegnato la tecnica. Embro, col suo filo fra le mani, osservava quelle del cugino piegare il materiale con maestria, docile fra le sue dita, e ormai lo imitava in tempo reale. Era bravo anche a fare castelli: fintanto che era morbida, li modellava con l'argilla intrisa di conchiglie che Secchia in piena depositava, li lasciava seccare e dopo li nascondeva sotto al letto, per custodirli. Erano costruzioni elaborate, irte di torri merlate, per le quali prendeva ispirazione dalla torretta della Villa dell'Orologio e dai comignoli arzigogolati di Casa Galavotti, lungo la via di Sotto. Le belle volte che la sorella lo aveva ritrovato davanti a quelle case intento a tratteggiarle col lapis su un quaderno di scuola. Era portato per il disegno: aveva cura del dettaglio e riusciva fin da molto piccolo a restituire un realistico senso della profondità. Castel dell'Oro però, poco oltre la Villa dell'Orologio, lo aveva deluso: con quel suo nome gonfio di promesse che lo faceva sognare di austeri nobili ricoperti di pietre preziose, era in realtà solo una grande casa colonica, la cui antichità – una stele nel muro la faceva risalire al 1575 – non bastava a rendergli soddisfazione.

Nella primavera del '43 il bambino d'improvviso si ammalò e dovettero chiamare il dottor Benatti, con la scura barba lunga e l'aria sempre corrucciata.

«*Dag la purga. I aran magnè di pòm azérub...*» badava a dire. Per lui la soluzione era sempre la purga: stavolta dava la colpa alle mele acerbe. Ma il rimedio fu inefficace e, con grande sacrificio economico, Ettore e la Nadina furono costretti a rivolgersi al dottor Lucchi di Disvetro che disse così che Embro aveva la nefrite e lo fece ricoverare in ospedale a Modena. Lì, mezzo nudo su un bancone di marmo, lo fecero aspettare tanto di quel tempo che si ammalò anche di polmonite. Poco dopo prese perfino il morbillo. Intanto Ettore era dovuto rientrare in caserma. Riusciva a chiedere giusto qualche ora di licenza per andarlo a trovare alternandosi con un portinaio amico di sua sorella Ines che, all'epoca, si era già trasferita in città. Embro era nel reparto malattie infettive da solo, in camera con una bimba che stava morendo. Temevano anche per lui. Dalla campagna le visite erano rare: la Nadina poteva assentarsi poco perché c'era da lavorare sia fuori che dentro casa. Si muoveva come ipnotizzata, la faccia scura, scavata. Un giorno allora ci andò la Rosa Pacchioni insieme con la Solidea. Appena lo videro, si accorsero subito che era cresciuto troppo in altezza e che era tutto gonfio in faccia, nelle gambe e nelle braccia. E non dava segno di migliorare. Tanto che la vedova Reami firmò per portarlo a casa. Allora la Nadina si decise ad andare a chiedere consiglio alle erbarie.

Quando entrò trovò l'Armida che si stava tingendo i capelli col mallo di noce. Erano così folti e lucenti che la Nadina non riuscì a trattenersi dallo sfiorarglieli. L'altra non si ritrasse.

«Embro sta male: è tutto gonfio e ha del sangue nell'urina.»

L'Armida girò la testa verso di lei, con delicatezza perché la tinta non le colasse lungo la nuca. Accennò un sorriso. Gli occhi, ora presenti, sapevano di buono. Si alzò dalla seggiola, tese una mano alla Nadina e la fece sedere.

Prese posizione alle sue spalle e cominciò ad accarezzarle lievemente i capelli, che erano sottili, scialbi e senza volume. Si arrestò di colpo, avvertendo nella capigliatura dell'amica un grumo che sembrava un vortice intricato: «Qualcuno ti ha lanciato una fattura».

L'altra ebbe un sobbalzo impercettibile: «Non ci credo mica io a queste cose».

«Servono tre gocce d'olio d'oliva per levarlo.»

L'Armida continuava come se l'altra non avesse parlato. Intanto stava versando dell'acqua in una scodella, poi estrasse un boccettino e ci fece cadere tre gocce di numero. Come perle dorate, restarono intatte per un tempo brevissimo rotolando sotto la superficie dell'acqua e infine s'infransero spandendosi nel piatto. La donna si fece seria e mormorò con gli occhi socchiusi: «Gli altri te l'hanno dato, io te lo prendo».

La Nadina guardava a terra poco convinta, ma la lasciò

fare. Avrebbe desiderato continuare a sentire il contatto delle sue dita sulla cute, come se i pori dell'Armida potessero aspirarle via tutta la spossatezza.

«Raccogli delle ortiche e preparagli un decotto, per cominciare a sgonfiarlo. Poi dategli da mangiare senza sale, tanta frutta, prugne più che potete.»

Una notte la Nadina sognò di nuovo la donna dal viso sottile e la carnagione olivastra. Intravedeva i suoi capelli voluminosi, nerissimi. Stava seduta su una sedia, col viso triste e non muoveva la bocca. Eppure la Nadina la sentiva chiamare. «... beertoooooo... tiiinaaaaa...» La figlia, alle sue spalle, le cospargeva i capelli di un olio profumato e cominciava a intrecciarglieli. Nelle pieghe delle ciocche le infilava dei fiori freschi, che erano campanule. Il volto della madre rimaneva impassibile, ma la postura del suo corpo era docile. Abbandonata. Corde e funi pendevano dall'alto senza che se ne potesse scorgere l'origine, perché era buio. Un buio sfrangiato dal fioco lume di una candela, che vibrava nelle onde sonore di quelle sillabe strascinate in sfibrato richiamo.

3
Come la luce dai sassi

Proseguendo lungo Secchia verso Po, la campagna era tutta una larga distesa di filari monotoni, inframezzati da siepi studiate per tenere lontani gli insetti infestanti. Superato San Giacomo in Roncole e lasciata alle spalle anche la cittadina di Mirandola, si giungeva a un minuscolo borgo di case chiamato Santa Giustina Vigona.

Lì abitava l'Umbertina Smerieri.

Stava in un casalone massiccio a due piani, con le finestre regolari e gli scuri usati dai contadini: assi di legno scanalate in orizzontale sull'interno, incollate a lunghe liste verticali che davano sul cortile, a scaldarsi di sole nell'afa estiva e a riempirsi d'acqua nelle piogge insistenti delle primavere e degli autunni padani.

La ragazza era rimasta con la sorella Vanda e i genitori. Dai fratelli partiti a soldato arrivavano notizie rade e incerte. Ernesto Smerieri e la moglie Maria Molinari avevano cresciuto i loro figli nella dignità e nella giusta coscienza, rifiutando la srufianata ai padroni. Detestavano l'arroganza e le porcherie commesse da chi in due e due quattro si era fatto signorotto, alleandosi con gli agrari. Nonostante questo, erano riusciti a tenere la miseria fuori dalla porta, anche se giusto sulla soglia. L'Umbertina pativa la mancanza dei fratelli, l'ansia malcelata dei genitori la rattristava, le bombe piovevano ormai anche sulla Bassa; rimaneva in lei tuttavia intatta la natura del guizzo.

S'innamorò ed ebbe un figlio. Si trasferì alla Mirandola, in via Spalti, per trovarsi un lavoro senza pesare sulla famiglia, ora che era nata anche la sua creatura. Il 25 luglio del '43, nella cittadina ai confini col Mantovano, un'esplosione di gioia smisurata accompagnò la notizia che il fascismo era finito e il duce era stato arrestato, le strade del paese piene di gente in festa, tanta come non ne aveva mai vista. Passavano studenti in bicicletta con le ragazze caricate sulla canna e urlavano a squarciagola: «Viva la libertà!»; una folla di persone aveva tirato giù il fascio dalla facciata del municipio mentre in piazza erano partiti i canti e la gente ballava inventandosi ritmi sotto le melodie arrugginite che nessuno da tanto tempo aveva più osato intonare. Alla mensa delle elementari alcuni scolari si erano messi a tirare delle mele contro i ritratti del re e di Mussolini appesi alle pareti, le maestre non erano state capaci di contenere quell'esuberanza né forse ci avevano provato.

Il giorno dopo già verso sera, alla trattoria della Motta, entrò un vecchio che, appoggiata la bici sotto al portichetto della chiesa, cominciò a raccontare tutto quel che aveva visto alla Mirandola. Non stava nella pelle a portare notizie che in quell'angolo remoto di terra erano ancora fresche e succulente. Infatti i pochi cameranti seduti a tavola, con le facce bitorzolute e la palpebra mezza calata, sollevarono la testa dal tavolo e imitarono quello che, più lesto degli altri, aveva alzato il calice macchiato di vinaccia esclamando: «Morte al fascismo! Evviva la libertà!».

L'Anita era l'unica a non condividere il diffuso entusiasmo: «Non capite mica niente...» mugugnava fra sé e sé.

Volendo far colpo anche su di lei, il vecchio si avvicinò al bancone e le bisbigliò: «Fuori dal liceo, due professori dei *nostri* si son puntati sulla giacca il distintivo dei comunisti».

L'Anita lo guardò scettica: «Quali *nostri*, Venanzio? Non vi ho mai sentito difendere i diritti di nessuno che non li avesse già...».

Lui ci restò male, ma abbozzò: «La falce e il martello, signorina. È segno che ormai non sono più simboli proibiti».

«Se lo dite voi... Stiamo a vedere.»

Al Baraccone qualcuno si azzardò perfino, dopo varie caraffe di vino scivolate sui tavolacci di legno, a intonare la prima strofa del Neva sull'aria della *Canzone del Piave*:

La Neva contemplava
dalla folla umile e scura
il pianto silenzioso e la tortura.
La plebe sanguinava
come Cristo sulla croce
svenata dalla borghesia feroce
che non paga di forche e di Siberia
volle ancor la guerra alla miseria.
Ma sorse alfin un uomo di coraggio
che infranse le catene di servaggio

e sterminò le piovre fino a fondo
quell'uomo fu Lenin liberator del mondo.

L'allegria si consumò rapida e, dall'entusiasmo liberatorio delle prime ore, ci si dovette ben presto rendere conto che la vita materiale procedeva grama, con le braccia buone che rimanevano lontane dalla terra. Arrivò anche l'8 settembre, salutato alla Motta dalle campane che si sentivano suonare fin dalla chiesa di San Possidonio. Le persone si guardavano stupefatte in quel mercoledì dall'aria ancora mite, anche se finalmente meno afosa. Se Don Bussetti suonava le campane fuori dalle feste comandate, era segno che qualcosa era cambiato per davvero.

Quel giorno la Zaira uscì presto fuori e vide che sul limitare dell'orto era germogliato lo stramonio. Lo aveva annusato nell'aria già dalla notte precedente, quando una zaffata acre era penetrata dalla finestrella socchiusa del casotto e le era sembrato di vedere, coi suoi occhi ancora assonnati, la sagoma di sua madre Isaura che la fissava con lo sguardo arcano delle donne antiche, che vegliano i confini fra la vita e la morte in una premura che è gelosa scorza. *Datura stramonium*, un seme che l'Isaura non mancava mai di portare con sé e che aveva donato alla figlia in punto di morte, raccomandandole: «Quando avrai un posto tuo, seminalo vicino. Crescerà al momento del bisogno».

Una frase sibillina a cui la Zaira aveva ubbidito senza farsi domande, conservando il seme nascosto nella vecchia casa di Finale e poi negli anni della precarietà a Cavezzo. Lo aveva piantato solo alla Motta, non appena la Strulghina l'aveva portata al capanno. Undici anni addietro. Il seme si era conservato celato nell'umidità per tutti quegli anni, così silente che la Zaira se ne era dimenticata. Per germogliare solo quel giorno. Uscì fuori certa che la madre fosse tornata con loro. Latenza pregnante, decisiva come mai aveva saputo essere finché era vissuta.

Pochi giorni dopo l'armistizio due degli Smerieri, Angelo e Ruggero, tornarono a casa. Antonio invece era prigioniero in Germania. A tavola così si ritrovarono in sei, e Umbertina aveva con sé il piccolo Almo che la fiutava dall'odore e si rasserenava nel sentirla vicino. Ma presto le brigate nere vennero a reclamare i giovani uomini e anche i suoi due fratelli dovettero entrare in clandestinità.

I tedeschi furono rapidi a riorganizzarsi. Il 4 ottobre si insediavano nella Bassa due dei sei comandi di presidio locale della provincia: uno a Finale Emilia e l'altro a San Felice sul Panaro.

Le campagne si ripopolarono di giovani uomini in fuga, scappavano da un esercito in cui erano entrati già estranei. Le contadine li nascondevano a dormire fra le balle di fieno nella barchessa, gli davano da mangiare, delle calze pulite e una camicia. I più anziani li caricavano sulla canna della bici per toglierli dalla strada e indicavano loro i sentieri meno battuti in mezzo ai campi. I bambini ben presto familiarizzarono con queste figure fugaci, imparando a dissimulare la curiosità.

L'Umbertina aveva cambiato diversi mestieri alla Mirandola, finché una zia le mandò a dire che cercavano per servire i pasti alla caserma fascista. In mezzo a tanta incertezza quello sembrò alla ragazza un lavoro sicuro e accettò. Lì imparò a conoscerli bene, i fascisti – la loro tracotanza ottusa, la sete di sangue, il disprezzo per ciò che rifulgeva armonia e gli rimandava la loro immagine grottesca. Il cuore allora le pompava sangue fino a toglierle il fiato per la paura e l'orgoglio dei suoi fratelli entrati nei partigiani.

Le veglie nelle stalle continuavano svuotate di ragazzi, fra i muggiti svogliati delle vacche sempre più magre e le sfregate delle loro lingue ruvide a leccare l'acqua per sorseggiarla rumorosamente. Anche dai Cavalieri a illuminare le notti che si andavano allungando si usava il carburo, poiché il petrolio scarseggiava e occorreva fare economia. La Solidea amava annusare quelle pietre dall'odore intenso che, una volta immerse nell'acqua, sapevano diventare luce grazie a un ammennicolo simile a una caffettiera, ma che in realtà era una lampada che irradiava comete. Sembravano sassi ma quando li frantumavi per immergerli nel liquido vedevi che contenevano un cuore nero fatto di minuscoli cristalli. Per far funzionare la lampada ad acetilene, il nonno avvitava i due cilindri schiacciando, con le spesse dita dalle unghie terrose, la superficie metallica annerita dall'uso, poi cominciava lentamente a girare il piccolo sfiatatoio collocato al centro per far uscire l'aria dalla camera sottostante, evitando così di provocare esplosioni. A quel punto avvicinava un solfanino al beccuccio del cilindro superiore e la fiamma s'innescava come uno zampillo. La Liuba, che delle volte arrivava sola e delle volte con sua madre, s'incantava a guardare il beccuccio tagliato lungo il diametro, che improvvisamente cominciava a scoppiettare come un ciocco di legna nel camino per poi trasudare una fiammella larga e piatta, che sapeva di aglio.

Era una sera di metà ottobre e nella stalla l'odore pungente del sisso era attutito da quello fresco delle mele campanine che il nonno stava offrendo a chi era venuto in filò, sotto lo sguardo muto e indecifrabile della moglie Mitilda. Si sentiva la necessità di stare vicini, di vedere gente, e la casa continuava a brulicare di persone, nonostante l'assenza dei maschi adulti.

«Una mela al giorno leva il medico di torno» commentava il vecchio Gavioli mentre Giovanni Battista distribuiva in meccanica ospitalità i frutti dalla buccia verde e sottile, che avevano assorbito l'ultimo sole dell'estate. Una patina gli velava lo sguardo di fatica. Tossiva già parecchio, nonostante l'autunno fosse soltanto alle porte. Dei suoi figli non aveva più avuto notizie certe. Guardava la Dolores insieme alle cognate sferruzzare calze con gli scampoli di lana e si aggrappava a quell'ultimo lembo di consolazione.

Pochi giorni prima, di mattina, mentre tutti gli altri erano in campagna, la figlia era in cucina che preparava la pastella, quando era arrivata la postina con una lettera per lei. La Dolores l'aveva aperta e aveva cominciato a piangere: il marito l'avvertiva che lo trasferivano come prigioniero in California. A dimostrazione di tatto, il vecchio Mantovani aveva cominciato a contarla così: «Anche il nostro Borsari è arrivato fino in California. C'erano le Olimpiadi – era il 1932 – e lui portò a casa la medaglia d'oro. Me la ricordo ancora la festa che ci fu in paese. Erano allori ma la strada per arrivarci era stata dura. Aveva navigato diciassette giorni e quando uscì dalla nave aveva il colore di un cencio sbattuto. Guardò la sua bici con le gambe ancora tremanti – credeva che il dondolio che faceva ondeggiare tutto il mondo intorno non sarebbe finito mai più – ma quelle forme gli diedero la forza. Come le curve di una donna. Per Nino la bicicletta era ancora meglio di una donna...».

Giovanni Battista lo guardò severo, ma dentro di sé pensava che almeno non si erano messi a parlare di politica.

La Dolores ascoltava Mantovani senza battere ciglio, la voce incartapecorita dell'uomo per lei era una litania pronunciata in una lingua sconosciuta, ma dentro sentiva le ossa sgretolarsi, come se non potessero più reggerla in piedi.

La Nadina le si avvicinò, con la scusa di vedere con che punto stava facendo la maglia, e le appoggiò la mano su un braccio: «*Fàt curāg*». Fatti coraggio. Anche di suo marito Ettore non sapevano più nulla, ma lei sentiva che il suo dispiacere andava addomesticato. All'8 settembre lui si trovava a Pievepelago, nell'Alto Appennino Modenese, dove era stato richiamato per l'addestramento estivo. Lei si faceva forza nel sostegno a quella cognata che le era sempre sembrata buona e al pensiero che bisognava stare unite: dei sette fratelli Cavalieri che l'articolo fascista esaltava nei primi giorni di quell'anno, ora di Pìpi e Moris, partiti militari a Trieste, non sapevano più nulla, Gino era prigioniero in Grecia, Bruno era militare nel Montenegro, Solideo lo obbligavano a fare il ciabattino in un campo di lavoro in Germania, come i mariti delle sue sorelle, l'Olga e la Pina, che si era sposata anche lei, giovanissima. Suo fratello Umberto era in ospedale a Milano, dopo essere tornato dalla Russia coi piedi congelati. Erano troppe disgrazie tutte insieme e allora l'unica era farsi forza. Guardò sua suocera Mitilda che continuava a cucire logori calzini, pescati in insondabile ordine da una cesta collocata ai suoi piedi. Non apriva bocca, ma l'aria intorno era intrisa della sua oscura presenza.

«Libro e moschetto, fascista perfetto!»

Zenone del Cantone era entrato all'improvviso. Giovanni Battista inarcò le sopracciglia e sollevò lo sguardo dalla lamina di fuoco che scaturiva dalla lampada per posarlo sul conterraneo, che come al solito era riuscito a farsi offrire da bere da qualche contadino dei dintorni e si era presentato nella stalla già ubriaco. Ma il vecchio non disse nulla e la repentina tensione, che per un attimo aveva paralizzato il piccolo crocchio, si allentò. Alla Rosina scappò un sorriso.

«"*Eia!* Credere, obbedire e combattere"... e stare freschi!»

A parlare era stata l'Anita che fece irruzione nella stalla con la sua solita baldanza:

«*L'ag mancāva lìa...*» commentò sarcastico il vecchio Cavalieri. Ci mancava giusto lei.

«Stasera all'osteria non veniva nessuno e abbiamo chiuso presto» fece l'Anita di rimando, fingendo di non aver notato il tono ironico. Cercò la Rosina con gli occhi e, intravedendola, le fece un allegro cenno di saluto.

«Come ci voltiamo, leggiamo le massime del duce sui muri delle nostre case, "Meglio vivere un giorno da leoni che cento anni da pecora", "I signori e i contadini giuran fede a Mussolini"... Quante ce ne hanno provate a infilare in testa fin da quando eravamo piccole italiane e figli della lupa?! E ora guarda qua: i nostri fratelli abbandonati a loro stessi non sappiamo nemmeno dove e noi che continuiamo a vivere nella miseria, chi meno chi più!» E su queste ultime parole, lo sguardo le si posò sulla schiena curva di Luppi Silvestro, che non aveva mai avuto un suo pezzo di terra e aveva perso i due figli maschi quando erano braccia forti da lavoro, caduti nella Grande Guerra.

Giovanni Battista questa volta non la zittì. Si limitò a scuotere la testa, continuando a fissare la lampada a carburo con sguardo vitreo. La Solidea non ricordava di avere mai visto il nonno così preoccupato. La Liuba la prese per mano e la portò fuori, nell'aria tersa che sotto la barchessa profumava di mele campanine. La tirò fino alle cassette e le chiese se poteva prendere un altro pomo. La Solidea temeva che il nonno si arrabbiasse se l'avesse scoperta a dare mele in giro senza il suo permesso, ma sapeva che la Liuba qualche volta saltava i pasti. Negli ultimi tempi l'Armida era ripiombata nel suo pozzo distante; il fulgore che si era visto balenare di nuovo in lei per qualche tempo era già appassito. La Solidea affondò la mano nella cassetta e ne trasse una mela rotonda e levigata, che porse all'amica:

«La mangi dietro casa però... Andiamo là in fondo». E si sedettero nell'erba fresca al buio, con lo sguardo rivolto verso il Pioppeto degli Zingari, ormai disabitato. Di lì a poco avvertirono un fruscio nell'erba, come di serpe. Istintivamente la Liuba gettò il torsolo di mela, non ancora rosicchiato fino in fondo, in mezzo al campo. Non voleva compromettere l'amica.

«*To fradēl al'gà d'bisógn, Solidea.*»

Era il cugino Evro con Embro per mano, che si sfregava gli occhi mentre i riccioli biondi già lunghi gli dondolavano sulle spalle. Si vergognava a far vedere che aveva pianto, quando si era accorto che sua sorella non era più lì con gli altri.

«Sedetevi qua con noi, ma fate piano» disse lei.

«Cosa state facendo?» domandò Evro.

«Giochiamo alle zingare» rispose la Liuba.

«Se volete potete anche giocare con noi.»

Ed Evro tirò fuori, come un bottino prezioso, le sue biglie d'argilla. Ne aveva giusto quattro e quel giorno con Embro avevano scavato una pista lunghissima, con le gallerie e le cunette.

Intanto nella stalla, l'arrivo dell'Anita con le sue buttate aveva galvanizzato Zenone, che stava rincarando la dose:

«"Se avanzo, seguitemi." Parola del duce. Qual è stato l'onore di dichiarare guerra alla Francia che cadeva a pezzi tre anni fa? E gli "otto milioni di baionette" che dovevano "spezzare le reni" alla Grecia chi le ha più viste? E adesso che non si capisce più niente da che parte ci tirano? Avanzar così si finisce tutti annegati in fondo a Secchia.»

«E chi ci viene a salvare, Zenone, i comunisti?» Era stato il vecchio Mantovani a parlare.

«Se dobbiamo aspettare che ci salvano i democristiani stiamo freschi» intervenne l'Anita, che sembrava non aspettare altro.

«Per paura che i bolscevichi portano l'amore libero, i cattolici danno un colpo al cerchio e quell'altro alla botte, così alla fine stanno fermi» rincarò la dose Zenone.

Il vecchio Gavioli tossicchiò la sua disapprovazione: «Mi sembra che la signorina si dimentichi i socialisti...».

«I socialisti» intervenne inaspettatamente Giovanni Battista: «*Al più zōven di socialést t'e tè, Gavioli...*». Il più giovane sei tu.

Il vecchio Mantovani sembrava ancora risentito per

le affermazioni dell'Anita: «Noi cattolici saremo anche come dite voi, ma le foto del duce, del papa e del re in casa, io non le ho mai messe... è vero?!»

«Voi... Ma quanti bigotti han fatto buon viso pur di non far venire avanti i comunisti?!»

Quella ragazzina aveva la lingua troppo lunga, pensò Giovanni Battista: «*L'è ora c'at vāg a cà ve', Anita, che po' dop to pēder l'um szìga drē a mè.*»

La stava mandando a casa, con la scusa che suo padre se la sarebbe poi presa con lui, se lei avesse fatto troppo tardi. La ragazza si zittì. Aveva troppo rispetto del vecchio Cavalieri per controbattere, ma non le era sfuggito lo sguardo ammirato della Rosina alle sue esternazioni. Anche Luppi aveva seguito i suoi discorsi, pur non avendo proferito parola.

«Se poi non vi piacciono i comunisti, ci son sempre quelli del Partito d'azione» intervenne di nuovo Zenone.

«See... aspetta e spera. La pianura a quelli lì ci piace poco. Dicono che la rivoluzione bisogna farla sui monti, che qua siamo troppo scoperti!»

Fu una voce sfibrata che proveniva dall'ingresso della stalla a pronunciare quelle parole. Giovanni Battista girò la testa di scatto e la Nadina sentì le viscere che le si annodavano nella pancia. La porta incorniciava un corpo scuro di cui non si distingueva bene la forma né tanto meno i lineamenti del viso. Il vecchio Cavalieri allungò il braccio per alzare la lampada verso l'entrata e dare un volto a quella voce familiare. Era Marcòun. Giovanni Battista sentì un magone alla gola che gli accorciò il respiro, ma riuscì a dire: «*T'a fàt bèin a gnir a cà che catār un quèlchidoun c'al gāva vóia ad lavurār chè l'è sèimper più dūra!*». Hai fatto bene a venire a casa che qui trovare qualcuno che abbia voglia di lavorare è sempre più difficile.

Con quell'ironia istantanea era riuscito a spingere giù l'umore liquido che sentiva sgorgargli dalle ghiandole lacrimali. Aveva poi detto la verità: nessuno lavorava come Ettore in campagna. Fu la Rosina la prima a scattare in piedi per correre ad abbracciare suo fratello, che era venuto a piedi da Pievepelago seguendo le campagne lungo Secchia per oltre quattro settimane, nascondendosi nelle case dei contadini e lungo l'argine, fra gli olmi, per non farsi trovare dai nazifascisti che avevano già richiamato nell'esercito i nati nel 1913. Aveva il volto scavato, butterato di fame e fatica, i piedi rotti che gli sanguinavano dentro le scarpe consunte, ma sorrideva coi denti anneriti dal fumo. Guardò la Nadina e le fece un gesto rapido di saluto, alzando la mano sinistra e poi, abbassando lo sguardo, chiese notizie dei suoi figli: «*In du' ēl Embro? E la Solidea?*».

4
Rossa la neve

A percorrerla a volo d'uccello, la Bassa continuava a sembrare avvolta nei suoi cicli atavici, discreti e silenti, ma il buio risvegliava quelle voci che, nelle veglie delle stalle, si consolidavano in nuove urgenze palpitanti. La spontaneità con la quale nasceva il gesto umano fra gli umili aveva spinto la nuova Repubblica sociale a puntualizzare, all'articolo 2 del decreto di Mussolini per la presentazione degli sbandati, che chiunque avesse dato rifugio, fornito vitto o avesse prestato assistenza a quelli che ci si ostinava a considerare disertori sarebbe stato punito «con la pena di morte mediante fucilazione alla schiena». E nei mesi successivi le chiamate per l'arruolamento fioccarono. Tanto più incalzanti quanto più si andava diffondendo la renitenza alla leva. La prima, col bando del 9 novembre 1943, coinvolgeva i nati nel '23, '24 e '25. Fra i partigiani mancavano le armi, al di là delle poche raccattate in giro subito dopo l'armistizio, anche perché gli Alleati non avevano piacere di passarle ai garibaldini. Fu così che i dirigenti del movimento colsero la palla al balzo e fecero entrare nelle file dei repubblichini alcuni ragazzi che avevano il compito preciso di approfittare del primo momento buono per impadronirsi delle armi ed eclissarsi.

La mattina del 1° novembre 1943, al risveglio, anche gli abitanti della Motta di Cavezzo, come accadde a quelli delle zone di San Possidonio e Concordia, trovarono le mura di molte case coloniche cosparse di manifestini bordati coi colori della bandiera nazionale, pubblicati dalla Federazione comunista modenese. Uno era stato affisso anche sulla Cà Granda. Giovanni Battista lo notò immediatamente e, dopo averlo scorso, lo strappò dal muro e se lo infilò in tasca. Raggiunse Ettore, che era già al lavoro nella stalla, e glielo aprì davanti agli occhi, interrogandolo con lo sguardo. Il figlio non ebbe bisogno di leggerlo e abbassò la faccia:

«*Chi fā ed' so tèsta, pāga ed' só bisāca*» gli disse solo il padre. Chi fa di testa sua, paga di sua tasca. Non era un rimprovero, era una constatazione. Ettore si sentì attraversato da un brivido, ma era d'orgoglio. La paura sarebbe arrivata dopo.

Alla trattoria del Baraccone quella sera era andato anche Egidio. Stanco di stare nascosto, aveva deciso – per una volta – di fidarsi della sua gente. Si era seduto al tavolo col maestro Salesio Manicardi, che subito aveva comandato una brocca di vino per festeggiare l'incontro con quello che era stato uno dei suoi alunni più vivaci. Come al solito Manicardi cominciò a parlare di scuola e immancabilmente tirò fuori la maestra zoppa della classe accanto, «fascista fino al midollo», così perfida che approfittava del suo ruolo e faceva dispetti agli alunni, soprattutto quelli più poveri che non avevano nessuno che andava a protestare per loro.

«Son sempre bei ricordi» osservò Egidio «anche se c'era già della miseria e la scuola è durata troppo poco. Io a otto-dieci anni mi alzavo alle cinque di mattina per aiutare mio padre a mietere e dopo la quinta ho dovuto abbandonare gli studi.»

«*Al sò!*» esclamò Manicardi sbattendo il pugno sul tavolo. «Lo so! Non c'è mai stata giustizia!»

«Tessera o non tessera, si è sempre mangiato poco. Quel che c'era. Anche in tempo di pace. Al mattino, prima di venire a scuola, caffelatte col pane duro. E oltre che patiamo la fame, ci ingiuriano. Le belle volte da piccolo che vedevo il padrone sgridare mia madre perché si teneva un po' di latte per noi: tutto al casaro doveva darlo, secondo lui! Sfruttati e con la testa bassa. Ho visto mio padre farsi sputare in faccia da Minelli, quel fascista venduto ai padroni, perché aveva osato fare la cresta sulla frutta che avevamo raccolto noi. Noi, mica il padrone, *c'ag'gnīss un càncher*!»

Il giovane sfogava l'insofferenza mentre il vecchio provava ad arginare la sua perché sapeva che era tempo di ascoltare, che Egidio aveva dovuto patire parecchio per comprimersi quando lo avevano mandato a combattere dalla parte di quelli che, fin da bambino, non aveva mai fatto mistero di odiare.

«E adesso sono arrivati anche i tedeschi... fin dentro casa li abbiamo. Se ne vanno in giro come fossero i padroni di tutto, con una bicicletta per uno. E noi a costruircele coi pezzi di copertone e a spartircene una in cinque o sei...»

Alla radio intanto passavano le solite arie innocue, quando la trasmissione venne interrotta e si sentì la voce riaggiustata del duce repubblichino, più seria e meno tronfia di quella a cui aveva abituato il paese nei lunghi anni del regime. Stava richiamando i giovani alle armi.

Egidio sentiva salirgli il vomito dalla rabbia, mentre il maestro Manicardi sputava a terra, sussurrandogli: «*N'andārœg mìnga*». Non andarci. «Se tuo padre non ti vuole, ti nascondo io. Questa gente ha le ore contate e quelli come te hanno da fare il loro da un'altra parte. *Déghel a Mussolini*!» E sputò di nuovo per terra.

L'Anita stava asciugando i bicchieri e fece finta di non vederlo, ridendosela fra sé e sé. L'oste Bignardi invece lo apostrofò: *«'Scultā maestro, spudēr par tēra propria no, c'an sém mìnga in piāza.»* Non siamo mica in piazza qui.

«Alla tua, Bignardi. Verranno giorni migliori!»

Il maestro alzò il bicchiere colmo di vino rosso e Egidio lo imitò, facendo cioccare forte i vetri e guardando l'Anita, a vedere che faccia aveva in quel momento lei, la taverniera.

Quell'inverno la neve cadde copiosa. Il 26 dicembre del '43 era domenica e la Nadina volle arrivare fino al Bosco della Saliceta, come aveva camminato nove anni prima, quel giorno di fine agosto, con sua figlia dentro la pancia. Un tempo che d'un tratto si era fatto remoto. Sapeva che non ci sarebbe potuta entrare, nel Bosco, perché nella primavera precedente i tedeschi l'avevano occupato: l'ammasso denso di vegetazione era sembrato perfetto per costruirvi un enorme deposito di munizioni, circondato di baracche per le truppe e di bunker ricoperti di teloni e di rami.

Si alzò che l'alba era grigia ed Ettore era già uscito per andare nella stalla. Svegliò la Solidea e le disse di vestire suo fratello. Poi scese in cucina e preparò la colazione per loro tre. Si era accordata con le cognate Dolores e Giovannina che per quel giorno in cucina avrebbero fatto loro. Era stato un Natale triste, con la casa che sembrava disabitata e i bombardieri alleati che passavano sulla testa col loro rombo funesto. Quando suonava l'allarme, le persone si riversavano nelle campagne e la Motta si popolava di fuggiaschi. Gli aerei non risparmiavano neanche quei giorni di festa, ma non passavano mai la mattina.

Finito il caffelatte in cui avevano intinto il gnocco fritto rimasto dalla sera prima, la Nadina si era incamminata coi due figli verso il capanno delle erbarie. Quando erano arrivate, la Zaira era intenta a rammendare delle vecchie calze di lana mentre la Liuba stava grattando le piume di Seme con un vecchio pettine d'osso. L'Armida era ancora a letto.

«Buongiorno Zaira. Come andiamo?»

«Non c'è male, Nadina. E te?»

«Si tira avanti. Andiamo al Bosco della Saliceta. Dite che viene anche l'Armida?»

«Non le farebbe mica male prendere una boccata d'aria, a mia figlia... Liuba, chiama la mamma che così andate a fare un giro prima che tornano a passare gli apparecchi.»

La bambina, che appena erano entrati aveva salutato la Solidea e Embro con un festoso frullo della mano, corse dalla madre e cominciò ad accarezzarle i capelli. L'Armida si beò per un attimo nel delicato contatto, ma poi si ritrasse repentina, come impaurita:

«Sono io, mamma» le disse dolcemente la Liuba. «C'è qui la Nadina. Andiamo con loro a camminare? Prendo le scarpe.»

E si allungò verso gli scarponi dismessi che la signora Morselli aveva dato alla nonna.

L'Armida emise un rantolo ancora assonnato, scosse l'enorme massa di capelli corvini e stirò gli occhi a fessura. Scostò la coperta e si strinse nella leggera camicia da notte che lasciava trasparire il suo corpo asciutto. Appoggiò i piedi sul suolo e sembrò assaporare la terra che le entrava dai pori della pelle nuda.

Accennò un sorriso in direzione dell'amica. Si infilò delle calze spesse, un abito di fustagno, logoro ma variopinto, e lo scialle nero della Strulghina. Da sotto il letto, tirò fuori un paio di scarponi molto sfruttati e se li mise ai piedi. Salutarono la Zaira e uscirono. Due donne, tre bambini e un'anatra a lasciare le loro impronte diverse e regolari nel manto niveo.

Risalirono l'argine poi camminarono sul piano sottile del terrapieno, sprofondando gli sguardi nei Saldini innevati, immensa valle dimentica del fiume, vicino ma celato dietro la vegetazione fitta.

«Come mai ti è venuto in mente di camminare fino al Bosco?»

«Il partito dice che c'è bisogno anche di noi. Mio marito mi ha riferito che il mese passato sono nati i Gruppi di difesa della donna per dare una mano al movimento.»

«E noi cosa dobbiamo fare?»

«Quello che stiamo già facendo, ma con dentro la coscienza politica. Aiutare i ragazzi che non vogliono tornare nell'esercito, dargli da mangiare, nasconderli se c'è bisogno. E poi si vedrà, ce lo faranno sapere via via.»

«Chi te l'ha detto a te che io sono comunista? Mio zio è anarchico, lo sai bene. E mia madre non si è mai immischiata di politica. Ha sempre detto che porta solo magagne.»

«Sì, ma i tempi stanno cambiando per davvero questa volta. E poi, comunisti o non comunisti, se vogliamo mandare via i fascisti e i tedeschi bisogna che facciamo un tutt'uno.»

L'Armida la guardò scettica, sentiva solo odio. Odio per quella guerra che sembrava non scandalizzare nessuno, come se facesse parte delle cose. Era un mondo con cui lei sentiva di non avere niente a che fare e allora l'odio si sfaldava in un'apatia spossata. Spostò lo sguardo sui tre bimbi che procedevano chiacchierini, dentro quell'inattesa passeggiata nel biancore che li riconsegnava per un momento all'atmosfera ovattata dei loro primi Natali, quando la magia era ancora intatta.

«Perché ne parli con me, Nadina?»

«Perché te c'hai tutto l'interesse a che il mondo cambi.»

«E te no?»

«Sì-sì, anch'io.»

Non amava sottolineare le differenze che la mettessero in una luce da privilegiata e sapeva che l'Armida detestava essere compatita, perciò rispose secca, senza dare ulteriori spiegazioni.

Camminarono in silenzio fino al Bosco della Saliceta. Quando lo videro sullo sfondo, i bimbi cominciarono a correre scalciando la neve ancora farinosa che ricadeva sul manto fresco in una pioggia di briciole briose. Ignare. Le loro grida fecero fuggire alcune femmine di fagiano che stavano raccogliendo il mangime cosparso a terra, per darlo ai loro piccoli. Erano tremanti e guardinghe.

Le due donne e le due bambine procedevano con le gote e la punta del naso tutte arrossate. Embro aveva anche le mani paonazze di freddo perché da casa aveva raccolto la neve per lanciarla contro le più grandi, che si schermivano senza reagire visto che le madri avevano minacciato di riportarli subito a casa se si fossero azzardate a mettere in atto un qualche tipo di ritorsione. La Nadina tirò fuori dalla tasca del largo grembiule, che si era lasciata sul vestito per avere la pancia più protetta dal freddo, tre pagnotte di pane nero che aveva cotto quella mattina nel grande forno di pietra. Erano ancora tiepide e i cinque cominciarono a mangiarle in piedi, perché non avrebbero potuto sedersi da nessuna parte senza bagnarsi. La Liuba allungò un tozzo di pane a Seme. Avevano un'aria soddisfatta, addirittura felice in quella loro improvvisata complicità, lontano da tutte le creature, nel silenzio intatto della natura invernale che inesorabile ripercorreva i suoi cicli, come dimentica della guerra.

La Solidea guardò il sole alto nel cielo: «Lo zio Umberto mi ha insegnato a riconoscere le ore dal sole. Non è mica facile, perché cambia in base alle stagioni».

La Liuba tirò su con le spalle, come a dire che aveva capito o che la cosa non le interessava poi troppo. L'Armida, nel sentir nominare Umberto, avvertì come una scossa, uno spasimo di cui ebbe vergogna. Ma nessuno ci fece caso. La Nadina aggrottò le sopracciglia, pensierosa. Poi si rivolse alla figlia: «E che ora dici che abbiamo fatto, Solidea?».

«Sarà mezzogiorno.»

«Eh sì, ho paura anch'io che sia già mezzogiorno passato» disse la Nadina. «Tocca rientrare.»

Decisero di tornare passando dai paesi, desiderose di incontrare gente, ma quando furono a San Giacomo

Roncole notarono subito un crocchio di donne con gli sguardi sbigottiti, rivolti a terra. Piangevano silenziose. Trapelava solo qualche singhiozzo, un mugugno che non erano riuscite a reprimere. Istintivamente la Nadina si raccolse Embro in braccio mentre le due bambine si prendevano per mano, ancor prima di aver decifrato la scena che avevano davanti agli occhi. L'Armida si slanciò verso di loro, in affanno, per avvolgerle in modo che non potessero vedere. Ai margini della strada stavano cinque ragazzi impiccati con sotto, improvvisata su un cartone della latteria che era stato appoggiato a uno degli alberi da cui penzolavano, la scritta BANDITEN! Col punto esclamativo. Uno di loro aveva un rivolo di sangue coagulato all'angolo della bocca e un mantello nero appoggiato sulle spalle. La madre glielo aveva posato addosso durante la notte, temendo che potesse prendere freddo.

La neve era cosparsa di chiazze di sangue e l'aria gelida e immota era tagliata solo dai rari guaiti delle donne del paese. La Nadina, mantenendo Embro in braccio e pigiandogli dolcemente la testa nell'incavo della sua scapola, si avvicinò all'Armida che stava piangendo in ginocchio e abbracciava la Liuba e la Solidea, tremanti. La sfiorò con la mano sinistra, l'unica libera, e la fece sollevare con grazia, sempre accarezzando piano Embro per non farlo girare. Al contatto con la pelle dell'amica, l'Armida si sollevò meccanicamente. Le bambine la seguirono docili, come svuotate.

Si allontanarono verso casa, inghiottite nella linea piatta della pianura imbiancata.

5
Più terso ordito

Da quando c'era la guerra, di donne al capanno delle erbarie ne venivano anche più di prima e la Zaira le accoglieva tutte come se le aspettasse. Delle volte la trovavano intenta con l'erba muraiola a sgurare di buona lena i fondi delle pentole oppure a rammendare vecchi abiti. Ma lasciava sempre lì quel che stava facendo e tirava fuori dalla panara la focaccia, preparata con la crusca e il lardo, per scaldarla sulle braci; con la cicoria, che buttava via solo dopo averla usata per svariate moke, preparava un caffè stinto, che scaldava le budella e aiutava le contadine a distendersi.

Ogni nuova donna che metteva piede al capanno dapprima si guardava intorno spaurita, come se in mezzo ai boccettini dei medicamenti sparsi sugli scaffali in legno grezzo aleggiassero orecchie indiscrete pronte a sbraghirare, poi però l'aria diversa che circolava in quel luogo le avvolgeva: si soffermavano sui disegni ricamati dalla Strulghina lungo l'infinita coperta, sulle erbe appese a seccare alle travi basse, dalle quali proveniva un miscuglio di odori terragni che sanava il lezzo di cuccia imbestiolata che montava dalla paglia su cui dormivano le erbarie.

Se era in casa, l'Armida era abituata a prendere su e uscire, nemmeno la Liuba era autorizzata a rimanere da quando aveva cominciato a proferir parola. Nel momento in cui restavano da sole con la Zaira, le donne cominciavano a parlare. Prima piano, a sillabe frammentarie, poi a poco a poco il loro dire diventava un flusso che pareva non dovere più fermarsi, atavico fiume in piena. La guaritrice faceva fervere l'acqua e ci immergeva le ortiche lasciandole a bagno per diversi minuti. Quindi spegneva il fuoco e lasciava intiepidire il decotto per poi versarlo dalle ciotole sui loro capelli opachi. L'impacco li avrebbe resi più robusti e lucenti. A qualcuna che giungeva ancora tutta imbolsita dai catarri invernali faceva bere una tisana per purificarle i polmoni. Le congetture di chi le vedeva avventurarsi fino al capanno restavano fuori e le linguelunghe dovevano metterci molto del loro, perché dalle pareti di legno mai nulla era trapelato.

Nel 1944, la prima luna piena successiva all'equinozio di primavera era caduta l'8 aprile e le erbarie erano uscite a raccogliere gli asparagi. Sulla via del ritorno erano passate a bussare dai Cavalieri e la Nadina aveva allungato loro quattro uova che l'Armida si era infilata svelta nella tasca ampia del grembiale, ancora sozze della cacca della gallina. La Liuba era sovreccitata in quei giorni perché la natura sapeva di nuovo e lei lo sentiva il morbino circolare negli insetti e lungo i fili d'erba, nel trillo più argentino delle starne in corteggiamento, nell'accorciarsi delle pause dentro al monotono canto dei tarabusini e, verso il tramonto, nell'abbaiare gracidante delle nitticore che si levavano solitarie in cerca di qualche vermicello per i loro piccoli affamati, un frullo scalcagnato di note che la bimba provava invano a riprodurre mentre rientrava al capanno, conscia dell'imminente spegnersi del giorno.

Giunte a casa, la nonna versò poca acqua dalla damigiana panciuta e vi sciacquò delicatamente le uova che si fecero candide, poi mise a bollire sulla brace altra acqua in cui immerse gli asparagi appena colti. In pochi minuti il liquido trasparente si colorò di verde. La Zaira allora scolò gli ortaggi trattenendo l'acqua, nella quale immerse le quattro uova.

Si coricarono per la notte e l'Armida sognò un corpo nudo di giovane. Non lo distinse chiaro, eppure sapeva che era un uomo evirato, addormentato sul suo sangue. Lei era immobile nel sonno, ma avrebbe voluto seppellirne il pene divelto, per far germogliare la terra.

Si svegliò all'alba, madida di sudore. Andò a vedere le uova nel tegame, ormai tinte del verdognolo tendente al giallo che le verzure avevano sprigionato nell'acqua della bollitura. Chiamò vicino la Liuba, che ancora assonnata schiuse l'uscio per mandar fuori Seme a liberarsi e, non appena adocchiò le ovette, cominciò a emettere gridolini di stupore per il miracoloso trapasso cromatico avvenuto durante la notte. Ridendo, schiudeva la bocca lasciando intravedere la finestrella fra gli incisivi e in quel volto l'Armida leggeva i caratteri del padre lontano.

In quel momento la Zaira rientrò con un ramo di fiori di pero, bianchissimi e in totale apertura. Li posò sulla tavola, mentre l'Armida aveva raccolto le uova in una ciotola di terracotta. Le due donne cominciarono a strappare i fiori dal ramo facendoli piovere sulle uova, ben presto imitate dalla Liuba. I petali bianchi attutivano, così spalancati, la velocità di caduta delle corolle, che squadernavano i loro sottili pistilli coronati dall'antera fucsia, puntiforme, ritti come succulenti lapilli di linfa chiara.

«Ci sono quattro uova e noi siamo solo in tre, fece notare la bambina.»

«È segno che qualcuno arriverà, le rispose la nonna.»

E sul volto dell'Armida trascorse un brivido che le fece increspare le labbra.

Anche se c'era la guerra, i bambini continuavano a venire al mondo. Dai Cavalieri nel '42 erano nate la Deanna poi l'Oletta e nel '43 era arrivata la Marisa. La Nadina aveva aiutato tutte le sue cognate a partorire, aveva sempre desiderato studiare da ostetrica.

Un giorno la Solidea ricevette una bambola in regalo: gliela aveva portata sua zia Pina dal Piemonte, dove era andata per la monda. Da tanto che era bella non ci giocava nemmeno: la aveva adagiata sul cuscino rosso di una vecchia poltrona di vimini. La bambola chiudeva gli occhi a piegarla e aveva le labbra dipinte di un rosso carminio. Una domenica d'aprile la Deanna entrò nella stanza di nascosto e la fece a pezzi. Quando la vide, la Solidea non riuscì a dire nulla. Sentì solo un gran magone, che non andava più via.

Il giorno dopo, tornando da scuola con la Liuba e Seme, trovarono i tedeschi che avevano sbarrato il carradone verso la Cà Granda: «*Halt, raus!*». Capirono che lì non le volevano. «È casa nostra. Ci aspettano per mangiare!» provarono a obiettare.

«*Raus! Schnell, schnell!*» risposero spazientiti i soldati e puntarono la pistola addosso alle bambine, che si girarono indietro e tornarono sui loro passi con il peso di quell'arma dritta sulle schiene. La Solidea stringeva forte la mano della Liuba, che sudava.

Non fu l'unica volta che i nazisti entrarono alla Cà Granda. Capitava che venissero anche solo due o tre soldati, con la divisa sgualcita e gli occhi lustri, spesso la sera tardi. Svegliavano Giovanni Battista che mentre si vestiva bestemmiava: «*An sòun mìnga un lădar mè!*». Non sono mica un ladro.

Entravano in cucina con la rivoltella e volevano da bere e da mangiare, anche se le donne avevano già sparecchiato. La Nadina, la Dolores o la stessa Mitilda si mettevano a preparargliene e dicevano alla Rosina di non farsi vedere perché, con le ragazze giovani, le belle volte che allungavano le mani. C'era anche chi gli concedeva certi servigi senza farsi troppo pregare, ai tedeschi, come le figlie grandi della Stortina. La Solidea le aveva viste: davano confidenza ai soldati, ci scherzavano insieme e loro si prendevano delle libertà poi se le portavano via, in mezzo alla campagna. Ma la bambina ormai aveva capito che neanche i tedeschi erano tutti uguali. A casa sua ce n'erano spesso due che avevano deciso di entrare nei partigiani. Li aveva visti la prima volta una sera che si era svegliata con la gola in arsura ed era scesa in cucina per bere. Lì aveva trovato sua madre che, con l'espressione contrariata, stava mettendo l'acqua nel tegame per cuocere un poco di pasta per i due ragazzi: «Son pieni di pidocchi! Domattina ci tocca pulire la casa da cima a fondo, che non ne abbiamo già abbastanza da fare...» brontolava la Nadina.

Il più taciturno si chiamava Eric, bravissimo a mettersi con l'orecchio a terra e capire se stava arrivando qualcuno, quello chiacchierone invece era Franz e, quando alzava il gomito e si ubriacava, cominciava a bestemmiare in tedesco. Nessuno capiva cosa diceva ma tutti ridevano. Pian piano cominciò a imparare anche la lingua del posto e quando voleva aprire una bottiglia chiedeva il *tirabusòun*. Il cavatappi. I due tedeschi restarono nascosti alla Cà Granda per più di un anno. Fu con loro che i partigiani della Motta maneggiarono le prime armi.

Oltre alle mansioni militari, c'era poi da persuadere la gente che quella partigiana era la causa giusta.

Una sera ai primi di maggio dalla trattoria del Baraccone passarono due commissari politici di Mirandola. Si intrufolarono fra i rituali stanchi della sera, tenuti vivi dai vecchi che, unici fra gli uomini, potevano andare in giro con la faccia alla luce del sole, senza tema di essere accusati di diserzione e alto tradimento. Erano Arturo Galavotti detto «Mario» e il professor Roberto Serracchioli. Il primo era rientrato l'anno precedente dalla Francia, dove viveva dal 1937, dopo sei anni da espatriato in Algeria. Era stato inviato nella Bassa dal Partito comunista, nel quale militava da molto tempo. Il giovane professore bolognese invece era stato membro di Giustizia e libertà e insegnava filosofia a Mirandola solo dal 1942, ma si era già dato parecchio da fare per diffondere le idee liberalsocialiste fra gli studenti della borghesia locale. Negli ultimi tempi si era avvicinato alla frangia più libertaria dei comunisti.

Era ormai mezzanotte, quando l'oste Bignami uscì verso il tavolo dove il vecchio Sgarbi spigozzava con le palpebre cascanti gonfie di alcol: «Non hai mica bevuto a basta, Sgarbi?» gli disse forte per farlo scuotere.

L'altro rimbalzò indietro con la testa, come se gli fosse arrivata una tranvata dritta sulla fronte, e rimbrottò di rimando:

«Te vedi quel che bevo Bignami, *mo* non sai mica la sete che c'ho!»

L'oste però non volle sentir ragione: «Evita di far venir fin qui tua moglie a quest'ora. Che tuo figlio adesso non può mandarlo».

A sentir nominare il figlio, Sgarbi scrollò il capo e mandò un grugnito informe. Si alzò urtando rumorosamente il tavolo, spinse la sedia lontano con un calcio e raggiunse la porta a tentoni. La aprì sgarbatamente e se la lasciò spalancata alle spalle, continuando a sacramentare mentre si inoltrava nella campagna buia. Bignami, per nulla turbato, andò a richiudere lui e rientrò in cucina spostando i pendagli della piccola porta d'accesso.

Fu allora che Galavotti si approssimò all'Anita, che in piedi dietro al banco stava asciugando gli ultimi calici. La ragazza gli era stata indicata come soggetto sicuro, di famiglia antifascista. Durante la guerra era diventata un punto di riferimento per alcuni compagni, che comunicavano con lei dall'Africa o dalla Russia per chiederle notizie l'uno dell'altro. Le chiese se voleva distribuire dei volantini di propaganda partigiana lasciandoli cadere nelle aie della zona e lungo l'argine.

«Sì, va bene. Però passatemeli quando l'oste non ci vede.»

«Trovi un pacco nel cortile del mulino, qua davanti. Dietro la conigliera c'è un mattone che si sposta. Meglio se lo prendi quando esci di qui, che dai meno nell'occhio. Portati dei sassi quando spargi i volantini, così non volano via.»

Non si dissero altro e Galavotti evitò di tornare a sedersi. Fece solo un cenno col mento al compagno ancora seduto al tavolo, il quale versò il fondo di vino dal fiasco e alzò il bicchiere rapido verso il soffitto, per tracannarlo d'un fiato. Uscirono dall'osteria proprio mentre stava entrando Egidio, che, negli ultimi tempi, capitava in quel luogo più spesso di quel che l'usta doveva suggerirgli. Sulla soglia il giovane fissò i due compagni più anziani senza mostrare nessuna emozione. Non si salutarono.

Con la coda dell'occhio, Egidio seguiva i movimenti dell'Anita: le dita bianche e affusolate che prendevano i bicchieri dal secchiaio, uno a uno, e li asciugavano con uno straccio di tela grezza. Notando che il ragazzo non si avvicinava al banco, la taverniera depose il calice che aveva in mano e andò verso il suo tavolo. La trattoria era oramai vuota.

«È questa l'ora di arrivare che siamo stanchi e abbiam voglia di andare a letto?!» lo apostrofò.

«C'è un buio qua dentro che sembra di stare al cimitero» controbatté lui, senza risponderle.

«È per Pippo. Chiudere, Bignardi non vuole, fortuna mia, ma quando vede una luce Pippo bombarda. Mi ha anche fatto mettere la velina nera alle finestre.»

«Così state tutta sera all'orba. Andiam bene.»

«Vuoi del rosso?» gli domandò lei.

«Solo un bicchiere, non conviene che mi faccia vedere in giro.»

«Non c'è più nessuno...»

L'Anita rientrò dietro al banco, prese un calice fra quelli che aveva appena asciugato e aprì la spina della botte più grossa, fra le tre che stavano appoggiate alla parete scrostata. Ne scese un lambrusco schiumoso. Lo portò a Egidio:

«Sgaggiati a finirlo che vogliamo chiudere».

Lui la guardò accigliato, senza dire nulla. Sollevò il bicchiere e poi lo riappoggiò sul tavolo, senza berne. L'Anita si allontanò, irritata. Stava passando lo straccio sul bancone quando Bignardi mise fuori la faccia dalla cucina: «Va' a casa, Anita, che qua ci penso io. E cammina svelta, lungo i fossi».

La ragazza si tolse il grembiule azzurro e lo appese dietro il bancone. Egidio si sorprese a pensare che fra l'azzurro della stoffa, il crine biondo e il candore della pelle, lei sembrava un angelo, ma subito si rimproverò quel cedimento, in odor di clericale per giunta. Afferrò con foga il suo bicchiere di vino e lo bevve in un sorso. Si alzò di malagrazia e se ne andò senza salutare.

L'Anita aspettò cinque minuti – voleva ritirare il pacchetto da sola – ma quando uscì dal Baraccone, vide che Egidio si era messo contro la parete del mulino di fronte. Pareva un trampoliere, con un piede appoggiato a terra e un altro alzato, come se attendesse qualcuno.

«Cos'è che vuoi te, stasera?» s'inacetì lei.

«*Mo* cosa c'hai adesso? Non son neanche padrone di godermi un poco le stelle?!»

«Proprio lì ti dovevi mettere...»

«Qui o lì, il cielo arriva dappertutto e non c'è da pagar niente per guardarlo.»

«Devo entrare nel cortile del mulino. Ho avuto un incarico.»

L'Anita era conscia che non avrebbe dovuto parlargliene, ma sapeva anche che Egidio, con tutti i suoi spigoli e i suoi difetti, era un compagno, e di lui ci si poteva fidare. La infastidiva inoltre che la denigrasse ogni volta che poteva e voleva stupefarlo.

«Due compagni mi han lasciato da fare...»

«Proprio da te dovevan venire?!» esclamò lui, fingendosi incredulo, e collegando subito con il misterioso incarico assegnato alla ragazza la presenza di Galavotti e di quel suo compare con l'aria da signorotto. «Sarà che sembri una tedesca, dai meno nell'occhio!» sghignazzò.

L'Anita tirò su con le spalle: «Pensala come ti pare. Se non vedi che la rivoluzione ha bisogno anche di noi donne è ora che ti scanti».

«Le oche giulive fan male alla causa, diglielo ai tuoi amici borghesi.»

E se ne andò lasciandola infuriata: l'aveva aspettata lì fuori solo per farla innervosire.

L'Anita lasciò che si allontanasse ed entrò nell'aia davanti al mulino. Mancavano tre giorni alla luna piena e la notte era rischiarata. Adocchiò facilmente la conigliera e la spostò prestando attenzione a non fare rumore. Notò il mattone appoggiato nel muro e lo tolse. Il pacchetto era lì, avvolto nella carta da zucchero. Lo estrasse veloce e se lo infilò sotto la maglia, dove il cuore aveva preso a batterle all'impazzata.

S'incamminò verso casa: si sarebbe riposata un paio d'ore e poi avrebbe incominciato il suo primo giro di servizio.

6
In acqua di monda

La notte era più segreta alla Busa di Bambèin. Bastava uno spicchio di luna a ombreggiare la polla d'acqua trasparente con le sagome dei salici che crescevano lungo il suo greto. La sottile spiaggia fangosa si popolava allora di gracidii e strida di gufi di palude e barbagianni a intessere un'armonia misteriosa e dolente, alla quale, a intervalli imprevedibili che potevano durare pochi giorni o settimane, si accavallava una voce di donna:

«... beertoooooo... tiiinaaaaa...».

Chiamava così. Un mormorio dimesso eppur ostinato che avrebbe fatto accapponare la pelle, se qualcuno lo avesse udito. Ma il fontanile era ormai deserto. Fintanto che i partigiani non ne scoprirono lo strategico isolamento.

Ai primi di maggio del '44, anche Bruno Cavalieri tornò alla Cà Granda. Sbandato dall'esercito in Montenegro, era riuscito a fuggire e un pomeriggio entrò nella larga cucina col suo sacco scolorito in spalla, così impolverato che non si conosceva più il colore originario.

La Dolores e la Nadina stavano preparando la cena per la famiglia: «*T'a glà cavāda œnca te!*» esclamò la Dolores avvicinandosi al fratello e prendendogli le mani, incredula. Ce l'hai fatta anche tu. Si rivolse alla Nadina: «*Nina, va' a ciamār la mœma e la Malvina. Vin chè, Bruno, e met't a sìadar.*» Va' a chiamare la mamma e la Malvina. Vieni qua tu, Bruno. Mettiti a sedere. Prese una pagnotta appena tolta dal forno e gliela appoggiò davanti, dentro a una scodella, e intanto gli mescé un bicchiere di vino rosso. Bruno si guardava intorno a scatti, gli occhi resi più piccoli dalle nuove rughe del volto, come se non potesse ancora credere di essere tornato a casa sua. Addentò il pane e chiese come stavano le sue figlie.

Una settimana più tardi anche Gino arrivò stremato al Cavezzo. La moglie Olga nel vederlo entrare ebbe un capogiro e cadde per terra.

Pochi giorni dopo, Ettore trovò un furgoncino a noleggio, ci fece montare sopra Bruno e insieme passarono al Cavezzo a prendere Gino. Volevano arrivare fino a Trieste per andare a cercare i due fratelli più piccoli, Pìpi e Moris, i quali, partiti nelle file dell'esercito nazionale, si erano poi uniti coi partigiani titini della Jugoslavia e venivano ora richiamati a casa dal partito perché il movimento aveva bisogno di uomini, soprattutto di quelli capaci di maneggiare le armi, che potessero entrare nei gappisti. Ettore invece era già operativo come sappista fin da gennaio: si occupava della logistica, degli approvvigionamenti e di coinvolgere la popolazione dentro la causa di liberazione.

Visto che i suoi figli maschi stavano a poco a poco tornando a casa, Giovanni Battista decise che a giugno la Rosina sarebbe andata a fare la stagione come mondariso nelle Valli di Comacchio. Il vecchio era convinto che ci sarebbero state di nuovo braccia robuste per la campagna ed era preoccupato che i tedeschi prima o poi potessero importunare sua figlia sul serio. In risaia, a dire il vero, erano tante donne tutte insieme sì, ma al servizio dei caporali e dei loro sottoposti, che non erano certo da meno dei tedeschi in quanto a soprusi e ad allungare le mani. Ma questo il vecchio Cavalieri non doveva averlo saputo o forse, fra i due pericoli, aveva scelto quello che reputava da meno. La verità è che non c'erano opzioni.

La Rosina era alla monda da una decina di giorni, quando le venne il sangue. Non si era ancora abituata alle bisce che le strisciavano fra le gambe nude né alle sanguisughe né ai ritmi di lavoro massacranti dietro la macchina da battere che ecco arrivarle le regole. Non memorizzava mai a che punto si trovava del ciclo e ogni mese il sangue la coglieva impreparata. Lì in mezzo alla palude pullulante di zanzare, la Rosina si domandava ora come avrebbe fatto. A casa le capitava spesso di stendere sia le pezze quadrate con la frangetta, cucite al telaio e portate in dote dalle sue cognate, sia quelle più grezze ricavate da vecchie lenzuola, che usava chi, come lei, non era ancora sposata. Per chiuderle si usavano due spille o una cordina. Il sangue era ostico da tirar via e la mamma le aveva insegnato ad andare a stenderle dietro casa, più nascoste, dove nessuno le vedeva. Erano giorni ancor più tribolati del solito. Ora, lì in risaia, dove ci si portava poco cambio, toccava cercare una pozza isolata per lavar giù le pezze.

La Rosina si era emozionata a prendere il treno dalla stazione di Modena, dopo che da Cavezzo l'avevano accompagnata col biroccio gli uomini del reclutamento. Ma erano sempre in tante, ammucchiate l'una sull'altra, come se fare un viaggio in più fosse costato troppo e non ne fosse valsa la pena. Arrivata alle valli, rimase colpita dall'immensa distesa color verde metallico con immerse dentro quelle che di lontano le parvero tozze figure di donne in miniatura, alcune con gli enormi cappelli a gronda, altre coi fazzoletti bianchi, tutte con i pantaloni tirati su fino a metà coscia, che accorciavano la statura.

Scoprì che quello delle risaiole era un mestiere duro, svegliarsi all'alba e inforcare la bicicletta con la reticella sulla ruota dietro per non far impigliare la sottana nei raggi e poi stare immerse nell'acqua limacciosa in una cappa d'afa e di bestie piccole e fastidiose. Una fatica che la notte fugace trascorsa in cascina non bastava a smaltire, anche perché si dormiva tutte insieme sulle brande, ammassate in cameroni senza mai vero silenzio né intimità. Davano poco da mangiare: riso e fagioli sconditi che presto diventavano una pappa collosa. Si lavorava sotto al sole, controllate dalle spie dei padroni che si disponevano in alto, lungo l'argine, per avere un campo visivo più ampio, e le derubavano sul tempo: turni resi infiniti per dolo dei baciapile venduti al padrone. A metà giornata il lavoro si fermava per una sosta molto corta, durante la quale le mondine si accasciavano sulle sponde dell'argine, immobili. Come cadute in eterno letargo, sembravano non doversi svegliare mai più. Dopo poco invece stiravano le braccia, si grattavano i pizzichi di zanzara e tornavano ad allacciarsi il fazzoletto sotto al collo, scattando sull'attenti pronte a ricominciare.

Capitava che qualche donna si sentisse male, per un'insolazione di solito, ma anche perché c'era chi arrivava già malata o troppo debole, viste le privazioni. I caporali però minimizzavano, dicevano che erano tutte scuse per non lavorare: «Non chiacchierate. Cantate piuttosto, che vi passa tutto». Se qualcuna andava a vedere come stava quella che si era sentita male, veniva ripresa malamente: «Porca miseria!» sbraitavano sguaiati. «Basta che sentite una mosca volare e subito lasciate lì di lavorare.»

«Sta male perché è grassa. Ci vuole il fisico per venire in risaia!» urlava il caporale e, con i suoi sottoposti, si prendevano gioco delle donne più anziane che avevano già partorito parecchi figli. Tornate in cascina, mangiavano di nuovo quella pappa collosa di riso e fagioli, anche per cena. Piatti scarsi, cotti sulle caldaie sotto gli alberi, da cui spesso cadevano dei bigatti che le mondariso, esauste, tante volte ingoiavano senza rendersene conto.

In mezzo a quelle donne, di diverse età e con tante disgrazie, la Rosina si sentiva a suo agio. Nonostante i fardelli che si portavano appresso, le mondine erano allegre, cantavano, erano sboccate, rispondevano ai padroni, non si lasciavano mettere i piedi in testa. La Rosina si era affezionata più di tutte a una contadina che veniva dalla provincia di Bologna, una donna più grande di lei di almeno dieci anni che si chiamava Luisa. Era di famiglia antifascista e aveva due bambine. Con lei la Rosina sentiva, più che con le altre, di essere tornata fra la sua gente.

La Luisa sembrava infaticabile: alle sei cominciava con le altre alla risaia, ma la sera tardi spariva perché andava a portare i manifestini sopra agli argini, per attirare altre risaiuole dentro la lotta. Tante volte rientrava che erano già le quattro di mattina. Con le altre poi faceva finta di non saperne niente: «Eeeeh, *mo* guardate come son stati intelligenti che c'hanno anche messo sopra dei mattoncini, per non farli volare via, i manifesti! Adesso li leggiamo tutte insieme, a vedere...». La Rosina invece lo sapeva che quei manifestini li aveva sparsi in giro lei, perché un giorno, mentre si era isolata in mezzo alla canapa per lavare i suoi straccetti insanguinati, la Luisa la aveva raggiunta e le aveva detto: «Te sei in gamba. Si vede che non sei vuota di testa. E sei giovane, c'hai le gambe svelte. Saresti una buona partigiana».

«Cos'è che fate lì imboscate?!» le aveva subito redarguite un caporale.

«Non possiamo neanche fare i nostri bisogni adesso? *Be' mo sol c'an scherzàmia!*» aveva risposto la Luisa, risentita. Ma non scherziamo.

Così una notte la Rosina era andata ad aiutarla e un'altra volta era addirittura uscita da sola, perché la Luisa aveva un'energia che sembrava inesauribile ma quei ritmi la stavano stroncando e nelle gambe aveva delle vene gonfie che sembrava già una donna di cinquant'anni, mentre non ne aveva ancora neanche trenta.

Un bel giorno le mondariso se ne stavano tutte piegate al loro lavoro, quando arrivò un fascista e la chiamò fuori: «Signora, dovete venire su con me».

«Perché?» rispose pronta la Luisa. «Cos'è che ho fatto?»

«Dovete venire su, perché i carabinieri adesso vi portano in prigione.»

La Rosina si sentiva invasa dal panico, anche se nessuno l'aveva nominata, ma dissimulò il suo terrore. L'altra invece continuava spavalda, con quell'accento bolognese: «Ben, perché poi? Cos'ho fatto di male?».

«Hai parlato con le ragazze e hai detto delle cose che non andavano dette.»

«Chi ve l'ha detta questa cosa qua?» chiedeva lei, che era uscita dall'acqua e li guardava, grondante e inviperita perché l'aveva sempre detto che anche tra le mondine c'era da stare attente. Che c'era chi capiva e chi non capiva.

La portarono in caserma: «Lasciatemi andare che vi conviene, perché io non ho fatto niente e non so niente».

Erano due ragazzi giovani. Si guardarono l'un con l'altro, poi uno disse: «Ha una faccia da verità, *va' là*, lasciamola andare. E la lasciarono tornare in risaia per davvero».

Quella volta la Luisa si tolse le scarpe per correre più forte. Vuoi mai che cambiassero idea! E intanto cantava, cantava. Cantava come un'orsa. E fu così che tornò in risaia, cantando, col volto rosso paonazzo e i piedi rovinati: «Se trovo quelle che parlano troppo le faccio nere!» urlò quando gli uomini erano tutti abbastanza lontani da non sentirla: «Nere! Avete capito!?».

La Rosina restò via per quaranta giorni e tornò a casa con venticinque chili di riso e una bella manciata di spighe. Fu contenta di rivedere i suoi fratelli, soprattutto Moris e Pìpi che erano ancora a Trieste quando era partita per la risaia. Vivevano tutti nascosti, perché per la repubblica di Salò erano dei disertori. Avevano diversi rifugi, ma quella sera la Rosina li raggiunse nel fienile. Aveva visto che c'era andato dentro Moris, bussò: «*A sòun mè, Moris: la Rusina. Vèra l'ós!*». Aprì la porta.

Lui la aprì, furtivo, e la guardò con aria di rimprovero. Lei non ci badò. Entrò e gli disse solo: «In risaia ho capito che voglio essere una partigiana anch'io. Mi chiamerò "Luisa"».

7
Agri germogli

Risalendo il corso del fiume verso la sorgente dell'Alpe di Succiso, poco distante dai luoghi in cui il pastore Giulio era nato e aveva trascorso le stagioni più calde, si arriva a Prignano sulla Secchia, dove nel 1940 il prefetto di Modena aveva istituito un campo di concentramento in cui erano stati internati, con le loro famiglie, dei giostrai, dei giocolieri e dei ginnasti, tutti di etnia sinta. Si era scelto il campo sportivo del littorio, un luogo impervio, di spostamenti ardui e frequenti frane, a pochi passi dalla caserma dei carabinieri sui quali il podestà locale faceva affidamento per la gestione dell'area. Mancavano le latrine, le fognature e un lavatoio per i panni. I pali che separavano il campo dalla proprietà limitrofa erano stati divelti e arsi nelle cucine degli ospiti coatti che avevano staccato anche il filo spinato con cui li avevano cinti, facendone svariati usi.

Gli abitanti del paese conoscevano i circensi, visto che da generazioni questi percorrevano gli stessi itinerari portando da quelle bande spettacoli di piazza e mirabolanti acrobazie. Eppure avevano finto di non averli visti mai, come se i numeri spericolati dei saltimbanchi e il grazioso volteggio delle funambole non avessero illuminato di fulmineo stupore il reiterarsi monotono delle loro esistenze. Li avevano accusati di essere pericolosi.

L'inverno nevoso aveva portato aria pungente e il 4 dicembre del 1940 un neonato era venuto alla luce proprio là, restando per diversi giorni nudo e senza una culla. Quattro bambini di un anno di vita necessitavano degli indumenti basilari, altri undici fra i tre e i cinque non avevano né abiti per coprirsi né zoccoletti per camminare senza farsi venire i geloni ai piedi. Gli alimenti scarseggiavano, poiché il sussidio di sei lire e mezzo al giorno spettava al solo capofamiglia e non poteva bastare a coprire tanto numerose tribù. Alcuni erano stati liberati con l'8 settembre, ma ben presto li avevano richiamati nelle file dell'esercito repubblichino che, a quel punto, si era affrettato a consacrarli italiani e, quindi, coscrivibili. Uno degli undicenni era fuggito per unirsi ai partigiani della divisione Armando che operava in Appennino. Alcuni che erano entrati nelle file del movimento giravano nella Bassa Mantovana col postone attrezzato per gli spettacoli acrobatici. Di giorno facevano i loro numeri nelle piazze e sui sagrati, la notte diventavano i Leoni di Breda Solini, come li avevano cominciati a chiamare da quella volta che erano riusciti a disarmare una pattuglia dell'avanguardia tedesca, con minimo spargimento di sangue.

Intanto anche alla Motta il grano era stato mietuto. Si avvicinava luglio, l'epoca della trebbiatura: il raccolto si concludeva separando la pula e la paglia dal frumento buono. Normalmente quello era un tempo di festa: si faceva un gran pranzo, dopo aver tirato il collo al gallo più grosso del pollaio, il cui pezzo maggiore veniva dato al *paiarèin*, colui che aveva la mansione più pericolosa e più prestigiosa di introdurre i covoni nel cilindro della trebbiatrice. I bambini rimanevano incantati davanti a questo enorme baraccone dalle lunghe cinghie che trituravano spighe e gramigna per distillare chicchi puliti.

Ma si era in tempo di guerra e la trebbiatura si era fatta nevralgica opportunità di approvvigionamento. Con la direttiva 13 del 10 giugno '44, il Comitato di liberazione nazionale Alta Italia incentivava i partigiani, laddove fosse stato possibile, a occuparsi in prima persona di trebbiare, anche in clandestinità, per poi distribuire il raccolto alla popolazione, contribuendo così a far simpatizzare con la causa gli indecisi. Tredici giorni dopo, le forze partigiane della Bassa Modenese compirono il loro primo attacco a un presidio fascista: la tenuta Delfina a Rovereto di Novi. Era una villa confiscata dal regime, costruita come un castello di fiaba solo pochi anni prima, con tanto di merlate, scalone sporgente e torretta di guardia, da un possidente ebreo di nome Golfinger, fuggito in Svizzera dopo l'emanazione delle leggi razziali. Servivano armi e così i Gap della zona fra Concordia e Rovereto di Novi, comandati da Rolando Dotti e Geminiano Bisi, attaccarono i dodici repubblichini che presidiavano il posto di avvistamento installato sulla torre dell'essiccatoio risicolo. I fascisti non ci misero molto ad arrendersi e il bottino fu soddisfacente – dodici moschetti, tre mitra, bombe a mano e munizioni – ma la Resistenza della Bassa ebbe qui a contare il suo primo caduto: Euro Lugli detto «il Genovese», che morì alcuni giorni dopo l'assalto, per le complicazioni derivanti da una ferita infertagli durante i combattimenti.

La Mitilda ascoltava le notizie che giungevano alla Cà Granda e rimaneva in silenzio, lo sguardo fisso in un punto lontano. Le venne il fuoco di Sant'Antonio: aveva cominciato a sentire un prurito bruciante che le mangiava la schiena, poi lo scadore si era diffuso sulla pancia dove almeno, pensava lei, riusciva ad arrivare per grattarsi. Quando si decise a guardare da dove le veniva quel male fastidioso che non le dava tregua né di giorno né di notte, le bolle rosse le stavano ormai invadendo anche le braccia e il collo. La vecchia si sedeva al tavolo, appoggiando la fronte a una mano, e chiudeva gli occhi. Ma la sofferenza la attanagliava e doveva alzarsi, camminando senza pace per l'aia e lungo i campi.

Fu così che decise di bussare al capanno delle erbarie, dove raccontò il suo malanno alla Zaira. La Mitilda si stupì quando le venne detto che del fuoco se ne occupava oramai la nipote. La Liuba venne infatti spedita lungo l'argine, non senza però che prima la nonna le avesse legato al collo una saccoccia cucita con punti a croce di filo rosso, il quale ricamava in grande la *L* del suo nome. Alla Mitilda che le guardava nel loro operare in tacita complice maestria, la Zaira spiegò che il sacchetto al collo serviva a proteggere la nipote: «Per non farla toccare» precisò sgranando gli occhi e aprendo le mani verso il cielo, certa che la vecchia Cavalieri avrebbe inteso.

Dopo una mezz'ora scarsa la Liuba rientrò al capanno con le braccia cariche di brevi rovi. Si avvicinò alla Mitilda e le tese la mano, senza ombra di timidezza. La portò fuori e la fece sedere su una seggiola scolorita dalla pioggia e dal gelo, dopo aver posato a terra i rametti; poi le si avvicinò all'orecchio sinistro, facendo della mano una conca. Le comunicò la formula con cui la Mitilda avrebbe dovuto rispondere alle sue parole. L'altra chiuse gli occhi per concentrarsi e far memoria, poi ripeté, bofonchiando vergognosa. La bambina dovette ritenersi soddisfatta perché subito attaccò una litania incomprensibile, un fiume di parole in piena che avvolse la Mitilda in subitanea ipnosi. Dopo le prime sillabe la Liuba sollevò tre rovi da terra e cominciò a percorrere la schiena e la pancia dell'anziana, risalendo lungo le braccia e urticandole il collo con le spine sottili. Graffiavano, ma la bimba aveva l'usta di fermarsi al punto giusto per evitare di farla sanguinare.

Finita di recitare la sua formula, la guaritrice strinse l'avambraccio alla Mitilda che attaccò con la sua parte. Più breve, da reiterare. Il rituale durò in tutto circa quindici minuti, finiti i quali la Liuba guardò la Mitilda dritta in faccia e le disse:

«Tornate domani e ancora dopodomani».

La Mitilda sgattaiolò muta lungo la carradona. Tornò all'indomani. E ancora il terzo giorno.

La popolazione andava coinvolta anche attraverso una mirata propaganda. Una mattina la zona fra Ponte Pioppa e San Possidonio si risvegliò coi muri delle case cosparsi di falci e martelli, accompagnati da frasi che invitavano alla rivolta. Si incentivava così la ricerca di armi e s'intimidivano i fascisti, facendo vedere che non era il caso che dormissero sonni tranquilli. I cinque incaricati delle scritte si erano dati appuntamento una sera dopo l'imbrunire alla Busa di Bambèin. L'acqua della risorgiva era immobile nel cielo rarefatto dell'estate. I grilli avevano cominciato a frinire, mentre l'odore intenso di erba matura penetrava dalle narici pervadendo i corpi e risvegliandone antichi nerbi. Appena si era fatto buio, era arrivato un Gap di Disvetro per portare i moschetti con le munizioni. Erano in cinque. Due con compiti di protezione, gli altri tre con gli arnesi necessari per l'operazione: pennelli, colori e uno stampino col simbolo.

In luglio i partigiani procedettero al ritiro delle cinghie di molte trebbiatrici per impedire ai tedeschi di confiscare il grano. A San Possidonio, per racimolare un po' di frumento dopo i continui sabotaggi, le autorità fasciste locali furono costrette a concentrare tutte le macchine nella piazza del paese e a trebbiare quel poco di grano che era stato possibile raccogliere, sotto il controllo di una scorta tedesca armata fino ai denti.

Nella zona di Mirandola alla battaglia della trebbiatura si accompagnarono le prime requisizioni di generi alimentari, immediatamente distribuiti alla popolazione. Anche a Motta i tedeschi volevano impadronirsi dell'ammasso, ma i partigiani concertarono un'azione congiunta per distribuire ai contadini il grano prelevato dai magazzini dei Morselli, pagato col denaro che la contessa Molza aveva donato alla staffetta Ibis Pioli. Egidio si trovava allora con Bruno Artioli e Nello Radighieri. Intendevano svuotare il magazzino portando via tutte le granaglie: circa quattrocento quintali. Il giorno prima avevano requisito carri, birocci e cavalli. Di notte cominciarono a distribuire frumento a tutte le famiglie della Motta, fascisti compresi, dicendo che ognuna sarebbe stata responsabile della quantità che le veniva assegnata. Andarono avanti fino alle cinque di mattina e, quando arrivarono per il rastrellamento, i fascisti restarono a bocca asciutta. I contadini, ingaggiando una dura lotta a difesa del grano, stavano dimostrando in quei giorni di sostenere il movimento.

Anche sul piano militare i progressi erano notevoli: a livello locale, grazie alle numerose azioni di sabotaggio e attacco agli automezzi tedeschi lungo la statale Abetone-Brennero e, a livello internazionale, con le vittorie dell'Armata rossa e lo sbarco degli Alleati in Normandia, che facevano sperare in un'imminente liberazione e galvanizzavano i giovani partigiani.

Un'altra sferzata vitale, che mostrò con evidenza che la lotta era possibile anche in pianura, si ebbe nella notte fra il 7 e l'8 luglio con l'attacco alla corte dell'Arrigona nella Bassa Mantovana. Circa tre settimane prima erano giunti in zona una trentina di soldati della VIII legione di polizia ferroviaria di Ancona, poi uniti a dieci militi di Poggio Rusco, i quali, più pratici del territorio, avevano indicato la località di San Giacomo delle Segnate come luogo sicuro. Il comandante e gli ufficiali avevano trovato ospitalità in paese, mentre gli uomini di truppa si erano accasermati nella villa, dove erano state sistemate anche le famiglie di quattro sottufficiali. Questi movimenti vennero tenuti d'occhio da un maestro della scuola elementare del posto che, insieme a quattro compagni, stava cercando di organizzare un nucleo partigiano. L'assalto pareva loro una buona occasione per procurarsi armi leggere, per cui chiesero sostegno ai modenesi. Studiando l'area scoprirono che, oltre alle armi, i fascisti custodivano nella corte anche una cassaforte.

I dirigenti del movimento accolsero la proposta con

qualche riserva: si trattava di un'azione armata che avrebbe coinvolto una cinquantina di uomini, i quali, pur potendo contare sull'effetto sorpresa, non conoscevano affatto la villa che invece era ormai ben nota ai fascisti, molto meglio armati tra l'altro, che ne avevano preso possesso. Per partecipare all'attacco vennero scelti i gappisti più preparati delle zone di Concordia, Cavezzo e San Possidonio, che si unirono dunque a quelli di San Giacomo delle Segnate e dintorni, sotto il comando di Aldo. L'appuntamento fu fissato nella Bassa Mantovana, dove, a differenza della provincia di Modena, non esisteva il coprifuoco, e quindi era più facile circolare nelle campagne di notte.

Dalla base, dove avevano trascorso le ore del pomeriggio insieme ai compagni, partirono in bicicletta anche Egidio e Pìpi, ciascuno con una pistola e con la magra cena che avrebbero consumato di lì a poco nei pressi di una casa colonica già in territorio mantovano. La giornata era stata molto assolata e in quel tardo tramonto avvertivano ancora la calura dentro la pelle. Pedalavano senza parlare e giunsero con largo anticipo all'appuntamento che si erano dati con gli altri combattenti. Si sdraiarono sotto i filari guardando la luna piena che risaliva la linea dell'orizzonte.

Quando arrivarono tutti, si scambiarono le ultime informazioni, compresa la parola d'ordine per il riconoscimento. Finalmente scese il buio, terso di stelle. Poco prima di mezzanotte, gli uomini si misero in marcia, su due file, l'erba spessa a smorzare i loro passi. I ragazzi si muovevano nel silenzio grave di quell'obiettivo che la loro mente aveva concentrato in un unico punto a fuoco, mentre attorno il mondo si scontornava. Dopo venti minuti di cammino si trovarono davanti alla villa. All'esterno, nessun segno di presenza umana.

Protetti dall'alto muro di cinta, i partigiani si suddivisero come pattuito: quarantadue uomini circondarono l'edificio mentre un gruppo di tredici, armati con pistole, gli unici due mitra e alcune bombe a mano, fecero irruzione all'interno, grazie a una finestrella che si sapeva malchiusa, dove un partigiano pratico del luogo entrò, scese in cantina e aprì agli altri dodici. Due uomini furono posti a guardia delle biciclette e del camioncino che era stato portato per caricarci il bottino in armi di cui si auspicava la conquista.

Con i sensi tesi e vigili, dalla cantina penetrarono in due stanze, deserte, per sbucare finalmente in una sala dove vennero sorpresi, addormentati o in dormiveglia, una quindicina di repubblichini con le armi appese vicino ai loro letti. Erano rimasti soltanto loro nel presidio, perché poche ore prima era giunto da Brescia l'ordine di trasferire il materiale che la legione aveva portato da Ancona. Questo però i partigiani non potevano saperlo; temevano che altri fascisti accorressero in difesa. Due comandanti si scambiarono un segno d'intesa e fecero partire il fuoco. I repubblichini presenti vennero fucilati al muro, e alcuni partigiani si stavano impadronendo rapidi delle armi quando, da un corridoio laterale, irruppe un fascista con un mitra. Un partigiano tentò di colpirlo, ma la sua pistola fece cilecca. Allora un secondo uomo, rapidissimo, impugnò la canna del fucile e, prima che il fascista potesse far fuoco, lo stese con una scarica a bruciapelo.

All'improvviso una ragazza in camicia da notte si affacciò sulla sala, pallida come un cencio. Vedendo ciò che stava accadendo, risalì rapida verso i piani superiori e si rinchiuse in una stanza. Tutti sparavano: partigiani e fascisti dentro, partigiani fuori, senza rendersi conto che mirando verso l'interno stavano rischiando di colpire i loro stessi compagni. Il piano terra era ormai espugnato, ma sarebbe stato impossibile resistere ancora a lungo. Venne infatti dato l'ordine di uscire e gli assalitori raggiunsero i compagni all'esterno con un bottino di due mitra, dodici moschetti, quattro rivoltelle e nessuna perdita. L'impressione suscitata da questo assalto fu enorme e dilagò ben presto molto oltre la zona dove erano avvenuti i fatti. *Selvaggi crimini nella nostra provincia*, titolava «La Voce di Mantova».

La tensione coi repubblichini si intensificò ulteriormente. Nacque in quell'estate la XXVI Brigata nera Mirko Pistoni e il colonnello Antonio Petti divenne prima capo della Guardia nazionale repubblicana e poi del Comando provinciale: i fascisti pretendevano di diventare protagonisti in proprio, stanchi di fare solo i gregari. E nel mese di agosto diedero i primi segni di questo cambio di rotta, con le tre rappresaglie di Rovereto sulla Secchia, Carpi e Ravarino.

«*I an masā Luigi e so' fiùal.*»

La sera del 7 agosto Giovanni Battista rientrò dalla campagna con il volto incavato e scuro. Hanno ammazzato Luigi e suo figlio. Scuoteva la testa ma l'incredulità nei suoi occhi incrinava quel vago tentativo di rassegnazione. Due giorni prima Luigi Manfredini era stato prelevato da casa insieme al figlio Silvio, poco prima che uscissero per andare in campagna. Non se ne era saputo più nulla. Fino a quel pomeriggio in cui era arrivata la notizia del loro assassinio.

Fu il primo eccidio di questa nuova epoca e venne chiamato «la strage degli intellettuali». La rappresaglia fu decisa dopo che i partigiani avevano ucciso, il 3 agosto, il mezzadro cinquantaduenne Arturo Bartoli, noto squadrista della zona, il cui figlio Giuseppe apparteneva anche lui alla Guardia nazionale repubblicana. Il federale Giovanni Tarabini Castellani convocò i reggenti del fascio locale chiedendo loro di fare i nomi di persone note per sentimenti antifascisti e il 5 agosto cominciarono gli arresti. Gli oppositori al regime vennero portati nelle caserme della milizia e dei carabinieri di Mirandola. Il 7 agosto nove di loro vennero prelevati all'alba e condotti in corriera davanti alla chiesa di Rovereto sulla Secchia. Compresa la motivazione del loro arresto, qualcuno provò a protestare. Il professor Braghiroli chiese il conforto di un sacerdote, ma gli fu negato; il dottor Maxia gridò «Viva la Russia!» e venne abbattuto da un colpo di mitra sparato da un milite. Gli altri vennero fucilati pochi minuti dopo. Fra loro anche Roberto Serracchioli, professore di Filosofia al Liceo classico Pico della Mirandola. Verso le dieci di mattina da Novi di Carpi, giunsero alcuni soldati fascisti che provvidero al recupero e alla sepoltura dei cadaveri. Uno degli uomini però, un certo Garuti, non era morto e riuscì faticosamente ad allontanarsi. Venne portato all'ospedale di Mirandola, dove morì quindici giorni dopo.

Il 15 agosto gli Alleati bombardarono il Bosco della Saliceta, che i tedeschi usavano come deposito di munizioni sfruttandone la fitta vegetazione. Il viavai di automezzi che caricavano o scaricavano era intenso. Solo pochi mesi prima dell'occupazione nazista il Lovoleto pullulava di uccelli selvatici e di grandi ungulati: soprattutto di cervi, ma numerosi erano anche i daini, i caprioli e i cinghiali. E le donnole, le martore, le puzzole, i gatti selvatici. Nel cielo sopra la Saliceta infiniti stormi confluivano in una fantasiosa ragnatela chioccolante. Ma i soldati tedeschi si divertivano a tirare contro i fagiani coi loro fucili a palla. Per ammazzarne uno, ne ferivano almeno tre o quattro che finivano per morire nella boscaglia senza che nessuno li potesse raccogliere. Le bombe angloamericane centrarono un cumulo di oltre mille mine anticarro. Nell'esplosione vennero abbattute le piante intorno per un raggio di cinquanta metri, cadaveri di animali squarciati si accumularono sulle carcasse di quelli uccisi dai soldati per vincere la noia. Di tanti che ce n'erano, finita la guerra restarono soltanto quattro cinghiali e poche lepri.

Intanto il movimento continuava ad acquisire sempre più credibilità fra la gente. La notte del 16 agosto alcuni partigiani penetrarono nel centro di Cavezzo e, pochi giorni dopo, gruppi Gap e gruppi Sap entrarono nell'ammasso di San Possidonio e lo svuotarono completamente per poi distribuire il grano fra la popolazione. I fascisti tentarono invano di opporsi, si presentò anche il figlio di Minelli, a bordo della sua motocicletta. Minelli, quello che aveva sputato in faccia al padre di Egidio, che infatti lo riconobbe, scese dalle balle di fieno del magazzino dalle quali stava lanciando il frumento alla gente, lo guardò dritto negli occhi e lo schiaffeggiò. Quattro ceffoni ben calibrati. Quello rimase allibito, si portò la mano sinistra sul mento, allungando le dita per massaggiarsi le guance, col pollice la sinistra e con le restanti quattro dita la destra, poi spinse nervoso il pedale per far ripartire la motoretta e sgommò via. Egidio rimontò sul fienile e riprese la spartizione. Era finito il tempo dell'obbedienza. Ormai anche la pianura era un tassello fondamentale nella guerra di liberazione e tanti giovani lo avvertivano chiaramente. La maggior parte delle persone sostenevano il movimento, non vedevano altre opzioni praticabili, anche se c'era chi storceva il naso durante le requisizioni dei partigiani e consegnava le vettovaglie a denti stretti, mandando giù le lacrime a vedersi portar via galline, conigli e vitelli.

Giovanni Battista aveva sopravvalutato l'incremento di braccia da lavoro che il ritorno a casa dei suoi figli avrebbe comportato. Erano infatti tutti coinvolti nelle azioni, anche se soltanto Pìpi era un gappista, ossia un partigiano dotato di armi e capace di maneggiarle, addetto ad azioni di assalto e sabotaggio: dopo l'8 settembre era scappato via da Roma rubando la pistola del suo tenente, un fascista di Parma. Ettore, Moris e Gino invece erano sappisti; sapevano che non sarebbe stato oculato abbandonare i lavori in campagna, di nuovo delegandoli unicamente al padre e alle donne. Si occupavano di procurare le derrate alimentari per i partigiani e – finché potevano – preservavano una certa normalità di vita; la loro clandestinità era soltanto parziale. Dormivano tuttavia molto poco, i sappisti, perché di giorno lavoravano nei campi (o in bottega o nell'officina), ma alla notte potevano diventare combattenti anche loro, nonostante l'armamento che avevano a disposizione, nella generale indigenza di armi, fosse molto limitato e mai personale; il loro impiego nelle azioni andava, dunque, necessariamente centellinato.

Alla Motta c'era ormai un distaccamento formato da ben tre squadre – due di Sap e una di Gap – che facevano parte del battaglione Damasco della XIV Brigata Garibaldi. I gappisti avevano armi individuali, anche se spesso antiquate e con scarse munizioni, ed erano più addestrati a usarle rispetto ai sappisti perché avevano maggiore anzianità di reclutamento, erano cioè entrati nella Resistenza fin dai primi mesi. «Per fare il gappista servono qualità specifiche» diceva così Pìpi. «Grinta, polso e sale in zucca, altrimenti non arriviamo da nessuna parte.»

La questione delle armi era il principale obiettivo di ogni assalto. Pìpi venne a casa un giorno raccontando che un partigiano dei novizi, preso dall'entusiasmo per il bottino requisito ai fascisti durante un'azione, aveva puntato una pistola sulla madre che stava facendo la sfoglia e aveva premuto il grilletto. Pensava che i fascisti richiudessero la sicura una volta utilizzata l'arma, invece la donna era rimasta uccisa sul colpo.

«A far così però diventate come loro» aveva commentato la Dolores, pallidissima.

I gappisti a Motta erano in tutto sette o otto, con Moris come raccordo perfetto coi sappisti della zona. La campagna si riempì di rifugi, ricoperti di stanghe e pali di legno per renderli invisibili. Ce n'erano nei fienili e nei pagliai, sparsi nei campi di granturco (avevano ordinato di non tagliarne le piante nemmeno dopo la raccolta per non farli scoprire). Due erano a casa di Egidio, ma erano rifugi d'emergenza, particolarmente disagevoli: un buco profondo due metri in mezzo al campo di frumentone, un altro sotto lo spazio occupato da due vacche nella stalla. Avevano disfatto il piano, scavato un buco e ci avevano infilato due brande; lo sfiatatoio per respirare era praticamente invisibile, sepolto sotto ferri ed erbacce. Un altro dietro casa Belloni, un contadino della via di Sotto conosciuto per la sua indole antifascista, che viveva molto isolato. Quel rifugio era stato costruito in modo particolarmente sicuro, tanto che poté diventare una vera e propria base per le riunioni. La botola era sotto la greppia nella stalla, ricoperta di fieno, non si notavano nemmeno i puntali per aprire il varco e scendere. Anche nella chiesa della Motta ce n'era uno, sotto la cupola. Inizialmente il cappellano e il campanaro non erano stati molto d'accordo ma poi si erano convinti. La cupola era fatta di blocchi di pietra incastonati, i ragazzi ne avevano sfilato uno, creando così lo spazio sufficiente per costruire un rifugio. Anche papà Smerieri ne aveva fatto uno nella casa di Santa Giustina di Vigona e quando la notte i figli passavano da casa portando magari un qualche compagno affamato, li nascondeva lì, in quel tramezzo ricavato fra due muri interni.

Da loro l'Umbertina imparò che cos'era vivere in clandestinità – non li vedeva di sovente, presa com'era dal lavoro in caserma e dal figlio, ma li aveva sempre in mente. Un giorno che si trovava a Santa Giustina conobbe Caris, che le chiese di procurarsi qualche arma, visto che lei lavorava in caserma. L'Umbertina pensava al modo diretto in cui lui le aveva domandato di rubare, dimostrandole fiducia e stima. Dava a quell'incontro l'importanza di un segno: era la spinta che cercava per passare dal sostegno muto all'azione vera e propria, che le rimuginava dentro da mesi. Guardava suo figlio, gli infilava l'indice fra le mani per farselo stringere con quell'antico automatismo primate dei cuccioli umani che ci inocula un insormontabile sentimento di pienezza. E le veniva da piangere. Rubò tre pistole e le consegnò a Caris. Fu allora che i fratelli le chiesero di diventare staffetta e lei accettò, cambiandosi il nome in Marisa.

Fra i compagni in armi si istaurava un vincolo. Se arrestavano un combattente, subito gli altri si adoperavano per farlo evadere. Così venne assaltato il carcere di Sant'Eufemia a Modena, per liberare Radighieri e Tassinari. Egidio non si diede pace finché non riuscirono a tirarli fuori, quattro giorni più tardi. Sulla via del ritorno si rifugiarono nei campi di Albareto, dove una sua zia caricò un paiolo di maccheroni su una carriola e riuscì a sfamarli tutti mentre stavano nascosti in mezzo a campagna.

Che nervoso veder passare i tedeschi dal Canaletto con una bici per uno! Si andava all'assalto più spietati coltivando quella rabbia d'ingiustizia nel corpo. Ci si prendeva dalla Motta all'ora del tramonto e si tornava all'alba, dopo aver attaccato i repubblichini che passavano lungo quell'arteria primaria che collegava Modena a Verona. Ci si addormentava in un covone di fieno o sotto i filari, in un sonno di bestia braccata che non ammetteva sogni. Ma qualche sera si andava al cinema o a ballare al Ponte della Motta, ci si ricordava delle ragazze, si riannusava quel loro profumo diverso. Gustoso.

La guerra portava via, ma la terra ancora chiamava. Odori altrettanto caldi e densi avvolgevano in quei giorni le erbarie che stavano raccogliendo il melitoto. Lo avrebbero utilizzato per cicatrizzare le ferite e sfiammare alle donne le vampate della menopausa. Ipnotizzate dal ronzio delle api, la Zaira e l'Armida procedevano imperterrite lungo le note traiettorie. La Liuba voleva aiutarle ma i suoi pori percepivano l'elettrizzante sensualità dei campi in fiore e allora le belle volte che si lasciava rotolare a terra spupazzandosi Seme fra le braccia. E l'anatra mandava un *quaquà* talmente gioioso che sembrava una risata di luce.

Quella notte l'Armida sognò un albero. Era il pioppo bianco accanto al capanno che, come era accaduto dieci anni prima, spuntava da una distesa d'acqua che sembrava infinita. Lo vedeva ma non poteva raggiungerlo, serrata com'era nella morsa di pareti altissime che la isolavano. Nel buio. Sapeva che doveva mantenersi immobile, in allertato silenzio. L'acqua pareva ferma, ma mandava un ronzio insistente, come di un enorme sciame d'api. La bocca sapeva di ferro, un sapore pungente che le bruciava la lingua. Dopo un tempo incommensurabile, l'Armida si alzò, mettendosi seduta. Sentì sul braccio una slabbratura che il vento faceva dolere. Lo guardò e vide lo squarcio: una ferita da cui sgorgava un liquido rosso e trasparente. Voleva salire sul pioppo, salvarsi dall'acqua, ma non poteva muoversi.

Si riaccasciò nella caverna umida, ma ancora sicura.

8
Figlie della pianura

Era una mattina di settembre quando la Solidea e la Liuba andarono a raccogliere le viole bianche lungo i fossi. Volevano farci delle belle corone da vendere al mercato. Appena passata la villa dei Delfini, però, incrociarono due contadine che correvano:

«*Mo in d'undāv, bagaiéti, c'a mumenti a pasa Pipo!?*».

Dove andate, bimbe, che fra poco passa Pippo?! L'aereo degli Alleati era in anticipo rispetto agli altri giorni e, quando si trovarono all'altezza della Busa di Bambèin, il rumore si era fatto assordante. Alzarono gli occhi verso il cielo: Pippo era basso come non l'avevano mai visto e allora si buttarono a terra. La Liuba si teneva Seme sotto al petto, badando di non schiacciarla. Quando il velivolo arrivò su Casa Benatti, invece di proseguire come faceva di solito, sganciò le bombe. La casa esplose e si sbriciolò in un momento, con dentro il piccolo Ildebrando Jemma e la madre Pace Benatti.

La Mitilda non si sentiva più sicura di niente. Non proferiva parola, ma lo vedeva che sua figlia Rosina negli ultimi tempi era cambiata. Le era nata per ultima, le era nata femmina: avrebbe dovuto assistere gli anziani della famiglia, diventarne la memoria, perché avrebbe vissuto fin dove gli altri non sarebbero arrivati. Dopo i quaranta giorni in risaia tuttavia, l'ostilità che la Rosina sentiva per i fascisti e per i tedeschi si era trasformata in odio, un odio pieno d'ira: non poteva più accettare di sentirsi impotente. Dopo che i suoi fratelli erano tornati dalla guerra, ascoltava con più attenzione i discorsi loro e dei compagni che passavano per casa e che lì si sentivano liberi di criticare i padroni e arrabbiarsi per le ingiustizie, ma finalmente anche di organizzare la rivolta.

Come tutto strideva con la storia raccontata nel sussidiario! Le glorie fulgide e gli eroi senza macchia non ci stavano a dir niente con la terrina d'insalata, cinque uova e un filo d'olio per sfamare venti persone, con la polenta a colazione pranzo e cena. I figli a scuola con sacrificio e i grandi in campagna a lavorare dodici ore al giorno e passa, poi anche doversi levare il cappello davanti al padrone. E ora di nuovo le chiamate martellanti della Repubblica di Salò, per andare a combattere dalla parte dei padroni. C'era da meravigliarsi che non ci si fosse ribellati prima, pensava la Rosina, mentre la sera rammendava, seduta nella stalla o nella grande cucina.

Delle volte i discorsi dei ragazzi la coinvolgevano così tanto che si fermava di cucire e seguiva ogni battuta per vedere come, in quel ragionamento, avrebbe potuto rendersi utile anche lei. Dopo che aveva espresso con Moris la sua volontà di diventare partigiana, non era accaduto più nulla. Le sembrava addirittura che lui la evitasse. Si sentiva delusa perché, come accadeva da sempre, i suoi fratelli non la consideravano, non vedevano che anche lei cresceva, non capivano che le donne volevano dire la loro e partecipare in prima persona.

Una sera però, mentre se ne stava da sola contro la finestra per cucire usufruendo degli ultimi barlumi del giorno, Pìpi la apostrofò con poco garbo: «*Va' dai Luppi a purtàrag quèl*».

Va' dai Luppi a portargli una cosa. La Rosina lesse rapida il foglietto che il fratello le aveva appoggiato sulle ginocchia. Si trattava di un messaggio con le indicazioni in codice per un'azione di sabotaggio che avrebbe dovuto svolgersi di lì a due giorni.

«A piedi mi ci vorrà un po'...» disse.

«Usa la bici che c'è qua fuori, ho abbassato il sellino in modo che riesci.»

«Vado.»

«E non devi dire a nessuno il tuo vero nome. Per nessun motivo» le disse con brusca formalità.

«Adesso sei la Luisa e basta, hai capito o no?!» insistette, già spazientito.

«Va bene» rispose lei, semplicemente. Uscì fuori che era ormai calata la sera e si avviò pedalando, così inorgoglita che non sentiva nessuna paura.

Arrivarono altri incarichi e, per qualche tempo, la Rosina continuò a viverla come un'avventura emozionante. Pochi giorni dopo l'inizio della sua attività, la Brigata Remo mise a segno un'azione cruciale, espugnando la caserma dei repubblichini a San Possidonio. Era il 7 settembre 1944. Lei non era a conoscenza dei dettagli, le venivano date informazioni vaghe e sommarie, ma sapeva che trasportava materiale importante. A ogni viaggio conosceva persone nuove e ne rincontrava di vecchie che non sapeva essere entrate a far parte del movimento. Era incuriosita e sentiva la vita circolarle in tutto il corpo, fino alle unghie e alle dita dei piedi e dentro i capelli che teneva sempre raccolti, rifiutando di accorciarli. Si concentrava a fondo e, ben presto, si diffuse la voce che era molto precisa nella trasmissione dei messaggi. Si sentiva diventata grande tutto in un colpo e, le prime volte che la chiamarono «compagna», avvertì un brivido lungo le ossa. Delle volte si sedeva a tavola con la famiglia contadina dove c'era il recapito e si sentiva guardata con stima, ma il più delle volte mangiava pane e mele sulla bicicletta. Gli incarichi si facevano via via più delicati: man mano che la rete del movimento si ampliava, tener dietro ai collegamenti era sempre più difficile. Moris adesso la trattava con un riguardo tutto differente da prima, quando le affidava lui una consegna le diceva solo: «Fai a modo».

Le venivano sempre date indicazioni esatte anche sul percorso più sicuro da seguire, ma bisognava usare la testa perché si dava spesso la necessità di cambiare i piani, se si incontrava un posto di blocco o se, entrando nei paesi, si decideva di aggirare fascisti e tedeschi oppure di passarci in mezzo fingendo la più grande tranquillità del mondo. Le era capitato di dover correre velocissima o di dover andare lenta fingendo che il cuore dentro non le stesse galoppando all'impazzata. I percorsi meno esposti erano quelli su cui pedalare era più difficile, soprattutto quando pioveva e i messaggi andavano portati lo stesso. Viaggiava con sporte colme di ortaggi bene in vista che celavano rivoltelle cariche, cartucce, bombe a mano. Erano grosse borse malandate ma rafforzate all'interno con tela robusta e corda, per reggere il peso delle armi. Col tempo si fece furba e guardinga.

Una volta venne incaricata di una missione di alta responsabilità e per questo era stata associata a un'altra compagna, che poi scoprì essere l'Anita, la quale era ormai conosciuta col nome di battaglia che le avevano affibbiato per via dei suoi colori e della sua carnagione: Bianca. Il tragitto da fare era più lungo del solito, ma le armi erano quasi nuove, requisite ai tedeschi in un attacco sulla statale avvenuto verso Carpi. I partigiani che avevano messo a punto il colpo dovevano rimanere nascosti per qualche tempo. Le due ragazze dovevano raggiungerli con le biciclette e portare le armi alla Brigata Remo, nel rifugio a Casa Bellodi, lungo la via di Mezzo. Si incontrarono discrete, facendo finta di non conoscersi. Procedevano fissando la strada come ipnotizzate: l'Anita coi vecchi pantaloni dalle grandi tasche e l'elastico alla caviglia che da poco era riuscita a trovare il coraggio di indossare, la Rosina che non aveva voluto abbandonare le sue stanelle di fustagno. Ma tutt'in un momento si presentò una complicazione. C'era stata un'esondazione di Secchia che rendeva inagibili i ponti. Avrebbero dovuto affidarsi ai passatori che però caricavano su una barca le persone e su un'altra le biciclette, facendo la spola fra i due argini. All'andata le ragazze non avevano avuto problemi a separarsi dalle loro sporte di ortaggi. Al ritorno però, non avevano cuore di lasciare, anche se per poco, il loro bottino prezioso. Per essere ancora più certe che le borse non sarebbero state controllate, le avevano riempite con patate guaste e cipolle marce: il lezzo era così rivoltante che nessuno avrebbe osato fermarle. Separarsi dal loro bottino maleodorante, però, pareva a entrambe una pessima idea.

Lasciarono partire almeno due coppie di barche. Sapevano che qualcosa sarebbe accaduto.

«Qualche diavolo ha pur da passare...» continuava a ripetere l'Anita. E infatti arrivò un carro tedesco con sopra due soldati, i quali, vedendo le ragazze sole e affaticate, si offrirono tutti galanti di dar loro un passaggio. Capivano abbastanza bene l'italiano cosicché l'Anita pensò bene di rendere ancora più veritiera la loro messinscena raccomandando ai tedeschi di fare attenzione che nelle borse c'erano dentro delle bombe: «Pum! Pum!» diceva per farsi capire bene, poi scoppiava a ridere e i due soldati, pochi anni più delle staffette, ridevano di gusto, mentre la Rosina faceva buon viso ma dentro pensava che, giunte alla base, le avrebbe messo le mani addosso a quella sconsiderata.

E invece funzionò. I due ragazzi ogni tanto le guardavano poi esplodevano a ridere: «Pum! Pumpumpum!» e si tappavano il naso, dalla puzza che emanavano le sporte. L'Anita si sganasciava, con la Rosina, meno convinta, che ce la metteva tutta per ridere anche lei con un poco di gusto. Sarà stato il cattivo odore, ma i soldati non si azzardarono ad aprirle, quelle borse.

Passarono anche un posto di blocco nazista. Vedendo gli ufficiali, i due soldati si irrigidirono, affrettandosi a calare le biciclette dal carro e a far proseguire le ragazze da sole, ma appena si allontanarono dai loro superiori, le caricarono di nuovo. Fecero la strada lunga, fino a un ponte praticabile e le lasciarono in centro a Cavezzo, con l'Anita che ancora scherzava: «Piano! Piano che ci son dei cannoni! Pumpum!». Era fatta: il bottino poteva essere consegnato a Casa Bellodi. Mentre pedalavano verso la meta si guardarono. L'Anita fece un sorriso furbetto e poi staccò le mani dal manubrio e le alzò per aria, la Rosina fece uguale. Le biciclette zigzagarono poi rotolarono dentro al fosso, con un tonfo attutito dall'erba gonfia. Le due ragazze si abbracciarono, ridevano e singhiozzavano. Tanto più vive in sfiorato pericolo mortale. Si risollevarono e percorsero le ultime centinaia di metri che le separavano da Casa Bellodi dove i compagni le attendevano fibrillanti, nel timore che qualcosa fosse andato storto.

Ormai anche le staffette Bianca e Luisa facevano la spola nella pianura, col bello e il cattivo tempo. I chilometri si accumulavano nelle loro gambe, senza che se ne rendessero conto. Divennero decine, centinaia, migliaia. Recapitare messaggi e trasportare merci o armi erano i compiti più frequenti, inframezzati da missioni ancora più rischiose quando dovevano andare in avanscoperta per qualche pezzo grosso – un comandante partigiano o un commissario politico – che doveva spostarsi di giorno o accompagnare formazioni di pochi uomini da una base all'altra. Erano loro a precedere i gruppi, per controllare che la strada fosse libera. Molte fungevano da veri e propri ufficiali di collegamento. Delle volte andavano nei casolari per avvisare i contadini che era in corso un rastrellamento con razzia di animali e aiutavano a convogliarli in zone più sicure oppure si preoccupavano di ripulire le basi senza lasciar traccia, dopo che i compagni le avevano abbandonate.

All'inizio l'ebbrezza di partecipare era tale che le partigiane non stimavano veramente il pericolo: sentivano che la giustizia in cui tutti loro agivano li proteggeva come un caldo guscio. Coi primi morti si risvegliarono alla realtà. Col dolore e la rabbia però, aumentava la volontà di fare ancora di più, per rendere giustizia a chi aveva pagato con la vita quella causa per cui tutti insieme lottavano.

La Mitilda assisteva silente, ma un giorno prese da parte Moris e gli disse che la Rosina non doveva partecipare ad azioni notturne perché «non stava bene». Il ragazzo abbozzò, ma dentro di sé pensava che la mamma si sarebbe certo molto arrabbiata a sapere che, proprio il pomeriggio precedente, uno dei capi combattenti si era dovuto spostare da una base a un'altra e l'aveva fatto sulla bicicletta assegnata alla Rosina: con la ragazza caricata sulla canna, i due erano passati per morosi e nessuno aveva fatto caso al partigiano. Moris pensò che gli toccava parlare con la sorella e chiederle se «era ancora a posto». Ma fra una cosa e l'altra, se ne dimenticò.

La Rosina sapeva di poter contare su sua cognata Nadina e allora la coinvolgeva per compiti rapidi, tipo consegnare i volantini di propaganda che spiegavano le ragioni e gli obiettivi del movimento, stampati nella tipografia di Pollastri Aldo. La Nadina ci andava con l'Armida. Entrambe sapevano quali erano le donne da cui guardarsi, quelle che spiavano, sparlavano o addirittura andavano coi nazifascisti. Erano tempi di solidarietà e di sospetto. Le donne sferruzzavano calze di lana e non chiedevano mai per chi erano. Si fidavano delle ragazze. In mezzo all'indigenza mangiavano polenta e cucinavano i pasti più abbondanti dopo il tramonto, quando i partigiani uscivano dai loro rifugi.

Una sera di primo autunno, attorno alla tavola della

Cà Granda dove si era cenato con pastasciutta annaffiata dal lambrusco, si sviluppò un'accesa discussione. La Nadina era arrivata con un numero di «Noi Donne», dove in prima pagina si poteva leggere *Prepariamoci ad amministrare ed a governare*. Togliatti aveva proposto di estendere alle donne il diritto di voto e gli scetticismi malcelati negli alti ranghi della politica si riproducevano alle tavole di tante case delle persone impegnate nella lotta di liberazione. Ettore non aveva commentato. Si era limitato a dare una rapida occhiata e aveva tirato su le spalle, accendendosi una sigaretta ancor prima di aver terminato la cena. Era nervoso e preoccupato in quei giorni e mangiava meno del solito. Sentiva lo sguardo carico di rimprovero del padre, che non diceva nulla ma gli comunicava il suo dissenso per il fatto che, a quanto pareva, non era buono di tener a bada sua moglie, la quale se ne andava in giro con la sua amica di dubbia fama a frequentar riunioni di donne che volevano ribellarsi all'autorità dei padri e dei mariti.

«Le donne si esprimono al meglio dentro le mura di casa. È inutile che vi date tanto da fare per diventare quello che non siete. Né riuscirete mai a essere.» Pìpi aveva preso la parola: «Abbiamo cose più importanti da fare, adesso. E rischiamo la vita tutti giorni. Non trovate niente di meglio che venire a fare le vostre rivendicazioni?!».

La Mitilda e le nuore cominciarono a sparecchiare la tavola, come per accelerare la fine di quella situazione che stava prendendo una brutta piega. Ma la Nadina, la Rosina e la Dolores restarono stranamente immobili al loro posto. Erano attraversate, con sfumature differenti, dalla stessa rabbia e da una sensazione di impotenza implosa che le paralizzava. I bambini intanto mangiavano i sughi d'uva, ognuno dal piatto che gli era stato assegnato, come costumava alla Cà Granda. Con le punte della forchetta si divertivano a bucherellare la densa patina già increspata da fiorellini di una muffa dal buon sapore asprigno per lasciar fuoriuscire la dolce pomata violacea, che la farina e lo zucchero producevano a mischiarsi con l'uva nuova. Evro era stato goloso e aveva finito subito la sua razione, così ora provava a portare via a Embro la sua, mentre la Solidea badava a difendere suo fratello dagli assalti del cugino.

«Non siete gli unici a rischiare la vita» disse la Rosina in un sussurro, fissando il suo piatto vuoto. Non credeva sarebbe riuscita a dirlo, ma le parole le erano uscite dalle labbra ancor prima che potesse articolare il suo pensiero.

«Adesso non ti crederai, perché ti facciamo fare qualche giro in bicicletta, di essere diventata così importante!?» Pìpi la guardò col disprezzo da superiore che le aveva sempre riservato fin da piccola, non appena lei chiedeva qualcosa che lui voleva per sé o provava a far sentire la sua voce. Aveva negli occhi una furia che la feriva, nonostante in fondo sapesse bene che non fosse dovuta a motivi personali. Era un'insofferenza diffusa, mescolata a una fierezza atavica troppo a lungo sopita. Lo aveva sempre ammirato quel fratello temerario, sprezzante, dalla parlantina svelta e corrosiva. Ma lui era come se non la vedesse e, quando la vedeva, mostrava il suo fastidio e la sua disapprovazione.

«L'idea è di Togliatti, dovrete farvene una ragione. Se il capo ha deciso così...» La Nadina voleva aiutare la giovane cognata e al tempo stesso rimettere il cognato al suo posto, ricordandogli che esistevano gerarchie anche dalla sua parte e che lui non ne occupava i gradi più alti.

Ma Pìpi fece finta di non sentirla e si rivolse direttamente a suo fratello Ettore: «Meglio che dici a tua moglie di dare una mano in campagna, che c'è bisogno».

La Nadina si sentì ribollire per l'umiliazione. Assottigliò le labbra per deglutire l'amarezza e portò il suo piatto nel lavello.

«Le motivazioni del compagno Togliatti saranno chiare a lui, ma manca ancora di spiegarlo alla base. E non sarà semplice» intervenne Moris, con l'aria di voler dare un colpo al cerchio e uno alla botte, mentre faceva trottare sulle ginocchia l'Edda, l'ultima nipote arrivata alla Cà Granda, che mandava gridolini entusiasti.

«Bisogna che dimostrate di essere diversi per davvero, se no poi la gente non vi crede più...» intervenne la Dolores. Ma subito, ritenendo anche lei di essere rimasta troppo a lungo inoperosa, prese le cose che aveva sporcato e le portò nel lavello.

La Rosina si alzò con uno scatto non previsto e corse in camera. Si sedette sul letto con la testa fra le mani. Avvertiva un magone alla gola, ma non voleva piangere. Lo spingeva giù, con testarda ostinazione, ma sentiva che andava a schiacciarle il cuore e i polmoni, lasciandola senza respiro.

L'Anita non aveva smesso di lavorare all'osteria del Baraccone. Anche volendo, non avrebbe potuto permettersi di lasciare i genitori e la sorella senza il suo salario che era l'unico fisso dell'intera famiglia. Un sabato sera si presentò lì un antifascista di lunga data, che la ragazza conosceva di vista perché in gioventù era stato amico del padre. Era invecchiato precocemente e già leggermente ricurvo, nonostante non dovesse avere più di quarantacinque anni: era stato perseguitato e incarcerato. Si avvicinò al bancone, dopo essersi accertato che nessuno potesse udire, e le disse: «Stai facendo cose importanti e ci hai sorpresi per il tuo coraggio. A San Possidonio puoi essere utile».

La ragazza lo scrutò senza lasciar trasparire nessuna emozione sul volto: «Non posso lasciare il mio lavoro. Ci viviamo in quattro».

«Per ora non è necessario e, se lo diventerà, il partito non si dimenticherà della tua famiglia.»

«Fatemi sapere di cosa c'è bisogno» disse lei e si voltò verso le bottiglie collocate sugli scaffali retrostanti, prese quella della grappa e ne versò un bicchierino al compagno.

«Abbiamo un combattente ferito nascosto a Casa Poletti, al Molinetto. Serve carne per fargli del brodo: è molto debole.»

«E volete che la prenda da qua?»

«Non se ne accorgeranno.»

«Va bene. Ci penso io.»

L'Anita non portò via la carne dal Baraccone. Era troppo grata a Bignardi per quel lavoro e non voleva rubare a chi non ostacolava il movimento. Uscita dall'osteria si diresse verso Disvetro, in un casolare che i tedeschi avevano occupato e dove passavano le serate a gozzovigliare facendosi servire dalle ragazze del luogo. Un'amica dei tempi della scuola le aveva raccontato che si era rifugiata dai suoi zii per non essere più obbligata a fare i comodi degli occupanti. Era scappata da una stanza sul retro, senza far rumore perché gli scuri erano rimasti senza serratura da molto tempo. Non c'erano nemmeno cani a fare la guardia perché una notte un soldato ubriaco, innervosito dall'abbaiare dei due bastardi di casa, aveva estratto la rivoltella e li aveva freddati entrambi.

L'Anita penetrò nell'edificio dalla stanza indicatale dall'amica. Il silenzio era scandito soltanto dal russare sordo di molti uomini. Entrò quatta in cucina, dove si accorse che il giovane soldato che avevano lasciato di guardia su una sedia dormiva anche lui della grossa, con la testa che gli ciondolava a semicerchio sul collo e le mani abbandonate sulle cosce. Sul fornello la pentola, dove tutto il pomeriggio avevano lasciato bollire la carne per il pranzo della domenica. L'Anita sapeva che anche in quei tempi di miseria i tedeschi non si facevano mancare nulla. Sollevò il coperchio e il profumo generoso del brodo le pervase le narici. Inalò con voluttà – sapeva di buono – ma si affrettò subito a fare quello per cui era venuta: infilò una mano nella pentola, tastò il manzo, tenero e sfilacciato, lo afferrò e se lo infilò dentro al grembiule che, diversamente dal solito, aveva evitato di togliersi una volta finito di lavorare. Poi sgattaiolò di nuovo dalla finestra rotta.

Aveva lasciato la bici nascosta in un fosso lontano dalla carradona principale. La tirò su tenendo i lembi del grembiule uniti fra due dita e guidò con una mano sola in direzione di San Possidonio, stringendo il prezioso fardello con tutta la concentrazione che le rimaneva. Verso le quattro di mattina raggiunse Casa Poletti. Entrò con la parola d'ordine che le aveva comunicato il compagno che l'aveva contattata. C'era un gappista di guardia: «C'hai messo più del previsto».

«Mi sono attardata a lavorare.»

Il compagno la guardò con scarsa convinzione, ma quando l'Anita gli porse il manzo, lui si concentrò su quello:

«In cucina c'è una pentola con dell'acqua sulla stufa. L'è bella salata. Buttaci la carne e riattizza le braci» le ordinò. Lei ubbidì, nonostante sentisse le gambe pesanti come due tronchi di quercia e le palpebre sul punto di crollarle.

Tutti restarono allocchiti quando, a novembre, il comandante in capo delle forze alleate nel Mediterraneo, l'inglese Harold Alexander, ordinò ai partigiani di cessare le attività di guerriglia per fronteggiare il nuovo nemico Inverno. «Diventate invisibili che se ne riparla a primavera»: questo si chiedeva ai resistenti. Per chi era sbandato o renitente alla leva significava gelidi mesi alla macchia. Fu un duro colpo per il movimento, che provocò un dimezzamento delle adesioni rispetto al picco dell'estate. Sembrava di dover ricominciare da capo. Le temperature si preannunciavano rigidissime e, in mezzo a queste nuove asperità, l'iniziativa di distribuire delle messi ai contadini si fece ancora più preziosa: la popolazione era ridotta allo stremo. C'erano famiglie che ormai contavano solo sulle azioni partigiane per sostentarsi.

Il comandante generale delle Brigate garibaldine e vicecomandante del Corpo volontari della libertà Luigi Longo reagì al proclama con una lunga nota, in cui scriveva che il movimento, nei mesi a venire, avrebbe dovuto intensificarsi e allargare le sue forze, continuando ad alimentare quella propulsione dal basso che si era corroborata nei quindici mesi della sua esistenza.

I frequenti assalti alle pattuglie, le occupazioni notturne dei centri abitati, le azioni dei Gap contro i provocatori e le spie stavano rendendo molto difficile la vita della Repubblica sociale italiana nella Bassa Modenese. L'insicurezza della statale verso il Brennero, continuamente assaltata, complicava il transito delle autocolonne e dei trasporti militari. Da poco si era sparsa la voce che un certo Pasquini, tornato in paese dopo essere partito volontario per la guerra in Africa nel '37, era stato giustiziato dai partigiani al casino dei Pignatti. Si era fatto notare perché se ne andava in giro con un vistoso impermeabile bianco, fumando sigarette Macedonia e parlando male del fascismo. Aveva fatto catturare due compagni che erano stati torturati e fucilati.

La sera del 6 novembre Pìpi era stato ferito a un piede. Con dieci compagni si trovava nelle discese del Ponte Motta per raggiungere il mulino e intimare al mugnaio di macinare anche per i poveri senza portargli via la farina, quando sulla Provinciale si erano trovati davanti un battaglione di SS tedesche: trentadue persone, con le armi lucide e moderne caricate bene in vista sui manubri delle biciclette. C'era un quarto di luna e si intravedevano le penombre a una distanza di trenta o quaranta metri.

Il nemico era spuntato dalla semicurva imponendo l'alt. Pìpi ed Egidio avevano tirato fuori svelti il mitra, ma gli altri non si erano fatti attendere a lungo e avevano cominciato a sparare anche loro. I partigiani si erano buttati tutti nei fossi ma, prima di riuscire a trovare riparo, Pìpi aveva sentito una pallottola trapassargli il piede, gli era entrata dalla parte anteriore, fra le dita, e gli era uscita fuori dal calcagno. Era riuscito comunque a lanciare un paio di bombe a mano e intorno si era scatenata la malora. Incredibilmente non c'erano stati altri danni fra i partigiani, mentre dei fascisti, sei erano morti e tre feriti.

Gino Cavalieri venne a prendere il fratello per portarlo a casa sua, al Cavezzo, dentro un sacco di frumentone. Vedendolo arrivare, i vicini si stupirono che avesse comprato così tanto grano: ci aveva tre galline in croce, dove mai poteva averlo trovato il denaro per tutto quel ben di Dio!? Ma presto seppero qual era il contenuto del sacco e non fiatarono nemmeno coi parenti più stretti. Era gente fidata e accorta: giusto dall'altra parte della strada i tedeschi avevano occupato una villa, se avessero saputo che lì si nascondeva un partigiano ferito non avrebbero risparmiato nessuno.

Bisognava intervenire sul piede di Pìpi però, perché rischiava la cancrena. Sua cognata Olga allora lo truccò ben bene e poi lo imbacuccarono dentro a uno scialle, avvolgendogli il capo in un foulard, infine lo caricarono sulla biga trainata dalla cavalla Roma che Gino aveva preso in prestito alla Cà Granda.

Erano quasi all'ospedale della Mirandola, quando gli si parò davanti una pattuglia tedesca e li fermò. Ma Gino partì deciso con la pantomima:

«Mia madre avere appendicite. Dovere andare ospedale».

I soldati però non sembravano troppo convinti e Gino cominciò a sudare freddo. Si ricordò allora della tessera da collaboratore del Terzo Reich che i nazisti avevano lasciato a tutti gli operai del macello dopo averlo occupato. Una tessera che gli pesava portare in tasca. Ma fu proprio quella a salvare la vita a lui, sua moglie e suo fratello.

«Andare. Fare presto. *Auf Wiedersehen*» bofonchiarono crudi i soldati appena la videro.

All'ospedale a Pìpi ingessarono la gamba. Zoppicò per parecchi giorni, ma il pericolo della cancrena era stato scongiurato.

Visto che nelle campagne la repressione nazifascista non aveva raggiunto nemmeno gli obiettivi minimi, gli alti comandi decisero di «ripulirle a dovere». La brigata nera Pappalardo che agiva nella zona fu una delle più crudeli ed efferate. I tedeschi entravano nelle case buttando per aria attrezzi e masserizie, rubando tutto il cibo che potevano. Poi facevano il giro dei pollai per portarsi via le uova e, se non trovavano quel che volevano, appiccavano il fuoco a case e fienili. Se qualcuno provava a protestare, lo schiaffeggiavano o usavano il calcio del fucile. Le donne guardavano per terra, le vecchie scuotevano la testa. I vecchi sputavano di lato, con gli occhi sempre più piccoli di fatica, velati da una patina bianca. I più poveri erano denutriti e quando qualcuno si ammalava mancavano i soldi per curarlo. La gente sperava solo che arrivasse il prima possibile una liberazione. Qualcuno ancora pregava.

A Motta giunsero il 27 novembre. Pìpi, ancora dolorante per il piede, era febbricitante. Moris riuscì a farlo nascondere con lui sotto un'enorme conigliera e la scamparono. Nella furia scalcagnata dell'aggressione, il capanno delle erbarie venne ignorato. Da fuori sembrava un bugigattolo per gli attrezzi, probabilmente fu per quello. O forse no. La Zaira, l'Armida e la Liuba con Seme si erano rifugiate nella golena, contro l'argine. Rannicchiate in faccia a Secchia in mezzo alle canne palustri, si dicevano «Meglio i ratti che i crucchi», unendosi in cappa sigillata di corpi, unico stelo.

Calata la sera, rientrarono al capanno e lo trovarono intatto. L'odore potente dello stramonio dell'Isaura lo avvolgeva, più intenso al calar delle tenebre, e la Zaira sentì che la madre le stava aspettando, severa e senza cerimonie. Si mise a preparare un decotto di tiglio e melissa, mentre l'Armida si sedeva sul pagliericcio facendosi raggomitolare la figlia con la testa appoggiata alle sue gambe e una mano infilata sotto la guancia. Seme si accovacciò in fondo a quella mammifera cuccia e piombò in un sonno esausto, irto di tremiti e improvvisi singulti. La Liuba invece si addormentò con le vene azzurrate dei polsi rivolte verso il soffitto, pervicace nella sua resa fiduciosa. A vederla così l'Armida sentì un magone denso spingerle alla bocca dello stomaco, tanto carnale da tenderle la gabbia toracica e accorciarle il respiro. L'amaro gusto del risentimento le traboccava nel petto. Un'antica rabbia le graffiava le viscere. L'odio per la guerra e per gli uomini che la fanno. Senza mai pensare al cucito lento, ripetuto e coriaceo, del corpo nuovo che nel ventre viene. Senza sentirlo, loro. Che non lo sanno. E badano a distruggere.

9
Scalze comete

Qualche tedesco doveva avere preso di mira la Rosina che una volta si trovò la bicicletta senza pedali. Era sicura che quella sparizione fosse frutto di un'iniziativa spontanea di cui i comandi occupanti erano all'oscuro, e aveva il sospetto che c'entrasse qualcosa un biondino, un militare molto giovane che la voleva da quella volta che era andata a protestare perché i fascisti erano venuti a rubare in casa. Suo fratello Moris le aveva dato l'ordine di andarsi a lamentare per gettare sulla casa un alone di normalità: così avrebbe fatto una famiglia di contadini che si sentiva ingiustamente vessata. Alla base tedesca la Rosina aveva trovato questo biondino che aveva preso molto a cuore la loro causa, solo che dopo se lo trovava in mezzo a ogni piè sospinto e aveva dovuto fargli capire che lei non era disponibile. Probabilmente la sparizione dei pedali era la vendetta del ragazzotto. Ma la Rosina non poteva permettersi di perdere tempo né di stare su una bici senza pedali e allora, quando davanti alla trattoria del Baraccone ne aveva vista una appoggiata al muro, aveva lasciato lì la sua e se l'era portata via: una bici alta, da uomo, di cui sfiorava i pedali solo con la punta dei piedi. Quando era arrivata alla Cà Granda Giovanni Battista si era accorto, già da come guidava, che quella non era la sua bicicletta: «Be', dove l'hai presa questa qua?» le aveva domandato avvicinandosi e poggiando le mani sul manubrio per guardarla diritto negli occhi.

«I tedeschi mi han rubato la mia e allora ho preso questa, non so mica di chi è... L'ho presa e l'ho adoperata perché mi serviva, non posso stare senza...»

Ma il vecchio Cavalieri non le aveva fatto finire la frase e le era arrivato con un ceffone sulla testa, rapido e preciso:

«*T'an sìa minga na lādra! Vàla a purtar in du t'la tolta, d'un Dio!*».

Non sei mica una ladra. Torna a portarla dove l'hai presa, per Dio! Era tornata indietro a testa bassa e aveva ripreso la sua bici mutilata, riconducendola a casa a mano. Fortuna che i compagni le avevano poi montato un altro paio di pedali e in un attimo si era ritrovata in sella, a farli roteare appoggiandoci sotto il piede, nel gesto delicato e ormai esperto di chi ricerca il punto migliore per un affondo efficace.

Quel pomeriggio la Rosina venne mandata d'urgenza a prelevare un giovane studente di medicina che abitava verso San Possidonio, per curare un compagno ferito. Lui la aspettava con la valigetta pronta e, appena scambiata la parola d'ordine, prese il posto di guida sulla bici della staffetta e la fece salire sulla canna. La ragazza assunse l'aria più scanzonata che poteva, il dottorino s'improvvisò perfino a fischiettare per sembrare più disinvolto. Aveva aderito per istinto alla causa del movimento, ma quel momento di apparente spensieratezza se lo stava gustando per davvero. Non aveva dimenticato certi lussi dei tempi andati.

La Rosina aveva raccolto i capelli ricci in una coda di cavallo e indossava una camicetta a quadretti bianchi e rossi, infilata dentro una stanella di lana blu, molto spessa. Aveva anche le calze lunghe, perché l'inverno era dei più gelidi. Il ragazzo sentiva provenire dalla nuca della giovane l'odore lievemente affumicato tipico delle cucine di campagna, e lo inalava in generose sorsate perdendosi lungo la linea della sua schiena sepolta sotto strati di lana. I loro respiri ispessivano l'aria gelida di un fumo fosco. La partigiana consegnò il giovane laureato a un compagno, gli lasciò la bici e s'incamminò a piedi lungo i campi, per tornare alla base comando di Casa Bellodi. Era stanca, ma la sua giornata non era finita. Si mise a preparare la colla con acqua e farina per poi andare ad attaccare manifestini durante la notte, a piedi, perché di biciclette non ce n'erano mica tante in giro.

Non solo gli uomini pativano le conseguenze del vivere alla macchia. Il cibo scarseggiava, si sentiva la mancanza di vitamine. Alla Rosina capitava di insognarsi la polenta pucciata nel sugo o delle volte anche un bel piatto di tortellini in brodo col bollito di manzo e la salsa di prezzemolo. Quando inforcava la sua bicicletta la ragazza avvertiva un indolenzimento diffuso nelle ossa, mai provato prima. Le venne una brutta infiammazione alle gengive, proprio quando era necessario per lei stare più nascosta perché si erano levati dei sospetti per dei volantini di propaganda apparsi vicino al municipio del Cavezzo. Allora, siccome in casa non c'era nient'altro, il dottorino le insegnò a fare i gargarismi mettendo in un bicchiere d'acqua alcune gocce del verderame che usavano in campagna per proteggere le viti.

La Mitilda infranse il suo negro mutismo e una sera, vedendo la figlia salire sulla bici, la rimproverò perché usciva sempre dopo il coprifuoco.

«Perché coi miei fratelli non ci dite mai niente, mamma?»

La Mitilda l'aveva guardata, torva: «*Mo tè t'sìa na dóna!*».

Ma sei una donna, tu! La Rosina inforcò la bici senza risponderle, scuotendo piano la testa, gli occhi velati di una stanchezza amara.

Intanto la Nadina partecipava, quando poteva, alle riunioni segrete dell'Udi e, avendo dovuto rinunciare a formarsi come ostetrica, andava dove la chiamavano a fare le punture. Anche le altre madri della Cà Granda davano una mano a combattere l'inverno inclemente. Alla sera nella stalla sferruzzavano calze, maglie e coperte da dare ai ragazzi nascosti. Delle volte venivano delle donne dalle cascine dei dintorni: «Ma com'è che lavorate sempre? Dammi ben due ferri anche a me Dolores, che a vedervi così indaffarate mi sento in difetto». E via che partivano anche loro a sferruzzare, facendo finta di non sapere a chi sarebbero andati quegli indumenti.

Anche i bimbi aiutavano avvolgendo la lana delle vecchie maglie dismesse attorno a un pezzettino di cartone per fare i gomitoli che poi passavano alle madri e alle nonne. Nella grande cucina le donne impastavano il pane e, dopo poco che lo avevano infornato, l'aria si riempiva di un odore croccante, filo coriaceo da un tempo antico che si spandeva in quelle vite di slancio e di angusto respiro. Giovanni Battista aveva risolto il problema di nascondere le munizioni, riempiendo di pallottole alcune delle bottiglie di vino in cantina. Le armi invece, le faceva mettere nello spazio fra le volte, dove aveva fatto in modo che una mattonella scorresse. Collocato sopra questo laterizio mobile c'era il cantarano della cucina su cui le donne impastavano il pane.

Di giovedì la Solidea tirava via le mosche dai vetri della cucina e spazzava il cortile. La Nadina era stanca ma non voleva rinunciare al suo impegno con le donne né si tirava indietro se c'era da andare a fare una puntura. Visto che non aveva imparato a mungere le mucche le dicevano che allora doveva pulire la stalla e portare fuori il letame con la barella. Un peso enorme. La Solidea ci voleva provare, ma era un compito più grande di lei.

Ora che i padri erano via o dovevano stare nascosti e le donne li sostituivano anche nei lavori pesanti, i bambini vivevano ancora più liberi di prima. Quelli piccoli, le donne li buttavano nell'erba con una trottola e qualche animaletto intagliato nel legno, mentre loro lavoravano lungo le piantate. I neonati invece, li coricavano sotto un'ombra, dove gli sguardi delle madri non sempre potevano arrivare. Andavano a vederli le poche volte che potevano, per allungargli i seni doloranti, gonfi di un latte slavato di fame.

Un giorno l'Enny di pochi mesi se ne stava seduta in mezzo al carradone del podere, quello che portava verso la casa della Liuba. Tutt'in un momento, alla guida di un biroccio, giunse un contadino a servizio dei Morselli. Doveva avere una commissione urgente perché procedeva a spron battuto. Non vide l'Enny che stava giocando tutta assorta in mezzo al passaggio. Quando la

Solidea, Evro e Embro si accorsero che il carro stava per investirla, cominciarono a sbracciarsi e a urlare. Intanto dalla cucina erano uscite la Nadina e la Dolores con la vecchia Mitilda, mentre dall'orto era arrivata di corsa anche la Malvina, la madre. Aveva raccolto delle cipolle e tre cespi di lattuga che teneva nel grembiule, di cui impugnava i lembi facendo un cesto di stoffa. Cominciò ad agitare le braccia, lasciando i lembi, e dal grembiule tutti gli ortaggi rotolarono a terra. Urlava al contadino di fermarsi e sua figlia Edda, che era nell'orto con lei, piangeva disperata alla vista della sorellina in pericolo. Intanto la piccola si era accorta del subbuglio e aveva alzato la testa dalla trottola con i grandi occhi stupefatti, ma non aveva fatto in tempo a muoversi che il biroccio col cavallo le era passato sopra. Tutti accorsero nella direzione della bimba, il contadino realizzò che qualcosa non andava e frenò con violenza, quando ormai, però, aveva oltrepassato il punto in cui l'Enny stava giocando.

La bambina era rimasta in mezzo al carradone, impietrita dal terrore. Illesa. Il carro non l'aveva nemmeno sfiorata. La Malvina corse verso di lei e la sollevò da terra portandosela al petto in affanno per via dei singhiozzi che le davano le convulsioni. Ma intanto aveva cominciato a ridere, mischiando spavento e sollievo in incontenibile miscela. A quel punto però la piccola prese a urlare disperata. Tutti le furono intorno, in una morsa convulsa di paura e di felicità. Passata l'euforia dell'averla scampata bella, la Solidea prese sotto: la Nadina la sgridò forte perché non aveva prestato abbastanza attenzione alla cugina.

Il 28 novembre venne arrestato anche Angelo Smerieri. Lo presero di sprovvista, mezzo nudo, e lo condussero insieme a molti altri all'Accademia militare di Modena, dove restò rinchiuso in prigione per dieci giorni, immerso nel buio. L'8 dicembre arrivò il camion che li avrebbe deportati in Germania: li avevano ammucchiati al freddo, nel cortile dell'Accademia. Il fioco sole di quell'inverno tetro mandava troppa luce per i suoi occhi disusi. Avvertiva dei bisbigli tenui intorno a sé – voci di donne accorse lì nella speranza di vedere un'ultima volta i loro mariti, i loro fratelli, i loro figli. In un istinto estremo, reso più ardito dall'annebbiamento visivo, Angelo fece della folla calotta che protegge e ci si buttò in mezzo. Sgattaiolò seminudo e imbrattato fino alle radici dei capelli nel giardino di una villetta vicino alla stazione e vi restò immobile per tutto il giorno. Soltanto al tramonto uscì e prese di stramezzo ai campi. Raggiunse Carpi la mattina successiva. Sua sorella Umbertina ormai lavorava per diversi Gap dell'intero distaccamento, spostandosi in bicicletta fra Mirandola, Fossa, Concordia e San Possidonio, per trasportare armi, ordini, volantini e indumenti. Recava notizie alle famiglie, delle volte partecipava ai combattimenti. Si era fatta esperta. Aveva saputo imparare in fretta: non le mancavano fiuto, spirito d'iniziativa e la prudenza necessaria a non compiere azioni avventate. Non destava sospetti, perché era scaltra e discreta. Tutte le volte che poteva, passava a vedere suo figlio Almo. Lo faceva trottare sulle ginocchia e gli racchiudeva le mani, una a una, fra le sue – becco caldo in sigillo di sangue. Si sentiva scorrere la vita nel suo polso bambino, la lena calda del piccolo respirata sulla sua guancia le infondeva persuasione. Stringeva i denti, gli occhi stretti, allungati a distillare lacrime che però non cancellavano la speranza in futuri giorni di dedizione totale a quell'amore. Un amore che avvertiva con tutto il suo corpo, la sua testa, nella propulsione ostinata del suo spingere sempre e comunque in avanti. Del suo protendersi alla luce. Girasole nata.

Intanto era tornato alla Motta anche Umberto Reami. Era arrivato dalla Russia coi piedi congelati e l'avevano curato in un ospedale alle porte di Milano. Una volta dimesso, aveva rifiutato di arruolarsi nelle file dei repubblichini. Il 14 ottobre del '44 era entrato nella Brigata Remo col nome di battaglia di «Tinco» e la speciale mansione di trovare ubicazioni per i rifugi e di crearli. Occorrevano ingegno e buona capacità comunicativa, perché non si potevano costruire rifugi senza che i contadini acconsentissero a prestare le loro stalle, le loro case e i loro fienili.

Sua madre se l'era visto tornare a casa un giorno di fine settembre. Lungo l'orizzonte dei campi piatti, la Rosa Pacchioni aveva scorto la sua sagoma alta, spalle larghe e gambe lunghe, col capo concentrato nella traiettoria che disegnava leggero sul terreno. Portava addosso una camicia logora e un paio di pantaloni troppo corti per lui – non era solo la magrezza a farlo sembrare più alto, lo era diventato davvero, fuori dai limiti dell'età per crescere, fra le febbri e i patimenti.

La donna si era alzata dalla sedia che teneva davanti all'uscio fino ad autunno inoltrato, e gli era corsa incontro. Quando gli era arrivata davanti aveva appoggiato le mani solide sui gomiti del figlio, come a volersi sincerare che fosse vero, poi lo aveva abbracciato, accarezzandogli la testa fino al collo, ancora liscio. Accanto a lui, lei pareva stranamente piccola. Umberto aveva compiuto ventitré anni sei mesi prima, in un luogo che lei non era mai riuscita a immaginare e che lui voleva fare di tutto per dimenticare.

Il ragazzo si era sentito imbarazzato, ma aveva posato la testa sulla sua spalla e respirato a fondo quell'odore rasserenante. Aveva avvertito i muscoli allentarsi dall'allerta, il cuore calare finalmente il battito, nel conforto di quel momentaneo oblio.

«*At sìa turnā a cà finalmèint.*»

Sei tornato a casa finalmente. Lo aveva avuto con sé per pochi giorni. Notti in cui si addormentava nel tepore consolante di averlo appena visto respirare nel letto, vivo, accanto alla sua stanza. Ma quando lui aveva manifestato la volontà di creare un rifugio anche lì a casa, lei stessa aveva scosso il capo, poco convinta: «Questo non è un posto sicuro. Le figlie della Stortina scherzano coi tedeschi e hanno l'abitudine di fare molte domande».

A malincuore, la vedova Reami lo convinse a cercare altre postazioni, lontano da casa.

L'essere umano può degenerare in un baratro ignoto alla bestia, che non conosce crudeltà. I nazifascisti si sentivano ormai in un vicolo cieco e reagivano di conseguenza.

Una mattina che stava tagliando della legna nell'aia di casa sua, Egidio si ritrovò circondato da dieci squadristi. Ordinò a sua madre di farsi da parte e cominciò a roteare l'accetta a una velocità folle con gli occhi indemoniati che parevano sputare fuoco. I fascisti furono colti di sorpresa e non poterono che darsi alla fuga. Tornarono di lì a poco con due camionette ma Egidio era già andato di lungo, verso il rifugio nel campo di granturco.

Quando calò la sera, volle uscire. Dentro si respirava a fatica, ma il motivo non era quello. Anche se non lo avrebbe mai ammesso, aveva desiderio di rivedere l'Anita. Si sarebbe messo lungo il fosso in attesa che lei passasse in bicicletta, dopo il lavoro al Baraccone. Stava disteso sotto i filari con le braccia incrociate dietro la testa, in ascolto di ogni rumore sospetto. Anelava l'abbandono del sonno, brevi palpiti d'incoscienza rigenerante, ma il freddo del suolo gli arrivava fino alle ossa. Sentiva che sarebbe stato un inverno lungo.

La bici dell'Anita giunse prima del previsto: non doveva esserci stato un gran movimento in trattoria quella sera. Egidio fece un fischio lieve, che lei riconobbe.

«Sei qui» gli disse.

«Sono uscito un attimo.»

«So che ti cercano.»

«Sì, sono passati a casa mia.»

«E...?»

«Se mi vedi qua, un motivo ci sarà.»

Lei tirò su con le spalle, come se la cosa non la riguardasse. Continuava a rimanere sulla bici, con un piede sul pedale e l'altro a terra, mentre lui non si era nemmeno scomodato ad alzarsi. Teneva ancora le braccia incrociate dietro la testa.

«Me ne danno troppe, di colpe. Sono anche convinti che sia andato a rubare carne dal loro brodo in una casa che hanno occupato a Disvetro.»

L'Anita ebbe un sobbalzo che riuscì a restare segreto.

«Quelli che rubano per sé non sono compagni. Sono sciacalli. La fame è brutta, ma se ci mettiamo in cattiva luce perdiamo anche l'appoggio della gente» continuò lui.

«Evitami la predica che queste cose le so. Come fai poi a sapere che è stato un furto e basta?»

«Un'azione così pericolosa per andare a rubare un pezzo di carne è da scriteriati. Nessun comandante con un po' di sale nella mazzocca lo avrebbe mai ordinato.»

Lei sentì un malessere allo stomaco, una nausea sottile che la pervadeva annebbiandole la vista.

«Sono stata io» disse all'improvviso, sottovoce, come se fosse risentita.

«Tu?»

Aveva assunto un'espressione accigliata, ma dentro sbalordiva. Non lo lasciò vedere, però. La guardò con la fronte aggrottata:

«Non possono averti ordinato una stronzata del genere!».

«Volevano che prendessi la carne al Baraccone...»

«Aveva senso e potevi lasciare un *pagherò*» disse Egidio, tirandosi su a sedere.

«Seee. Me li dà Bignardi lui, i *pagherò*... Non posso tirare troppo la corda. Il lavoro mi serve. Serve a tutta la mia famiglia.»

Lui la guardò, diverso. Distese la fronte seguendo i lineamenti del suo volto. Acerbo e serio, lo sguardo indomito. Il seno lieve. Egidio stava sprofondando in quella visione, pervaso da un desiderio sconosciuto. Non gli piaceva sentirsi esposto. Il sangue gli si raddensò all'altezza del petto, ma si scosse: «Hai messo a repentaglio la vita dei compagni. Ti sei comportata da irresponsabile».

Lei si sentiva paralizzata, ma riuscì a contrastare la

morsa della vergogna in cui si sentiva stretta, e scese dalla bici che mollò dentro al fosso. Gli arrivò dritta addosso e lo spinse di nuovo giù sdraiato. Si gettò sulle sue labbra e lo baciò con rabbia. Furono pochi secondi poi si ritrasse, come un brusco risveglio. Rimontò sulla bici e pedalò via, rapida, esplodendo in un singhiozzo sincopato, a sciogliere un nodo che la stava strozzando. Il paesaggio si fece acquoso e ondulato, sfocato dalle sue lacrime. Non si era mai sentita così stanca. E viva.

Lo lasciò stordito, sotto i filari. Incapace di rialzarsi e tornare al rifugio, Egidio gettò indietro la testa e fissò il cielo stellato, sotto cui lui era così piccola cosa. Non fosse stato per quel palpito nel petto, potente come un puledro al galoppo.

Quell'inverno venne così freddo che i pioppi si squarciavano per la lunga fino a spaccarsi in due. Quando nevicava si potevano vedere le cornacchie giungere in stormi gracchianti fin dal Bosco della Saliceta. Una spessa siepe di biancospino chiudeva il mattatoio su un lato, mentre sugli altri due vi era una rete metallica tutta arrugginita, con dei buchi così grandi che anche i cani randagi di una certa stazza ci potevano passare senza sforzo. Attorno, la prima campagna, con i suoi filari di viti inframezzate dagli olmi. Nonostante la neve abbondante, il cumulo dei rifiuti rimaneva sempre in vista, perché il calore che producevano nel loro decomporsi scioglieva la neve appena vi si posava. Nel silenzio sospeso del mattino, si sentivano arrivare le cornacchie molto prima che non si potesse vederle; il loro grido era di affamata pretesa. Appena giunte sul terrapieno, planavano su ciò che il personale aveva già gettato: budella, qualche pezzo di sego, delle placente col feto mescolate a sterco di bovino. Se d'improvviso si udiva il rumore del catenaccio, la gazzarra si placava d'un colpo: due addetti stavano aprendo il portone e si sarebbero portati al centro del cumulo, dove avrebbero rovesciato la barella che trasportavano per poi subito rientrare. A questo punto scoppiava una zuffa violenta: beccate, versi belluini, piume che volteggiavano sinistre. Qualche cornacchia riusciva a volar via verso un olmo, per posarsi e consumare il suo pasto. Ma capitava che le budella si attorcigliassero attorno a un ramo e l'uccello riuscisse a mangiarne solo una minima parte, nonostante strattonasse con tutte le sue forze. Se i resti erano di un'unica bestia c'era chi rimaneva a bocca asciutta, se invece toccava la fortuna che i bovini squartati fossero stati due, allora sì che c'era da mangiare per tutte. Le cornacchie che si erano ingozzate rimanevano sul ramo d'olmo per un'ora buona, a lisciarsi le penne e farsi un riposo. La campagna esplodeva in centinaia di crepitii mentre intorno alle cascine si accumulavano le cornacchie morte, che non pesavano più nulla da tanto che erano secche: una carcassa di piume e ossa.

Alla Solidea era toccato diventare grande in fretta; in casa c'era sempre più bisogno. La Liuba allora aveva preso a giocare spesso con Evro e con Embro. Non c'erano balocchi ma in un buco di bomba ti ci potevi divertire per dei mesi: ci veniva l'acqua piovana, la terra diventava fango e si modellavano i pupazzi, col freddo si creava il ghiaccio e si poteva far finta di pattinare.

Nei giorni meno freddi nevicò parecchio. Si entrava nel 1945 con molti ragazzi logorati dalla vita clandestina che cominciavano a dare segni di cedimento. Ma le azioni continuavano: si attaccavano caseifici, si prelevavano maiali, vestiario e combustibile per distribuirli alla popolazione ridotta allo stremo dalla rigidità del clima, unita all'inflazione e alla disoccupazione. Non si perdevano di vista nemmeno gli obiettivi politici situati nel territorio. I più esperti ebbero un peso fondamentale in questo frangente: non solo per contenere le fragilità, ma anche per continuare a dar polso a iniziative che incrementavano la funzione della guerriglia, ormai punto di riferimento fondamentale per la popolazione delle campagne. I contadini ricambiavano avvicinandosi sempre di più alla lotta: ospitavano partigiani, li mettevano a tavola, accettavano che venissero costruiti rifugi nelle loro case e aiutavano nell'edificarli, entravano nel movimento. Le donne cucinavano, rammendavano e mandavano segnali di via libera stendendo il bucato in una certa maniera. La grande borghesia agraria, salvo sporadiche eccezioni, continuava invece a ostacolarli.

La notte fra il 25 e il 26 gennaio tre partigiani del gruppo di Barlede scesero a Cavezzo col compito di distruggere l'ufficio di leva e quello delle imposte di consumo, che così non sarebbero più state riscosse. Erano il bracciante comunista Ermes Saltini detto «Damasco», insieme a Ezio Sommacal ed Ezio Pavan, che erano stati piccoli apostoli di don Zeno Saltini. Il parroco, che un anno prima era stato definito in una nota del commissario di Mirandola Alberto Paltrinieri «tedescofobo e antifascista», diceva sempre:

«*Fā' du mucc'!*».

Fate due mucchi, quello dei padroni e quello dei contadini, e sarà chiaro da che parte sta la forza più grande. Appena sceso dalla corriera, quando era arrivato a

San Giacomo Roncole, a don Zeno si era rovesciato il sacco che portava in spalla e a terra si erano sparpagliati i suoi burattini; allora lui, anziché stringere la mano a chi gli andava incontro per le formalità dell'accoglienza, si era chinato a raccoglierli. Solo dopo si era presentato. Invitava la gente in chiesa e faceva i suoi discorsi, non mancava mai di chiudere una serata col suo teatrino di burattini. Era un prete come gli altri ma parlava diverso. Anche quella notte in cui procedevano guardinghi verso il Cavezzo, i due ragazzi avevano in mente la sua lezione.

Subito si imbatterono in un maresciallo tedesco che li riconobbe come partigiani e diede l'allarme. Si scatenò una sfrenata caccia all'uomo. I tre cercarono di aprirsi un varco sparando ma l'arma di Damasco si inceppò e lui venne catturato. Morì per le ferite di lì a poco. Anche gli altri due caddero nelle mani dei fascisti, che li torturarono per ore. La popolazione si svegliò la mattina trovandoli tutti e tre impiccati agli alberi davanti al municipio.

Poco più di un mese prima a San Possidonio era stato fucilato Giacomo Gavioli che aveva rifiutato di arruolarsi. L'esecuzione di un renitente alla leva che non fosse nemmeno sospettato di essere partigiano non si era mai verificata prima di allora.

I *commandos* angloamericani non erano particolarmente generosi con queste terre controllate dalle brigate comuniste. Anche il lancio di gennaio effettuato ai Prati di Cortile dalla missione deluse: le armi erano poche, ma le sigarette, la cioccolata e la carne in scatola sortirono un poco di buon umore.

In quei giorni venne emanato il Manifesto dei Tabarri: i podestà per ordine dei nazisti avvertivano che da quel momento era vietato l'uso del mantello e della mantellina; i trasgressori sarebbero stati puniti «a mente delle Leggi di guerra germaniche». Un altro segnale tangibile che i partigiani controllavano ormai le campagne e i tedeschi reagivano con divieti disperati e con le stragi che si sarebbero fatte ancora più efferate fra febbraio e marzo.

Le temperature rigide e i nuovi ordini giunti dall'alto imposero la necessità di costruire rifugi molto più articolati di prima, quando ci si poteva ancora nascondere nei campi di pannocchie, nei fienili e nei pagliai. Occorrevano ora invece ripari in grado di ospitare decine di partigiani, in luoghi protetti, presso famiglie fidate, attrezzandoli in modo che si potessero abitare per mesi. Una sera di quel gennaio Umberto partecipò a un'assemblea organizzata nelle scuole di San Giacomo Roncole. Sfidando il coprifuoco e il gelo notturno in molti si ritrovarono in un'aula affumicata dove due dirigenti illustrarono i bisogni fondamentali, mentre altri combattenti vigilavano all'esterno. Vennero discusse possibili soluzioni: occorreva scavare i rifugi nel terreno sotto le case, le stalle, le cantine, le barchesse e i porticati dei contadini; i rifugi dovevano avere più stanze collegate da gallerie, con le entrate collocate nei luoghi più inimmaginabili, come i pollai e le greppie delle vacche o i pavimenti delle cucine. Si moltiplicavano le doppie pareti o i doppi solai, i tini interrati, le vie di fuga, le lunghe gallerie fra un ambiente e l'altro che avrebbero permesso non di rado ai partigiani di sfuggire alla cattura e alle rappresaglie. La vita nei rifugi era dura ma si cercava di realizzare, dal punto di vista delle necessità materiali, una sistemazione il più confortevole possibile: si usavano mattoni e legno, i giacigli erano di paglia e attrezzati con coperte, spesso si illuminava con le batterie elettriche. Il cibo veniva procurato dalle squadre addette e cucinato dalle donne delle famiglie ospitanti. Occorrevano lungimiranza e oculatezza, ma anche fantasia e spirito di improvvisazione.

Umberto, come molti altri figli di contadini, era maestro nell'arte di arrangiarsi; essendo sempre stato silenzioso osservatore e rapido apprendista, ben presto divenne molto abile nell'individuare le postazioni migliori e nel costruire rifugi di varia natura, dai più spartani ai più articolati. Quando scavava, quando impilava i mattoni e li incollava con il calcestruzzo, quando squadrava il più possibile i pertugi fino a renderli vere e proprie porte, quando dava il tocco finale, sistemando la paglia e ripiegando i panni che le *resdore* di casa gli passavano, sentiva una persuasione nuova circolargli nelle mani fino alla punta delle dita.

Vedendolo coscienzioso e discreto, presto gli affidarono una piccola squadra di costruttori, che Umberto coordinava con poche parole e molti fatti: «Guardate come faccio io» diceva. «Seguite me e dopo un po' vi verrà naturale.»

Era paziente e riponeva fiducia nell'altro, ma aveva dell'intuito con gli scansafatiche, con chi si parcheggiava perché quella gli sembrava la meno peggio di tutte le opzioni e allora sapeva diventare freddo e incalzante. Questa attività febbrile aveva spinto i mesi in Russia in una parte remota della sua memoria. Mentre operava da partigiano, Umberto aveva smesso di pensare alla traversata del deserto di ghiaccio lungo il Don, come marionette di cartapesta a sfaldarsi, una a una, in una ritirata che nessun superstite sarebbe mai davvero riuscito a raccontare, agli scarponi di cartone con quaranta gradi sotto zero, ai soldati dell'Armata rossa che ci giocavano e ne ridevano, protetti dai loro giubbotti di pelliccia e dagli stivali di feltro, le facce incorniciate nei colbacchi, la vodka a scaldargli le vene. Lì, in quella landa tagliente dove i cadaveri affioravano sulla neve come mucchi di stracci dimenticati, Umberto aveva maledetto in cuor suo il fascismo. Di giorno non ci pensava più. Di notte però, nei brevi sonni nervosi che la sua giovane età tuttavia ancora gli regalava, si sognava che camminavano in un biancore piatto e infinito, spezzato di tanto in tanto dallo spettro pallido di una betulla e i loro cervelli erano come schiacciati sull'unico punto del passo che succedeva al passo. Un automatismo che all'improvviso per qualcuno s'inceppava e allora lo si vedeva franare a terra, la bocca dura, le ciglia ghiacciate che impedivano agli occhi di chiudersi per l'eternità.

Camminavano fra corpi squarciati, teste mozzate, muli irrigiditi prima dal freddo che dalla morte. Senza viveri. Senza munizioni. Senza tende per dormire. Nella steppa Umberto aveva tenuto i piedi del commilitone a cui non aveva chiesto il nome fra le sue cosce per fargli tornare a circolare il sangue. Si era circondato le gambe con le braccia facendosi rifugio col suo corpo sfrattato e, dentro quella conca, aveva racchiuso le gambe congelate del soldato, in una morsa di farneticante istinto alla sopravvivenza. Aveva chiuso gli occhi per concentrarsi su quell'unica missione che lo riconduceva alla sua umanità. Ma il compagno gli era morto. Senza che Umberto potesse riconoscerne l'ultimo respiro. Presto anche i suoi scarponi avevano ceduto, aveva dovuto ripararli alla bene e meglio, avvolgendoli con un lembo di coperta, fermato col fil di ferro. Ora, da partigiano, la notte si sognava i piedi che gli dolevano per le piaghe, mentre aveva intorno scheletri di uomini ancora palpitanti, le barbe di stalattiti scolpite, a farne figure solenni dimenticate dalla grazia, feriti che morivano dissanguati o di cancrena o congelati, nel totale abbandono. Si sognava i morti che era impossibile seppellire e che, nei bunker, venivano ammucchiati sotto le coperte fingendo che fossero ancora vivi per avere anche la loro povera razione di minestra. I caduti nella neve che per un attimo sembravano panni ammucchiati in disordine, ma che man mano che si camminava diventavano puntini dentro l'orizzonte, che se li ingoiava per sempre. Ai feriti troppo lenti per sostenere la marcia, qualcuno sparava, in un gesto di cruda misericordia. Che Umberto continuava a sognarsi.

Nel giorno dell'ottavo compleanno di Embro, il 14 febbraio del '45, «l'Unità» uscì nella provincia di Modena con un'edizione straordinaria che recava in prima pagina il titolo *Le popolazioni di Concordia e di Camposanto insorgono contro il regime di fame degli assassini nazifascisti*. Nell'articolo si parlava delle manifestazioni avvenute il 9 e 10 febbraio: «le donne del paese hanno protestato contro il regime di fame imposto dai nazifascisti e hanno rivendicato la distribuzione di grassi e di generi alimentari di prima necessità ottenendo promesse di una immediata distribuzione dei generi richiesti». Le donne di Concordia e di Camposanto venivano portate a esempio di «come si doveva lottare». Si invitava la popolazione a pretendere la distribuzione di tutti i beni che i nazisti tenevano negli ammassi per poi trasportarli in Germania, a manifestare, scioperare e a aderire, numerose e numerosi, alle Sap.

Pochi giorni dopo l'uscita di questa edizione straordinaria, la Nadina stava raccontando questi fatti nella stalla dei Cavalieri, ormai incurante dello sguardo severo del suocero.

«*Chi sà che rōbi i fān...*» aveva commentato il vecchio quando la nuora aveva fatto presente che ormai erano sempre di più le donne che erano entrate nel movimento e che, per non essere arrestate e torturate, erano scappate in montagna con le brigate partigiane. Qualcuno dei vecchi aveva annuito col capo, aggrottando le sopracciglia, ma quella sera le donne erano decise a prendersi voce in capitolo: «Dite così papà, ma il lavoro che stiamo facendo lo avete sotto gli occhi tutti i giorni!» intervenne la Rosina con sentimento.

«E parlate diverso da quello che vi dice il vostro cuore» disse la Dolores, col solito garbo. Non mancava mai di dire la sua a sostegno della sorella e della cognata ma non voleva ferire il padre, che vedeva sempre più affaticato e triste.

«Se avessi un fidanzato, Rosina, non faresti la vita che fai...» volle continuare Giovanni Battista.

«Ne siete proprio sicuro, papà?»

«Chi si mette fuori dalla vita rischia di diventare una donna indegna di educare i figli» intervenne il vecchio Mantovani a rincarare la dose.

La Nadina intanto scuoteva la testa, fissando lo sguardo a terra. Con Ettore aveva avuto varie discussioni al riguardo e lui aveva anche provato a imporle di tornare a casa un giorno che l'aveva incontrata in campagna mentre stava andando a una riunione di donne, ma lei era stata risoluta: «Ho fatto questa scelta. Per quale motivo devo tornare indietro? Perché ti vergogni con tuo padre e i tuoi fratelli e persino con le tue sorelle maggiori che invece di sostenere una causa che è di tutte la ostacolano ragionando come degli uomini antichi? Prova a far di testa tua e ti accorgerai che vogliamo lo stesso mondo».

"Da quand'era poi che la Nadina aveva messo insieme tanta parlantina?" si domandava Ettore tra sé e sé. Si era limitato a guardarla storto, si era acceso una sigaretta sfregando un solfanino sulla carta vetrata che aveva sempre in tasca, e con la stessa mano aveva fatto un gesto d'impazienza verso di lei, come a dire "Va' dove ti pare". Lei era dispiaciuta, avrebbe voluto se non sostegno almeno comprensione, ma non era stata lì a rimuginare. Era già in ritardo e le compagne la stavano aspettando.

«Non m'interessa sposare un uomo che la pensa così, papà. Nella nuova famiglia si potrà parlare insieme di come allevare i figli, e le donne non saranno più le serve tuttofare degli uomini.» La Rosina era sempre più accalorata.

«La nuova famiglia! *Andèm bèin!*»

Andiamo bene. La Mitilda si era alzata come a dire che ne aveva sentite abbastanza per quella sera e se ne andava a letto.

«Una nuova famiglia dentro a uno stato dove anche noi potremo dire la nostra sul destino dei nostri figli! Che per l'uomo un figlio è l'atto d'un momento, per la donna nove mesi gli dà la sua vita. Per nove mesi lo tiene dentro di sé. E dopo? È la donna che alimenta il figlio, lo accudisce, gli dà la possibilità di vivere! E vi sembra giusto che io non ho nessun potere di decisione, neanche su come questo ragazzo deve crescere?! Vi sembra giusto che me lo mandano a combattere una guerra decisa da chi figli dentro non ne ha mai avuti!? "Otto milioni di baionette" diceva Mussolini. Una baionetta! Questo vedono i fascisti a ogni bimbo che viene al mondo!» La Nadina era sempre più infervorata.

«In casa chi deve comandare è l'uomo» intervenne di nuovo Mantovani.

«Bene, allora va' a comandare a casa tua Alfonso, che per stasera chiudiamo i battenti.» Il tono del vecchio Cavalieri non ammetteva repliche. Mantovani ci restò male, si alzò più veloce che riusciva e passando davanti alle donne di casa, ostentò un impermalosito «Con permesso!» e uscì fuori, nel freddo della pianura.

10
Divoramento

Da quella volta che aveva cercato di farsi portare via dagli zingari la Liuba era sempre tornata di nascosto al campo. All'inizio aveva diradato le visite, perché la mamma e la nonna si erano molto allarmate per la sua breve scomparsa e le avevano proibito di andarci con gravi minacce di cui ben presto si erano dimenticate. La Liuba aveva lasciato passare la maretta, mostrando di trattenersi il più possibile nei dintorni di casa, dove spesso la si poteva osservare mentre si esercitava a camminare sulle punte con passo aggraziato. Ma poi aveva ripreso ad allargare il raggio delle sue escursioni sconfinando ben presto fino al Pioppeto.

Lì aveva cercato la sua amica Delia e l'aveva trovata molto impegnata: quando non si allenava per il numero del filo, la ragazzina si occupava dei bambini più piccoli. Lo stesso però, accennava alla Liuba di avvicinarsi e le diceva di sfilarle davanti sulle punte dei piedi, mentre lei si faceva sussultare i piccoli sul braccio perché si addormentassero nella concavità del suo torace minuto. Vedeva che la Liuba imparava in fretta e aveva voluto insegnarle il ponte e la ruota. Appoggiava i bimbi che le erano stati affidati su una stuoia e, controllandoli con la coda dell'occhio, volteggiava nell'aria con antica leggiadria, ripetendo il numero infinite volte senza mai stancarsi. Non sembrava appartenere alla terra, sulla quale si posava soltanto per brevi soste fra le aeree capriole.

La Liuba la osservava attenta e poi ripeteva i movimenti, migliorando a ogni tentativo: «Ci sei proprio portata» le diceva allora la sua amica. «Vedrai che tuo padre era uno zingaro.»

«Trattati come paria, disprezzati dall'umanità, i nostri antenati vivevano nella paura, tremando davanti a ogni soldato o contadino, perché ognuno aveva diritto di uccidere i figli della nostra razza. Nuovi nemici arrivarono dalle alte montagne, intrisero del nostro sangue le nostre praterie, i nostri campi, i nostri giardini. Credevano che la nostra razza stesse per perire. Ma Laki, la dea, decise altrimenti: mandò cavalli veloci per salvare il nostro popolo dalla morte. Migliaia di cavalli galopparono giù dalla montagna e i nostri antenati li presero per fuggire lontano dal nemico. Il popolo dei Rom fuggì su quei cavalli, come il cervo davanti al lupo. Per questo motivo fuggono ancora oggi, perché sono sempre circondati da nemici.» Il cantastorie raccontava e la Liuba s'incantava ad ascoltarlo. E vedeva suo padre. Se lo immaginava scuro, con le labbra carnose, non troppo alto ma tonico e agile, che faceva il calderaio come il padre di Delia, e sapeva cavalcare velocissimo.

Poi gli zingari avevano smesso di venire. Nella primavera del '41 non erano arrivati più e, da lì in poi, nessuno ne aveva nemmeno più sentito parlare. Ma, come ogni anno, il Pioppeto pullulava di gemme gonfie di un denso liquido rosso.

Un giorno di febbraio del '45 la Liuba stava giocando con Seme nella barchessa dei Cavalieri mentre la Solidea dava da mangiare ai polli, quando udì quello sferragliare che per lei era sempre stato suono di festa e, dopo qualche minuto, sull'orizzonte diritto della pianura vide stagliarsi la carovana degli zingari. Minuscoli corpi spuntavano sparuti fra le masserizie. I vecchi fumavano, le donne avevano in braccio bimbi secchi – i più piccoli, perché quelli già un poco cresciuti la Liuba li vedeva spenzolare dalle carrozze in miracoloso equilibrio.

Corse verso la rumorosa fila di carri, più breve del solito. Cercò l'amica Delia con lo sguardo ma non la trovava. Il gruppo era visibilmente ridotto rispetto al passato e pareva mancassero del tutto gli uomini adulti. La Liuba si sentì attanagliata da un pensiero sconsolato e cominciò a gridare: «Deliaaaa! Deliaaa, ci sei?».

Fu allora che dal retro di un carro, come se spuntasse da un'asola, si sporse una testolina scarmigliata, un volto dai lineamenti affilati. La Liuba faticò a riconoscere l'amica in quel viso smunto e affaticato, ma l'altra vedendola abbozzò un sorriso e la chiamò per nome. La Liuba si avvicinò ancora e Delia tirò fuori le spalle dalla fenditura nel carrozzone e poi le braccia che teneva conserte, con racchiuso dentro un neonato. La cosa non sorprese la Liuba, abituata com'era a vedere l'amica sempre circondata di pargoli, ma la bambina sobbalzò quando si accorse che la creatura stava succhiando il latte dal seno di Delia.

Mentre si accomodava sul davanti del carro, Delia fece cenno alla Liuba di salire. Quest'ultima ebbe solo un attimo di esitazione, poi scattò leggera verso il veicolo e ci si issò con una mano, mentre con l'altro braccio si teneva Seme ben soda sotto l'ascella.

Quando si fu sistemata accanto all'amica, esclamò in un sussurro: «Sei diventata mamma».

«Sì» le rispose l'altra, arrossendo.

«Ma dove sei stata per tutto questo tempo?»

Delia le raccontò che lei e gli altri zingari del Pioppeto erano stati internati ad Agnone, dopo un rastrellamento avvenuto a Fiume nell'autunno del 1940. Per la Liuba quei nomi avevano una risonanza lunare. Delia continuava il suo racconto: gli zingari avevano patito la fame e dormito dentro a delle baracche gettati per terra; qualcuno degli anziani non ce l'aveva fatta ed era morto là, per gli stenti. I lamenti dei bambini si erano fatti sempre più flebili. Le madri avevano sofferto lo strazio dell'impotenza assoluta. I padri, da un certo punto in poi, erano stati arruolati. Li avevano fatti partire a forza scaglionati per età, risparmiando solo i giovanissimi.

Mentre erano internati, una mattina Delia aveva visto una gallina infilarsi sotto il filo spinato, ci si era buttata sopra e l'aveva ammazzata per poi mangiarsela cruda. Mentre lo raccontava non mostrava particolari emozioni. Riportava i fatti con voce metallica. La Liuba la guardava con gli occhi sgranati. Non la stupiva la fame, che conosceva, ma la disperazione di quel gesto, per il quale poi Delia era stata picchiata e rinchiusa in carcere per tre mesi. Ammirava l'amica, ora ancor più di prima. «Come si chiama il tuo bambino?» le domandò.

«Thomas» rispose Delia.

«E ce l'ha un papà?»

«Sì. Rinaldo, il figlio di Amalia. Ora è lei che ci guida. La guerra e le deportazioni hanno sconvolto tutto. Dopo l'8 settembre i carabinieri sono diventati meno cattivi con noi. Amalia è riuscita a corrompere una guardia del campo che ci ha lasciati scappare via. Ormai è un anno e mezzo che giriamo, al Pioppeto ci siamo sempre trovati bene e così abbiamo deciso di tornare.»

«Sono felice che sei qui, Delia.»

La Liuba strinse forte l'amica e sentì il vuoto di un antico abbandono.

Da allora tornò al Pioppeto degli Zingari tutti i giorni, troppo grande era la paura che Delia sparisse di nuovo. Come un'eco lontana. Quel pomeriggio di febbraio poi, la Liuba aveva deciso di incontrare Amalia. Fu così che, anziché dirigersi come al solito verso il carro di Rinaldo, puntò alla tenda di stoffa spessa dove dormiva la misteriosa donna che le aveva restituito la sua amica.

Le si era avvicinata altre volte quatta quatta, come per spiarla, ma non aveva mai osato oltrepassare la soglia. Quella mattina invece entrò senza chiedere permesso, scostando i pendagli all'ingresso. La tenda era spaziosa: una persona di media statura poteva starci eretta. Sul lato sinistro era gettato un materasso con delle vecchie coperte, dove Amalia dormiva con il suo amante, che si diceva avesse la metà dei suoi anni. Sotto il cuscino stava nascosto un coltello. Sulla destra era piazzato un tavolino con due sedie. Alla Liuba parve una vera e propria casa, spuntata in quattro e quattr'otto nel bel mezzo del Pioppeto. Vi aleggiava l'odore selvatico della donna. Terra, frutta secca, agrumi, umani umori.

All'improvviso Amalia entrò e la Liuba la vide per la prima volta. Aveva capelli lunghi e sottili che si arruffavano in vertigini ritrose di cui lei non pareva curarsi, gli occhi piccoli, mobili come quelli di un animale pronto alla fuga, il naso adunco che le dava un'aria austera. Le mani erano ruvide, con unghie larghe, le labbra screpolate. Arrotondandole sui denti le assottigliava in una linea retta, come per decidere più rapidamente la mossa giusta da farsi. Vestiva come un uomo, coi pantaloni larghi e il tabarro, e masticava tabacco, lasciando intravedere i denti scuri.

Fece un cenno col mento alla Liuba e le disse di aiutarla a spazzare via lo sporco intorno al materasso, che stava appoggiato a un sacco di riso. Accanto, per terra, una bottiglia di Sukel distillato al Cavezzo. Era mezza vuota, con vicino due bicchieri da vino usati. Emanavano un odore acre che la bambina inalò avidamente, lasciandosi stordire. S'incantò a guardare l'etichetta, con una città mediorientale irta di cupole e mattonelle arabescate, richiamate da un motivo simile nella sezione di cerchio che spiccava dall'angolo sinistro.

«Ora puoi anche andartene» la voce di Amalia le grattò le orecchie. La Liuba aveva ancora in mano la scopa fatta di stecchi. La zingara le aveva parlato senza guardarla in faccia. La bimba sgattaiolò fuori, intimidita, fischiò per richiamare Seme che si era fermata a razzolare davanti al tendone. Amalia appoggiò la mano destra alla porta, come per sostenersi. Sputò a terra il tabacco intriso di saliva e fissò la bambina correre via finché non la vide scomparire dietro l'argine.

Suo figlio Rinaldo le aveva appena comunicato che sarebbe andato coi partigiani, pur di non arruolarsi coi repubblichini. La fama delle gesta dei Leoni di Breda Solini dalla Bassa Mantovana era giunta fino al Pioppeto degli Zingari cosicché anche lui aveva scelto di imitare il loro esempio e si era presentato volontario dai partigiani della Motta, che si meravigliarono davanti alla sua agilità mirabolante e subito valutarono che avrebbe potuto far gioco alla causa, ma si ripromisero di testarne prima l'affidabilità politica.

Nonostante l'affanno, la Liuba non smetteva di correre per il piacere di sentire l'aria sferzarle la faccia. Seme la inseguiva e sembrava che ridesse anche lei. Alla bimba piaceva sentire il cuore impazzire nel petto e nelle gambe rimbombare la terra che le saliva lungo le radici dei piedi, agile palpito sotto la veste ormai troppo corta.

Lo vide arrivare coi pantaloni da lavoro e gli stivali sporchi di fango, nella luce del crepuscolo. Camminava veloce verso la golena, con uno zaino appoggiato sulla spalla sinistra. Era alto, il corpo asciutto da lavoratore, i capelli castano chiaro con una ciocca matta sulla sinistra, lungo la riga appena accennata. Un cipiglio serio e un accenno di barba sulla pelle giovane. Sembrava concentrato su un punto lontano, la sua falcata abbracciava l'orizzonte con pacata fierezza. Era Umberto Reami, un nome che alla Liuba era sempre sembrato denso di promesse, il nome di un principe radioso. Si vede che era tornato. Strano che la Solidea non le avesse detto nulla.

La Liuba si sentì trasparente davanti al suo sguardo fisso nel vuoto, ma le venne un pensiero che la stranì: sarebbe cresciuta anche lei e allora lui non l'avrebbe più salutata con l'indifferenza educata che a malapena le riservava ora.

11
Nella galaverna

Umberto stava andando a incontrare l'Armida. Si erano rivisti la sera prima, alla Cà Granda. Verso le nove i partigiani uscivano dal rifugio e le donne di casa davano loro la cena. Quella volta, oltre ai fratelli Cavalieri e a Umberto, c'erano quattro ragazzi entrati nel movimento poco prima di Natale. Stavano seduti intorno al camino tocciando dei pezzi di polenta nell'olio trasudato dalle due saracche che spenzolavano sulla brace, per dare al magro pasto una parvenza più appetitosa. L'aria era intrisa dell'odore di pesce affumicato.

Mentre mangiavano era rientrata la Nadina, trafelata perché per non sforare il coprifuoco aveva dovuto correre. Era andata a piedi fino a San Prospero per fare un'iniezione al vecchio Barbieri che aveva una brutta influenza con tosse canina: «C'è con me l'Armida che intanto che io facevo la puntura ha segnato la vecchia per la sciatica. Mangia qualcosa con noi». Moris la guardò di traverso ma il vecchio Cavalieri gli fece cenno di non preoccuparsi.

Sentendo nominare l'Armida, Umberto aveva sussultato. Non la vedeva da più di due anni, da prima di essere richiamato per la campagna di Russia. La Nadina aveva fatto entrare l'amica, che aveva salutato tutti: dapprima aveva tenuto gli occhi bassi poi di colpo aveva sollevato la testa e assunto un'espressione di sfida. Quegli uomini la stavano squadrando e giudicando. Era facile con quelle come lei, sola con una figlia di padre ignoto, tramutare il desiderio frustrato in disprezzo. Lo sapeva. E sentiva il marchio fumante dei loro occhi bramosi e taglienti. Per questo aveva sollevato lo sguardo, fiera. Ma non si aspettava che ci fosse Umberto. Era trasalita e aveva sorriso, stringendo gli occhi a fessura e fissandoli nel vuoto. E gli uomini avevano voluto intendere sfrontatezza là dov'era malcelato spaesamento.

L'Armida si era tolta il fazzoletto dalla testa e si era sfilata lo scialle spesso di lana nera che era stato della Strulghina. La Nadina la aveva fatta sedere accanto a sé, a tavola. La polenta era finita, ma accanto al fuoco rimaneva ancora un poco di brodo fatto con una carota, un gambo di sedano e mezza cipolla. La Nadina glielo aveva versato nel piatto e poi ne aveva preso un poco per sé, spezzando in entrambi qualche tocco di pane. L'odore buono del brodo nel piatto si era mescolato a quello più acre del pesce affumicato. Il calore aveva pervaso all'Armida il busto già alla prima cucchiaiata ottenendo l'effetto di rilassarla. Aveva deciso di assaporarsi l'inatteso incontro in quell'atmosfera stranamente protetta che aveva saputo conservare un'aura domestica.

Si era ben presto accorta che Umberto, pur dandole le spalle di contro al fuoco, non riusciva a distrarsi davvero da lei. Si trovava lì per pianificare il trasferimento di alcuni compagni verso Modena, per un assalto che sarebbe dovuto avvenire tre giorni dopo. I dettagli dell'operazione erano stati definiti in segreto, ma le cene diventavano l'occasione per dare lezioni di politica ai partigiani più giovani. Umberto quella sera parlava pochissimo e l'Armida aveva potuto avvertire il fuoco che lo annichiliva, reso più urgente dalla precarietà di quei giorni. Era desiderosa di accoglierlo, quel fuoco, senza tuttavia riuscire ad ammettere che anche lei lo stava provando. Si sentiva più adulta di lui, anche se la guerra lo aveva restituito uomo fatto, con una luce triste dentro gli occhi. Avrebbe voluto toccargli con una mano la coscia. Piano, in segreto.

Quando si era alzata per incamminarsi verso il capanno, aveva sentito il cuore scoppiarle d'impotenza. Era smarrita per la violenza di quella sua reazione davanti all'impossibilità di un contatto. Ma si era alzata ugualmente, in meccanico automatismo: si era fatto tardi e lei doveva tornare a casa. Si era congedata salutando gli astanti, aveva sollevato il chiavistello che fermava la porta della cucina e, subito dopo, quello del portone d'ingresso. Il buio gelido le aveva arroventato la faccia in una zaffata repentina. Lungo lo stradello aveva avvertito gli occhi bruciarle di rabbia perché con Umberto non erano riusciti a scambiarsi nemmeno due parole. Stava camminando a piccoli passi veloci, quando da dietro si era sentita tirare per il braccio. Si era voltata di scatto, spaventata e ardente: «Sei tu!» aveva esclamato sfiorando delicatamente la guancia di Umberto con le dita. Lui le aveva preso la mano destra che era sul suo viso e la aveva stretta forte, portandosela alle labbra per un istante che aveva voluto prolungare: «Vieni domani nei Saldini, subito prima del Pioppeto. Vorrei parlarti.»

«Va bene. Sarò lì quando il sole è più alto.»

«No, dovremo aspettare il tramonto. Io non posso farmi vedere in giro. Quando cala il sole è più sicuro.»

Lei era stata percorsa da un tremito all'idea di andare nella golena col buio, ma aveva acconsentito.

«Buonanotte, Armida.»

«Buonanotte, Umberto» e con un bacio gli aveva sfiorato le labbra.

Lui era rientrato in cucina. Gli uomini lo avevano guardato con l'aria di chi la sa lunga. La Nadina, invece, aveva sentito per il fratello la tenerezza antica che lui le aveva sempre destato, col suo orgoglio silenzioso e le sue discrete premure. Cercava sempre di tenerla a bada, quella tenerezza, di trattarlo come gli altri, ma vedendolo rientrare col viso arrossato dal freddo e gli occhi più luminosi se lo era figurato di nuovo bambino. Aveva pensato alla loro madre, alla gioia breve che doveva avere provato nel rivederlo. Le era mancato il respiro per un attimo, ma subito aveva spinto via il magone.

L'Armida lasciò il capanno che c'era ancora luce. Non usciva più da sola col buio dalla sera dell'alluvione del 1934. Pensò che avrebbe trovato un posto dove sedersi, sul dorso interno dell'argine, per attendere che Umberto arrivasse, scongiurando che questo accadesse prima del calar del sole. L'atmosfera era grigia e pungente, il suo respiro emanava nell'aria calda nuvole di vapore bianco. Il sole flebile, che riverberava indeciso nel cielo fin dalla mattina, non era riuscito a sciogliere la galaverna, cosicché i fili d'erba scrocchiavano sotto le sue scarpe.

Quando vide il Pioppeto degli Zingari virò sulla destra e scese lungo la china, dove la vegetazione si faceva fitta di frasche e cespugli. Portava una gonna spessa, di panno blu. Pensava l'avrebbe protetta dal gelo penetrante, se si fosse seduta; avrebbe creato una conca sul terreno erboso. Non doveva mancare molto alla fine del giorno: la luce barcollava incerta, ma la luna sarebbe stata piena di lì a pochi giorni e la notte non sarebbe stata troppo buia.

L'Armida sentiva il cuore palpitarle più forte nel petto, sperava che Umberto arrivasse in fretta. Finché finalmente lo vide stagliarsi all'orizzonte, stava percorrendo lo stradello sull'argine lungo cui anche lei era arrivata, portando sulla spalla sinistra uno zaino. Lo sguardo fisso su una linea lontana a quel punto parve focalizzarsi nella ricerca. Il crepuscolo screpolava i contorni, ma ben presto Umberto intravide la donna seduta, come dentro un guscio blu, evidenziato dalla sottana. Portava sempre lo scialle nero della Strulghina e teneva i capelli raccolti sotto un fazzoletto di lana grezza, rosso, a proteggerle le orecchie. In realtà, si riconobbero nello stesso momento e lei gli fece un cenno con la mano. Sul viso di lui balenò un sorriso fugace. Deviò verso di lei scendendo lungo la china dell'argine.

«Ciao, è molto che aspetti?»

«Sì.»

«Scusa, i compagni mi hanno trattenuto.»

«Sei entrato nel movimento. Non ne hai avuto abbastanza della Russia?»

«È proprio per la Russia che ci sono entrato.» Lui si rabbuiò e sembrò invecchiare di dieci anni in un colpo.

«Non mi aspettavo di rivederti l'altra sera» disse allora lei.

«Quando siete entrate mi si è chiuso lo stomaco dalla nostalgia.»

«Nostalgia? Una cosa brutta.»

«Di noi. Delle nostre passeggiate, lontano dalla guerra.»

«Sono state pochissime, le *nostre* passeggiate. Forse una sola.»

«Sono state una sola: alla pianta di pomodoro dei Camurri. Ma, mentre ero al fronte, quell'unica volta si è moltiplicata nella mia testa tanto che l'altra sera, quando ti ho rivista, non ti ho potuta lasciare andar via senza dirti niente.» Lui si stupì di come le parole gli uscivano fluide.

«Anch'io ci volevo vicini, ma non sapevo come fartelo capire.»

«A volte al destino bisogna darci una spinta» disse Umberto guardandola. Lei lo prese fra le braccia e cominciò ad accarezzargli la testa, con tocco leggero, lenta. Chiuse gli occhi ad assaporare il contatto con la sua pelle: «Sei così giovane».

Anche lui aveva chiuso gli occhi e gettò la testa indietro, come a invitare le carezze dell'Armida a prolungarsi sulla sua gola e sul suo petto. Quando deglutì, il suo pomo d'Adamo, molto sporgente, disegnò nell'aria di ghiaccio un saliscendi veloce; ispirò più profondamente l'aria dal naso, nel tentativo di contenere i fremiti che lo percorrevano.

Le prese la mano, che lei gli aveva posato sulla pancia, e la condusse sull'erba irta di brina, in una tana ancora più protetta creata dai cespugli. Si guardò intorno per sincerarsi che non ci fosse nessuno nei paraggi, poi dallo zaino che aveva ancora in spalla, tirò fuori una vecchia coperta e la collocò a terra facendola distendere, per poi coricarsi accanto a lei, sul fianco destro, poggiando la testa sulla mano. In questa posizione le sciolse delicatamente il nodo del fazzoletto rosso che portava in testa. L'Armida teneva i capelli raccolti in un enorme concio che Umberto cominciò ad accarezzare. Lei chiudeva gli occhi, la pelle distesa in un affidarsi ignoto. Lui allora le sfiorò i capelli col naso e inalò profondamente, come a respirarla. Sapeva di fieno affumicato: l'odore del capanno.

Lei aprì gli occhi e gli sorrise. Umberto cominciò a toglierle le forcine che tenevano ferma la crocchia e, dopo qualche istante, la coda acciambellata sulla sua nuca si srotolò. Umberto appoggiò sullo sterno quella massa corvina di capelli percorrendone la lunghezza. Le sfilò anche il cordino con cui se li era annodati, spargendoglieli così sui due lati del petto, ancora racchiuso dentro lo scialle nero. L'Armida se lo lasciò scivolare lungo il busto: desiderava che le loro pelli si toccassero al più presto. Avvertì la morsa del gelo: «Tienimi più stretta» gli disse.

Lui si scosse il capo come per disincantarsi e le sfiorò la camicetta all'altezza dei fianchi, poi vi si aggrappò come a sorreggerla, anche se erano coricati. Lei gli aggrovigliò leggera le dita e se le condusse sul seno. Si guardavano senza più timidezza. I vortici nei capelli di Umberto sembravano rose.

Le prese il volto con entrambe le mani, come a incorniciarlo, e le baciò le labbra. Le sentì bruciare. Ormai era disteso sopra di lei, badando a non schiacciarla. Invece la sentiva morbida, di struttura solida, protesa ad accoglierlo. L'aveva sempre percepita fragile, a tratti passiva; ora gli arrivava il suo impeto coriaceo, la sua gioiosa potenza.

L'Armida gli slacciò la cintura e sbottonò i pantaloni, abbassandoli fino all'altezza degli stivali che lui non si tolse. Lei aveva la camicetta aperta, una canottiera di lana slabbrata a proteggerla dal freddo, che lui le tirò in basso per raggiungerle i seni con la bocca. Poi le sfilò le mutande lasciandola con gli scarponi e i calzettoni lunghi fin sopra ai ginocchi, la stanella era spessa come il sipario di un teatro, lui la sollevò fino a coprirle la pancia, lasciandola nuda sotto.

Mentre facevano l'amore il tempo della guerra si fermò per Umberto: sentiva che la pelle dolce dell'Armida lo nutriva e l'odore caldo del suo corpo gli ridava casa. Sussultò nell'orgasmo di lei e finalmente anche lui riuscì a lasciarsi andare a quel piacere che sgorgava dai loro anfratti, ignoti al resto del mondo. Nell'istinto vitreo di una cecità arcaica che copre il presente di un velo per riconnettersi a una perduta armonia, si accoccolarono l'uno intorno all'altra.

«Mi vuoi bene?» chiese lei.

«Da molto più tempo di quel che credi» rispose lui, accarezzandole i capelli.

L'Armida si sentiva contenta e incredula, ma fu la prima a tornare alla realtà.

«Non è troppo sicuro stare qui. Devi rientrare al rifugio.»

«Sì, ma vorrei accompagnarti. C'è buio.»

«No, non ho paura» mentì lei. «Stai tranquillo.»

Si baciarono a lungo, una volta rivestiti.

Poi Umberto raggiunse rapidamente un rifugio di fortuna che lui stesso, insieme a due compagni, aveva scavato nei Saldini. Ci trovò dentro Clelio che lo salutò e gli chiese: «Renato non era con te?».

«No. Ero solo.»

L'Armida si affrettò lungo l'argine, discese la china verso la via di Sotto e prese il carradone che la riportava a casa, lungo il podere dei Morselli. Procedeva ovattata in un manto invisibile di calore, quando udì uno sparo provenire dal capanno.

12
Spente le rose

Fu l'inverno in cui tornarono gli zingari che la Solidea cominciò ad avere paura. Al campo non si sentivano più i violini e le fisarmoniche che accompagnavano balli e baldorie. La Liuba sembrava non volersi arrendere all'evidenza e continuava imperterrita i suoi esercizi sulle punte, tempestando Delia di domande, ma lei non voleva ricordare il periodo di detenzione:

«Perché vi tenevano prigionieri?».

«Dicevano che siamo un popolo pericoloso. Che rubiamo tutto, anche i bambini. Poi gli servivamo per lavorare. "Così imparate cosa vuol dire la fatica" ci urlavano. Ci usavano per scavare le buche per le mine, che mettevano contro gli Alleati che stavano avanzando.»

«Cosa sono le mine?»

«Sono dei dischi a forma di chiocciola di lumaca ma molto più grandi, che se li schiacci esplodono e ti fanno saltare per aria.»

La guardavano sbigottite.

«Gli Alleati oramai stanno per arrivare anche qui e si uniranno coi partigiani» spiegava la Solidea, che ormai le cose le sapeva perché in casa avevano smesso di interrompersi di parlare ogni volta che entrava.

«Sì, speriamo presto» diceva Delia e in quel mentre si guardava intorno, come se dovesse arrivare qualcuno.

Anche la Solidea non vedeva l'ora che finisse. Aveva paura per gli zii, che dovevano vivere nascosti nei rifugi da dove saltavano fuori solo la notte, e da qualche tempo aveva paura anche per sua zia Rosina, quella a cui voleva più bene. Una sera si era dovuta alzare per andare in bagno. Prima di aprire la porta alla fine delle scale aveva sentito la voce di suo zio Pìpi: «Meno sapete meglio è! Lo sai cosa succede se ti prendono?! Ci pensi mai?! Sei sicura di riuscire a non aprire bocca per poi far morire noi partigiani?! Sei pronta a berti il tuo piscio, farti massacrare di botte, farti rompere le ginocchia, la faccia, le nocche delle dita?! Lo sai che non hanno pietà o pensi di commuoverli perché sei una donna?!»

«Non penso niente.»

Era la voce della zia Rosina.

«Ecco bene. Non pensi niente. Siamo a posto.»

La Solidea sentì i suoi singulti sommessi e allora entrò per consolarla. La ragazza sussultò e si pulì rapida le lacrime: si vergognava a farsi vedere piangere. La bambina andò verso di lei e le appoggiò la mano sul braccio:

«Non ho paura, ho la rabbia! Rabbia e basta!».

Corse su per le scale ed entrò nella camera che condivideva con sua sorella Dolores. La Solidea ci restò male.

Un pomeriggio arrivarono alla Cà Granda dei fascisti che cercavano Pìpi e Moris. Misero a soqquadro tutta la casa, ma non trovarono niente: «*Tōi su ch'īn lè!*» borbottava la Mitilda. Raccoglili che son lì che ti aspettano. Lo sapeva lei che i due figli più giovani avevano già preso di stramezzo ai campi di granturco. I fascisti allora, rimasti a bocca asciutta, si sedettero a tavola e urlarono che volevano da mangiare e del vino. Quello giovane era pallido, la faccia secca, quello più vecchio invece era largo di collo, il naso rincagnato, la faccia cascante da scapestrato. La Dolores gli servì un piatto di minestra col ragù. Il giovane la guardava così tanto che quello più anziano scoppiò a ridere e gli tirò uno scappellotto in testa: «Sta' attento che questa qui è maritata, *va' là*! Carne giovane ne hanno anche loro, sol che la tengono rimpiattata ben bene...».

E ridacchiava.

«Guarda anche questa come si sta facendo bellina. Tempo due anni e vedrai...»

Si avvicinò alla Solidea e con le dita della mano destra prese ad accarezzarle la guancia, poi il mento. Non la smetteva più e a lei veniva da vomitare.

«E questa bella bambina lo sa dove stanno gli zii? Ma sì che lo sa, solo che i comunisti li addestrano fin da piccoli a raccontare frottole, cosa dici eh?!» Continuava a lisciarla con la sua manaccia. Lei quasi tremava, ma lo fissava negli occhi senza riuscire a spostarsi. La Dolores si avvicinò e la strappò via sussurrandole: «Va' su in camera!».

«Attenta a quel che fai, donna!» sbottò quello più vecchio.

«Laerte Leporati! Ma guarda come ti sei ridotto...»

La donna non era riuscita a frenare la lingua nel momento in cui aveva riconosciuto il fascista che tante volte aveva provocato i suoi fratelli. Lui si scosse, restò paralizzato per qualche secondo, poi le arrivò con uno schiaffo forte sulla faccia dato con la mano a rovescio, nel movimento che si fa subito prima di farla diventare pugno. Lei si toccò la guancia e cacciò le lacrime giù in gola.

«Va' su, t'ho detto!» ripeté alla Solidea, che era rimasta lì da prima perché non voleva lasciare la zia da sola con quei due figuri. Si scolarono un fiasco intero poi tolsero il disturbo. Mentre uscivano, il più giovane ruttò fragorosamente e Leporati gli arrivò con un altro scappellotto. Rideva. Rideva in un modo sgangherato che faceva paura.

«Guarda là, la baracca. Andiamo a vedere come stanno le streghe.»

Dopo aver incontrato Umberto, quel pomeriggio la Liuba aveva bighellonato ancora nelle campagne della Motta ed era giunta al capanno che era già buio fatto, affamata. Aveva subito notato due presenze maschili che bussavano rumorosamente alla porta sottile. Le era parso strano, non era abituata a vedere uomini diversi dallo zio Zenone nei paraggi della casa. Ora meno che mai. «Si vede che non c'è nessuno» aveva detto in modo da farsi sentire. I due si erano girati verso di lei, di scatto: «E tu chi saresti?» la aveva apostrofata il più vecchio, ormai stempiato. Non aveva voglia di rispondere, ma il tono perentorio le aveva indotto precisa solerzia.

«Sono la Liuba.»

«E tua madre, dov'è? La *stariouna*...» La stregona.

«Non lo so, son tornata adesso adesso.»

«E perché quella papera ti sta incollata ai calcagni?» aveva insistito quello dal collo taurino, scatenando l'ilarità succube del più giovane.

All'improvviso la Liuba aveva temuto che quei due individui potessero far del male a Seme. Sembravano dei prepotenti: «Ce l'ho da quando era piccola» aveva risposto titubante.

Un lampo di cattiveria aveva attraversato gli occhi di Laerte: «Prendigliela! Prendi la papera che stasera ce la facciamo arrosto!».

La Liuba aveva indietreggiato con il terrore nello sguardo raccogliendo Seme da terra. Il fascistello si era avventato sulla Liuba per strapparle Seme dalle braccia. Lei aveva starnazzato spaventatissima e agitava le ali al punto che anche per la bimba era stato impossibile sostenerla. Era rovinata a terra nel tentativo di fuggire verso il canneto. Il più giovane la aveva agguantata ma l'animale strepitava così forte che non gli era riuscito di trattenerlo. Sgraziata dal terrore, l'anatra era rotolata verso l'argine nel miraggio di un riparo. In un attimo Leporati aveva estratto la rivoltella dalla tasca posteriore dei pantaloni e aveva fatto esplodere un colpo secco verso la testa dell'animale. Seme era stramazzata al suolo. La Liuba aveva spalancato la bocca per urlare, ma non era riuscita a emettere nessun suono.

A poche decine di metri l'Armida stava rientrando al capanno, con una sensazione di turgore nelle ossa. Nuova, o forse solo dimenticata. Da secoli. Veniva dalla golena, dai Saldini, dove si era incontrata con Umberto. Procedeva come distaccata dal gesto meccanico del camminare e compresa nell'inusitata dolcezza che da qualche ora la abitava, con addosso il tepore di un corpo che sta amando e l'odore di un'altra pelle a confondersi col suo. Pelle che ripara. Ma lo sparo che proveniva dal capanno la scosse violentemente e l'Armida cominciò a correre senza pensare a nulla. Il cervello un punto nudo, compresso in fondo alla scatola cranica. Arrivata a casa, illuminata dalla luna, scorse sua figlia inginocchiata su una pozza di sangue denso, al centro del quale riconobbe solo il corpo di Seme, perché della testa non era rimasto più nulla, se non qualche frammento grigiastro e degli ossicini bianchi, quasi trasparenti. La Liuba aveva gli occhi sbarrati e il volto terreo.

«L'hai ammazzata, Laerte! Sarà poi buona da mangiare? Mi sembra secca...» parlando a vanvera, il fascista più giovane cercava di riempire il disagio in cui il gesto inconsulto del compare lo aveva fatto piombare.

In un lampo l'Armida capì cosa doveva essere accaduto e corse verso la Liuba. Si abbassò verso di lei scrollandola per le spalle, ma la bambina era in stato catatonico. Percepì la presenza della madre e si accasciò al suolo. L'Armida le si sedette accanto e prese ad accarezzarle il viso, piccolo dentro le sue mani, ancora morbide del contatto col corpo di Umberto. Le lacrime scendevano sul volto della donna.

Leporati era visibilmente alterato. Sempre meno controllava i suoi eccessi e non vedeva l'Armida da molto tempo. Scoppiò in una risata smodata e, allontanandosi da madre e figlia come se non potesse reggere quella sacra intimità che si stava creando attorno al cadavere dell'anatra, cominciò a urlare: «*Gni a vedær al casòt dal stariòuni! Guærda só!* È qui che si nascondono le streghe puttane a preparare i loro filtri indemoniati! *Gni a vedær tùt*!» sbraitava. Venite a vedere il casotto delle stregone! Venite tutti!

Il camerata lo fissava sbigottito, provando a ridere anche lui, ma gli riusciva soltanto di abbozzare una smorfia ebete.

In quell'istante giunse la Zaira, che verso sera era stata chiamata a Disvetro da un contadino con una vacca azzoppata. Sentendo quelle grida gracchianti provenire dal capanno, aveva accelerato il passo più che poteva. Subito fu attratta dalla cava origine di quello strepito e fu allora che intravide il volto allucinato di Laerte Leporati, ma si accorse immediatamente che il fascista era una comparsa superflua in un momento intatto e la sua attenzione si spostò sulla figlia e sulla nipote, con Seme a terra. La Liuba era ancora coricata con gli occhi chiusi, l'Armida continuava ad accarezzarla con lo sguardo fisso in un punto indefinito davanti a sé, senza più lacrime. La Zaira, vedendo Seme morta, fece una smorfia di dolore e si piegò sulla nipote, poggiandole una mano sulla fronte. La mantenne per un tempo breve e dilatato. Si sollevò per collocarsi dietro la figlia e prese a lisciarle lieve i capelli folti, poi, con mani abili, li separò in tre ciocche molto spesse, partendo dalla parte alta della testa, e cominciò a intrecciarle. Dalle sue labbra sortì una voce sottile e profonda a cantare un'antica litania che non ricordava di conoscere. Dopo qualche secondo l'Armida intonò un bordone lungo e scuro, che interrompeva solo per prendere fiato, a piccoli sorsi rapidi. La Liuba rimase muta, pietrificata nella doppia conchiglia delle sue ave. Loro tre, unite in un unico soffio. Coriacea trama di nervi, tessuti e sangue.

Intanto i due fascisti si erano allontanati alla chetichella. Leporati correva nell'affanno del suo grasso corpo invecchiato anzitempo, ma l'odore acre dello stramonio fece in tempo a raggiungerlo. Anche se non era stagione, si diffuse nell'aria e lo prese alle budella, così violento da obbligarlo a fermarsi per vomitare. Non riuscì però a espellerlo del tutto, come se il puzzo indelebile della pianta gli si fosse incollato alle nari avvelenandogli l'anima per sempre.

13
Come saranno le mani

Nella notte del 24 febbraio alla Concordia, i partigiani della seconda zona sferrarono un attacco decisivo contro la caserma della Brigata nera Pappalardo, insediata nella scuola locale. Ebbero il sostegno in forze dei carpigiani mentre nella fase preliminare di reperimento armi fu decisivo il sostegno di Nonantola. La direzione operativa dell'impresa venne affidata a Umberto Bisi detto «Omar», vicecomandante della Brigata Gap Walter Tabacchi.

La nebbia si tagliava col coltello e questo agevolò l'agglutinarsi dei circa trecento uomini intorno al bersaglio, ma le operazioni cominciarono con un'ora di ritardo sui tempi fissati, quando vennero scagliate due bombe contro le mitragliatrici collocate sulla terrazza della palestra. Da quel momento sulla caserma esplose un inferno di armi automatiche, fucili e granate, che si scatenarono per mezz'ora buona. I fascisti, riparati nei sotterranei, rifiutavano di arrendersi, continuando a fare fuoco all'altezza delle gambe. Nonostante l'effetto sorpresa e la precisione millimetrica del *panzerfaust*, l'assalto si stava facendo tanto problematico che si decise di evitare l'irruzione. I fascisti ebbero morti e lesionati, i partigiani soltanto un ferito lieve. Gli obiettivi politici furono considerati pienamente raggiunti: l'attacco alla caserma Pappalardo dimostrò che i partigiani della pianura, tutt'altro che sparuti e dispersi, erano una forza articolata capace di agire compatta.

Al risveglio però, la popolazione cominciò a prendere coscienza dell'accaduto; le autorità nazifasciste proclamarono lo stato d'assedio e diedero il via alla più efferata delle repressioni: bruciarono sei case lungo la provinciale Concordia-Novi e, il 25 febbraio, davanti al cimitero della Concordia, fucilarono tre ragazzi.

Durante il combattimento era stato arrestato un fascista che chiamavano «il Questurino». Lo condussero alla Fossa presso la Cà Bianca, punto nodale del movimento clandestino. Qui l'uomo venne interrogato e tenuto sotto stretta sorveglianza, ma si convenne di concedergli una certa fiducia perché aveva ribadito più volte la propria volontà di collaborare. In quei giorni giunse alla base anche l'Umbertina Smerieri, che ormai svolgeva regolarmente operazioni da ufficiale di collegamento. Non vedeva suo figlio Almo da mesi. Si era dovuta rassegnare a vivere in clandestinità per proteggere i suoi familiari e lo aveva lasciato alle cure della nonna. La mancanza del figlio, l'Umbertina la avvertiva nei dettagli – le piccole mani che le avevano fatto ghirigori sul seno nell'abbandono ipnotico con cui i neonati suggono il latte, l'inatteso sboccio dei suoi gorgoglii ridanciani –, ma con sua madre lo sapeva protetto. Si percepiva dentro una forza inspiegabile, un fuoco di persuasione. E sentiva di appartenere a un movimento di guarigione. Voleva per suo figlio un mondo di cose sane.

Non poteva più tornare indietro. Sfiorare la morte le faceva assaporare la vita che, dopo aver partorito Almo, si sapeva capace di dare.

Il Questurino la vide alla Cà Bianca e si fissò nella retina degli occhi l'immagine di questa giovane donna in sella alla bici, coi capelli raccolti in un fazzoletto azzurro legato sotto al mento che lasciava sfuggire qualche ciocca color castano chiaro. Quando riuscì a fuggire, il Questurino fece i nomi di tutti i partigiani che aveva visto alla base. E non dimenticò quello dell'Umbertina Smerieri.

Anche l'Anita si era avvicinata ai partigiani di San Possidonio e, per tutti quei mesi, aveva continuato a fare la spola nella pianura. Nel movimento tutti la chiamavano «Bianca». Pelle lattea che il sol respinge, sapeva pedalare velocissima ed era brava anche a fingere l'aria svagata di chi non ha niente d'importante da fare. Quando incontrava i birocci carichi di fieno da vendere che si dirigevano alla pesa, vedeva che di posto in strada non ce n'era più e allora scendeva dalla bici e si portava sul ciglio del fosso. Ma lo faceva a malincuore perché, rallentando, i pensieri le arrivavano addosso tutti insieme e allora non li imbrogliava più.

La sera del 20 marzo, durante un rastrellamento in un rifugio della zona, venne arrestata. La minacciarono e la picchiarono per estorcerle una confessione, ma la sua mente si era fissata su un unico gesto che le aveva fatto nel cortile del rifugio uno dei compagni: ferito per le raffiche alle gambe, coi fascisti che continuavano a percuoterlo col calcio dei mitra, l'aveva guardata e si era portato un dito perpendicolare alla bocca, come a dirle di continuare a tacere. Nello sfinimento e nella sofferenza, intorno a quel gesto la Bianca annullava tutto, scolorando ciò che restava al di fuori di quel dito che ammoniva. Mentre la denudavano per tagliuzzarla intorno ai seni e cospargerle le ferite di sale si concentrava su quel dito e la sua bocca restava cucita. Non articolava più nessun pensiero, ma nemmeno suoni. Alla sera la buttarono in un sottoscala buio. A tastoni raggiunse la paglia dove si coricò accanto ad altre donne. Al mattino dai finestrini entrava un barlume di luce, così riuscì a scorgere accovacciato a terra un corpo di donna che pareva uno straccio gettato sul pavimento. Si fece forza per vedere se respirava. Non riusciva ad alzarsi ma strisciò verso di lei: la donna aveva le cosce e il petto insanguinati e il volto coperto di lividi. Gli occhi sbarrati la facevano sembrare un cadavere, ma la Bianca identificò nella carcassa del busto un lieve soprassalto ritmato. La donna respirava ancora.

Era l'Umbertina Smerieri.

Non poteva muoversi. Le compagne la aiutarono a sdraiarsi sulla paglia. Nella cella c'erano anche Armandina Salata, Adriana Gelmini e Ludmilla Strain. Ma l'Umbertina vedeva solo ombre. Rimase immobile con gli occhi sbarrati sul soffitto e le mani strette a pugno. Come se dentro quelle mani potesse ancora stringere quelle di suo figlio Almo. La portarono via di nuovo e di nuovo le fecero quello che già le avevano fatto. Tornò macerata nel volto, le cosce insanguinate. Non aveva parlato. Anche le altre donne vennero minacciate e picchiate ma nessuna aprì bocca. Loro però vennero rilasciate mentre l'Umbertina fu considerata troppo compromessa col movimento e quindi venne trattenuta. Nei giorni successivi fu ancora brutalizzata: «Non devi parlare, non devi parlare». Continuava a ripeterselo.

Alle undici di quella mattina la Bianca fu liberata in mezzo ai campi. Appena toccò terra, scesa dal camion dolorante e ammaccata, si allontanò zoppicando. Provò a correre ma cadde a terra. Restò a gattoni con la testa che le barcollava fra le braccia. Raschiò sul fondo della sua volontà annichilita e si spinse in piedi. Vide l'argine di Secchia ed ebbe il barlume di un riparo. Le gambe non la sostenevano, ripiombò sulle braccia. Procedendo carponi riuscì a inerpicarsi su per l'argine. Lì si gettò sotto un cespuglio, rannicchiata come un feto. E si addormentò.

La Liuba intanto aveva cominciato a uscire di notte. Sgattaiolava fuori senza farsi sentire e vagava per le campagne priva di una meta precisa emettendo un lamento sommesso che si confondeva coi versi delle civette e degli allocchi. Saliva sull'argine e lo percorreva in lungo e in largo provando a chiamare Seme, ma di nuovo, com'era stato fino ai quattro anni, il suo apparato fonatorio non riusciva ad articolare suoni sensati. Una nenia gutturale si spargeva nei campi raggelati di brina, mentre la bambina scendeva nella golena dei Saldini. Qui, spossata da un pianto che non riusciva a farsi liquido, si gettava prona al suolo e cominciava ad auscultare la terra, che le mandava ansimi di fatica. Accarezzava i fili d'erba prima lenta, poi a un ritmo convulso piantava le unghie nella rena e se la portava vicino alla bocca e alle narici. Anche il suo stomaco era ridotto a uno spasimo. Odorava l'humus, addentava piccole zolle e cominciava a masticarle. Avevano un sapore ferroso, come se tutto il sangue che stavano versando dentro quella terra le avesse intrise, il sangue che ora la aggrediva senza che lei potesse infrapporre un filtro. Come se non avesse più la pelle. Allora correva verso la Busa di Bambèin, dove le era arrivata Seme e lì gridava per chiamare la signora vestita di nero, accompagnata dalla ragazza giovane. Un urlo arrabbiato, disperato e indecifrabile. Desiderava sentire di nuovo il suo richiamo salvatico: «... beertoooooo... tiiinaaaaa...».

Lo ricordava nitidamente. Ma la donna non si fece più viva e la Liuba si sentiva l'ultima persona rimasta al mondo.

Dopo l'incontro con Umberto sull'argine l'Armida dormiva sonni profondi, di uno spessore ormai dimenticato. L'istinto di chiudere fuori la realtà era così potente che la notte si faceva per lei culla buia di oblio e anche durante il giorno spesso era presa da un torpore a cui si arrendeva docile. La Zaira, di conseguenza, si sforzava di intensificare la veglia nella volontà di proteggere il loro nido che era stato di nuovo violato. Con Seme ammazzata per gioco dai fascisti, l'orrore era penetrato nell'alveo del loro capanno che lei si era adoperata per salvare a tutti i costi. Suo fratello Zenone vagava ormai per le campagne in preda a pericolosi deliri: le belle volte che qualche camerata, dopo una sbornia, lo aveva riempito di pugni e calci, tanto per farsi due risate. Di solito finiva tutto con qualche livido e le ossa peste, ma la Zaira temeva che Zenone s'imbattesse in qualcuno più invasato degli altri. I partigiani, dal canto loro, lo tenevano alla larga, temendo il bailamme che ormai gli spadroneggiava nella testa e la sua imprevedibile parlantina.

Nell'allerta diffusa, la Zaira ben presto si accorse dei notturni vagabondaggi della nipote e una sera si appostò: finse di dormire ma, non appena la bimba fece scattare guardinga il chiavistello legnoso che sbarrava l'uscita, la agguantò alle spalle e se la strinse al petto. La Liuba ebbe un balzo, tentò di gridare ma le sue corde vocali restarono immobili e dalle labbra le uscì soltanto un sordo brontolio, che si sparse fioco nell'aria fresca del capanno. Provò a divincolarsi senza troppa convinzione ma la nonna era ferma nel tirarla verso il suolo, dove prese a cullarla dopo averla avvolta in un pezzo della lunghissima coperta della Strulghina. La bimba sembrava così una buffa bomboniera, con solo il viso affilato a spuntare da quella lana fiorita d'immagini variopinte. Il dondolio e l'odore buono della lana che l'aveva raccolta fin dai primi mesi di vita la condussero in pochi minuti al sonno. La Zaira avvertì dal raddensarsi del respiro che la Liuba si era addormentata e, solo allora, abbassò anche lei le palpebre esauste.

Sognarono migliaia di formiche rosse che correvano in molteplici direzioni, senza un senso. Era una frenesia caotica che accelerò il fiato a entrambe in un unisono che riempiva l'intero casotto di un raggelante affanno. Le bestiole uscivano dalle crepe larghe della terra inaridita a disegnare sul suolo uno scarabocchio impazzito. La Liuba si svegliò ansimando perché aveva cominciato a sognare che quel flusso smodato di insetti le si arrampicava su per le cosce per entrarle dentro. La nonna la contenne nelle sue braccia che odoravano di erbe e di sudore, poi le sussurrò all'orecchio di attenderla.

Uscì fuori nella notte. Rientrò con due gemme di pioppo gonfie di resina. Alzò la gonna di panno che la Liuba aveva addosso da settimane e, infilandole le dita sotto le mutande alte, collocò le due gemme color rosso vivo dentro al suo ombelico. Le pigiò con le sue mani calde, senza schiacciarle, e ricominciò a cullare la nipote. Questa volta la Liuba fece più resistenza ma all'ostinazione la Zaira era allenata e alla fine l'ebbe vinta. La bimba crollò sulla paglia del giaciglio in un sonno vuoto, sempre avvolta nella coperta istoriata dalla Strulghina.

La vendetta più grande dopo la battaglia della Concordia arrivò col rastrellamento del 16 marzo. Oltre ai fascisti e ai tedeschi già stanziati nella Bassa, vennero impegnate forze provenienti da altre zone. Per i partigiani si faceva sempre più dura: ricercati, braccati dentro i rifugi, con poche armi e i collegamenti spezzati. Le minacce di tortura che si estendevano anche ai loro familiari li sfiancavano sempre di più. Alcuni di loro, consci delle imminenti rappresaglie, proposero addirittura lo scontro diretto. Aspettare nei rifugi stretti e umidi era talmente logorante che per qualcuno la battaglia campale, seppur in una totale disparità di mezzi, si era fatta auspicabile. Ma con forze così sproporzionate avrebbe significato per loro il suicidio collettivo.

Non si mancò tuttavia di combattere. «Sparavano fin i morti a Rovereto» avrebbe poi raccontato un superstite. Il 17 marzo la battaglia durò tutto il giorno: prima alla Cantina del Forcello, dove era appostato il Gap comandato da Renzo Ribuoli detto «Russo», con la copertura delle Sap guidate da William «Tito» Flaviani e da Bonfiglio «Guido» Vaccari. Al tramonto sul campo si contarono cinque caduti per i partigiani, tra cui il gappista di San Possidonio Savino Forti che era stato tra i più valorosi quella mattina al Ponte della Pioppa. Il 18 marzo il rastrellamento continuava: a Concordia, Mirandola, San Possidonio e Cavezzo vi furono arresti di massa in un'impennata di violenze. Solo nella frazione di San Giovanni Battista i fascisti portarono via un centinaio di uomini.

Per identificare i partigiani vennero qui utilizzati per la prima volta gli incappucciati: delatori in divisa militare, col volto celato sotto un passamontagna che lasciava liberi solo gli occhi, davanti ai quali venivano fatti sfilare i sospetti. Un cenno pattuito era il segnale di riconoscimento che si aveva davanti un partigiano o un collaboratore del movimento di liberazione. Chi veniva riconosciuto era malmenato, spedito prima a Mirandola poi a Modena per essere torturato dentro le soffitte del Palazzo Ducale, tristemente note come «Quota Pipistrello».

Quando c'erano i rastrellamenti non lo si imparava subito. Nei giorni precedenti quel 24 marzo però era girata la voce e anche alla Cà Granda se lo aspettavano da un momento all'altro, ma non si sarebbero mai immaginati di vedere arrivare così tanti soldati tutti insieme, schierati su entrambi i lati dell'argine, sia dalla parte della Motta che dalla parte di Rovereto. Erano centinaia, e circondarono le case. Gli abitanti non ebbero tempo né modo di avvisare i partigiani nascosti nei rifugi per dirgli di stare dentro.

La camera dove dormivano Giovanni Battista e la Mitilda era spaziosa, per quello c'erano dentro anche i letti di Pìpi, di Moris e della Rosina. Alla parete, di contro al fienile, stava appoggiato un comò, dietro cui i ragazzi avevano tagliato un pezzo di muro e, con del fieno, avevano creato le pareti di un rifugio. La prima volta i tedeschi vennero che era giorno. Assatanati di rabbia, salirono fin su nelle camere a scaravoltare tutto, ma non scoprirono l'entrata.

Tornarono quella sera stessa per rubare i salami che avevano adocchiato nel pomeriggio appesi lungo la scala, dove faceva più fresco. I bambini erano già a letto perché li facevano coricare sul presto, al buio per non farsi individuare da Pippo. Alla Solidea però piaceva leggere raggomitolata sotto le coperte alla luce traballante di un lumierino. Se ne stava immersa nella sua favola con Embro rannicchiato contro di lei, quando, tutto in un momento, riconobbe lo schiocco tipico delle pile dei tedeschi, uno schiocco sinistro accompagnato da una sottile vibrazione. Dopo pochi secondi, i militi fecero irruzione nella stanza e obbligarono i bimbi a scendere giù in cucina. Tutti, anche quelli più piccoli che dormivano in piccoli loculi ricavati nel solaio. Poi ammucchiarono gli abitanti della Cà Granda in un angolo e si portarono via tutti i salami.

Egidio intanto era acquattato a casa sua e si buttò nel fienile, nell'angolo dove c'era la colonna portante e il fieno non andava a massiccio, incastrandosi perfettamente nell'angolo. Entrarono i nazifascisti e col forcone cominciarono a punzonare la paglia. Piantavano giù l'attrezzo come degli ossessi, erano furenti. Lo sfiorarono soltanto. Picchiarono i suoi genitori per fargli dire dove si era nascosto, così forte che suo padre sentì gli sfinteri sul punto di allentarsi.

Pìpi invece era in golena, nei Saldini. Tratteneva il fiato come se da fuori anche un respiro più spesso degli altri potesse essere percepito. Con le mani sfiorava la rivoltella che teneva infilata davanti, sulla pancia, bagnandola del suo sudore. Come se volesse accarezzarla. Aveva dovuto ritrovare in fretta la confidenza col suo ferro gelido, ma durante alcune settimane, per la prima volta nella sua vita, quel contatto gli aveva dato un tremito di disgusto. Da quando l'11 febbraio, al crepuscolo, aveva ucciso per sbaglio il comandante partigiano Aldo e il valoroso Arrigo Storari scambiandoli per due camicie nere. Sentiva tornargli a galla l'opprimente groppo del vomito di quella sera maledetta, fomentato ora dalla scarsità di ossigeno.

Ma con la Cà Granda non avevano finito. Tornarono la mattina del 25 e intimarono alla Solidea di portargli un bidoncino di latte: «Se prendiamo i partigiani, ci date anche la colazione» disse uno ridacchiando. La Rosina gli rispose che di partigiani lì non ne avevano nessuno. Poco dopo giunsero altri camerati, quello che parlò era italiano: «Ne abbiamo catturati cinque sotto l'argine».

E aveva l'aria di un enorme gatto sazio, col ventre gonfio. Senza vergogna.

In golena, a qualche centinaio di metri da dove si era incontrato con l'Armida, si trovava anche Umberto. Quel riparo lo aveva scavato lui stesso, insieme a Clelio Marchesi. Era un rifugio d'emergenza che avevano coperto con delle stanghe e dei pali di legno, perché non si vedesse. I due erano rimasti in casa dalla vedova Reami fino a mezzanotte e poi avevano deciso di andare nel rifugio. Non sapevano nulla del rastrellamento in corso. Con loro c'era anche lo studente Renato Andreotti, sfollato da Modena coi suoi genitori, e due ragazzi più grandi, che si nascondevano per il timore di essere richiamati nell'esercito. I due nuovi faticavano a adattarsi a una sistemazione tanto scomoda, col soffitto troppo basso e poca circolazione d'ossigeno. Si sentivano soffocare ed erano voluti uscire per tirare una boccata d'aria. Umberto, Clelio e Renato li avevano accompagnati fuori. Furono avvistati dai fascisti arroccati sul campanile di Rovereto, dall'altra parte del fiume. I tedeschi spararono dall'argine.

Il rifugio fu circondato alle sette di mattina del 25 marzo. Li catturarono rapidamente. Umberto aveva la pistola, Clelio il caricatore. Quando i fascisti diedero l'alt, i due ragazzi cercarono di nasconderli nella sabbia dei Saldini, ma fu inutile. Furono portati nell'Ufficio politico investigativo. Uno dei fascisti che li aveva presi era stato a militare con Renato e fu particolarmente crudele con lui durante le torture: voleva fargli pagare di non essersi arruolato nella brigata nera. Seguì una rapida riunione nella scuola di Rovereto in cui Renato Sacchetti di Arezzo, fascista di lunga data riparato a Modena dopo la liberazione della Toscana, votò con i suoi camerati germanici la condanna a morte per i quattro partigiani: Umberto, Clelio, Renato e Odino Artioli, arrestato in quelle stesse ore nei pressi di Rovereto. I due ragazzi che condividevano con Umberto e gli altri il rifugio nei Saldini della Motta invece, vennero rilasciati, perché dissero di essere appena andati lì al momento dell'arresto.

Umberto, Clelio, Renato e Odino vennero fucilati al tramonto da un plotone d'esecuzione formato da fascisti e volontari dell'Accademia di Modena.

Li ritrovarono con le mani ancora legate dietro la schiena.

Fu la Pina ad andare a riconoscere il fratello. Alla mamma però non lo avrebbe detto lei. Non poteva. Si appoggiò al muretto della corte su cui s'affacciava casa loro e lasciò uscire le lacrime che aveva fin lì trattenuto. Piangeva in silenzio.

La Nadina rientrò pallidissima, con le occhiaie grigie e gli occhi rimpiccioliti in fondo alle orbite. Guardò la vedova Reami seduta davanti alla tavola vuota, lo sguardo fisso, incurvata come a schiacciare il cuore e renderlo sordo, il fazzoletto stretto sulla testa. Poi guardò sua figlia Solidea che era corsa lì appena aveva potuto, in piedi accanto alla nonna, vicina ma non abbastanza da sfiorarla.

«Mamma, non li hanno torturati, però li hanno uccisi» mentì.

Sua madre emise solo un singulto sincopato.

Intanto i fascisti andavano ritirandosi dalla Concordia e quel 25 marzo dovettero lasciare la villa dove l'Umbertina Smerieri era stata rinchiusa e seviziata, per spostarsi verso Verona. La giovane venne caricata su un camion, nella furiosa concitazione del tracollo. Era piena di lividi e di ferite, a ogni scossone dell'automezzo sentiva dei forti conati, negli occhi le abitava ormai una muta follia: «Non parlare, non parlare». Stava davvero mormorando quelle parole?

Erano già entrati nella Bassa Mantovana quando, nei pressi di Revere, il camion frenò all'improvviso. L'Umbertina avvertì in sordina delle voci allarmate poi un silenzio la cui durata non seppe quantificare. La spinsero giù dal camion e le spararono addosso una raffica di mitra.

Il suo corpo rotolò verso Po.

Fu quella notte che il richiamo tornò e la Liuba non ci si poté sottrarre.

Sgattaiolò di nuovo fuori dal capanno, nell'oscurità, e si diresse istintivamente verso il punto da cui arrivava più forte l'odore dell'argilla, la *lissa*, guidata dalla voce remota e familiare:

«... beertooooo... tiinaaa...».

L'odore intenso della primavera che faticava a sbocciare erano mani che la accarezzavano, l'aria era fatta di corpi, corpi fra i quali lei ballava, finalmente dimentica di tutto, ma che poi la afferravano, viscidi di fango, per stritolarla. Ondulava, e i vapori della palude le davano un senso di nausea e di vertigine. Sentiva il sudore farsi gocce, la faccia fresca che improvvisamente avvizziva, rendendola decrepita. Rabbrividiva. Il buio la accoglieva col suo calore profumato e i suoi umori mefitici. Non esisteva chiarezza. Non ce n'era mai stata, ma nel suo piccolo mondo imperfetto lei aveva camminato fiduciosa, nella pienezza dell'abbandono ai cicli dei fiori e degli uccelli. Ora si sentiva sopraffatta. Nella notte odorosa di erba matura riecheggiavano i richiami di civette che si facevano il verso nella distanza. D'un tratto sentì un liquido caldo colarle lungo le gambe. Istintivamente lo toccò e quando si guardò le mani vide che erano insanguinate. Un usignolo trillava nell'oscurità alternando ululati lugubri e leggeri a cinguettii di una luminosa acutezza.

L'Armida non capiva che Umberto era morto. La notizia era arrivata al capanno direttamente dalla Cà Granda. La sera del 25 marzo era venuto Giovanni Battista in persona a portarla. Sembrava invecchiato tutto in un colpo. Vedendone il volto buio, la Zaira lo aveva fatto sedere e gli aveva offerto una tisana di biancospino. L'uomo ne aveva sorbito un sorso e poi aveva cominciato a parlare nel loro dialetto finalese: l'aveva presa larga, raccontando dei salami rubati durante il rastrellamento, dei figli acquattati, delle armi insabbiate nei Saldini. Solo dopo diversi minuti di concitata narrazione, in un fiato, come una coda spenzolante appiccicata nell'ansia di finire, aveva sussurrato che Umberto Reami era stato fucilato.

D'istinto la Zaira si girò verso il letto dove stava coricata sua figlia, alternando momenti di veglia in cui fissava il soffitto basso del casotto a lunghi sonni distanti. Pregò che stesse dormendo. L'Armida invece scattò in piedi e li raggiunse al tavolo. Prese una scodella e ci versò dentro il decotto che la madre aveva lasciato a bollire sul fuoco. Se lo portò lentamente alle labbra, suggendolo a piccole gocce per non scottarsi. Ringraziò Giovanni al posto della madre e poi lo spinse leggermente verso l'uscio. Il vecchio era talmente stupefatto da quell'ardire che non reagì se non acconsentendo. Si accomiatò e uscì negli odori delicati della primavera incipiente, che proseguiva ignara il suo corso.

La Zaira non si preoccupò della malcreanza usata dalla figlia con l'ospite perché era tutta concentrata a osservarla, pronta a vederla crollare. Ma l'Armida tornò al suo giaciglio portandosi le mani sul ventre e ripiombò addormentata. La Zaira decise che non si sarebbe mossa dal suo capezzale.

Dopo qualche ora, invece, la mandarono a chiamare da Disvetro per un lattante col *simiòt* fattosi così scheletrico che sembrava ormai in fin di vita. Di malavoglia la guaritrice uscì di casa, lasciando figlia e nipote nella parvenza di un sonno profondo.

Quando sentì la Liuba uscire, l'Armida fece violenza su se stessa e la seguì mantenendosi a discreta distanza. Certa che l'oggetto avrebbe potuto aiutare la figlia a guarire, il giorno precedente aveva deciso di cercare la boccetta di rugiada che le aveva regalato Giulio la notte del concepimento, e la portò con sé.

Rabbrividì vedendo che la Liuba si dirigeva verso la Busa di Bambèin; temeva gli effetti della luna, che sarebbe stata piena di lì a tre giorni. Ma anche lei si sentiva misteriosamente attratta dalla pozza. Avvertiva la medesima trepidazione che aveva provato la sera che era andata a incontrare Umberto nella golena. Giunte alla risorgiva a poche decine di metri di distanza, il lamento della donna scura si fece improvvisamente più nitido ed entrambe la udirono chiaramente pronunciare i due nomi: Umberto e Umbertina. Gemelli nella morte. Ora, 25 marzo del 1945, come in quel tempo lontano che aveva generato il nome di quel luogo, raggiante di vita eppur sinistro. La Buca dei Bambini.

L'Armida si sentì raggelare e solo allora realizzò che di nuovo il suo amore le era stato strappato via. Che non ci sarebbero più state le sue mani appena ritrovate, a farle caldo. Né la sua voce ruvida, di parole pacate. Cominciò a singhiozzare mentre nella palude le gote dei rospi si gonfiavano ritmicamente. La Liuba ne sentiva uno annaspare, malato. Si fermò ad aspettarlo e lo prese in mano. Lo avrebbe portato con sé. Entrò nell'acqua senza più indugi e procedette verso il centro della risorgiva. Desiderava rivedere quella donna dalla voce disperata.

Quando si accorse che la figlia voleva lasciarsi andare nel fontanile, l'Armida si riscosse e cominciò a correre. Riuscì a raggiungerla, la afferrò alle spalle e cominciò a scuoterla. La ragazzina si prese paura e il rospo le scivolò di mano. Si girò di scatto e il suo viso era una maschera di odio scorato. L'Armida annaspò con le mani nella mota dove l'anfibio stava precipitando in equoreo volo, rallentato dalla vischiosità notturna delle acque. La sua sottoveste sottile sfiorava la superficie; cacciò le mani dentro, spalancate e in attesa. Dopo meno di un minuto sentì la pelle rugosa del rospo strisciarle contro il piede sinistro. Lo prese su e gli fece calotta con le mani, sollevandolo al di sopra della superficie del laghetto. La campagna intorno era piatta e scura, non si potevano indovinare nemmeno i filari di pere in lontananza.

Chiusero entrambe gli occhi, ascoltando il loro respiro e quello sottile del rospo confluire nell'unisono. Rimasero così un tempo che nessuno contò, un tempo di acqua e luce lunare a scorrervi dentro. Dopo di che, l'Armida si portò sicura le mani a conca davanti alla faccia e spalancò gli occhi sugli occhi del rospo, lenti e vigili. Lo rilasciò nell'alveo. Rinato. Prese le mani della figlia e vide che erano insanguinate, le strinse più forte e le sorrise, portandosele sul ventre. La vestina che portava si tinse di rosso.

Il lamento della donna bruna continuava perentorio, ma sfocato, come se si stesse allontanando. Il ventre dell'Armida era calmo. La Liuba si nutriva in quel contatto e, nel giorno del suo decimo compleanno, tornava lentamente alla vita. Si ricordò delle gemme che la nonna le aveva infilato nell'ombelico, le estrasse e le schiacciò mescolando il loro rosso vivo al rosso acqueo del suo primo fiore. Poi l'Armida estrasse dalla grande tasca della sottoveste la boccetta di rugiada che le aveva regalato Giulio e la diede da bere alla figlia:

«Questa te la manda tuo padre».

La Liuba si illuminò fulgida allora, perché quelle due parole in bocca a sua mamma non le aveva udite mai. «Tuo padre.» L'Armida raccolse del fango sulla riva e prese a impastarlo con le mani macchiate del sangue nuovo della figlia. La creta andava assumendo un colore rosaceo. La Liuba ipnotizzata dai gesti della madre continuava a far ondeggiare sulla lingua l'antica rugiada, che non voleva deglutire. Dopo pochi minuti l'Armida posò sulla riva una prima bambola. La Liuba allora la imitò e cominciò a modellare anche lei l'argilla, strisciandosi prima le mani lungo le gambe poi su fino alla vulva. Fece la sua bambola, uguale a se stessa, e la depose accanto alla seconda che intanto la madre aveva plasmato.

L'Armida parlò di nuovo, come a riempire il silenzio perentorio che la figlia si ostinava a opporre al mondo: «Nonna Zaira, mamma Armida e la Liuba. Poi prese un altro pugnetto di terra e modellò con grande abilità una bambolina minuscola che collocò accanto a quella della Liuba».

«Noi però siamo solo tre» fece notare la ragazzina nel mugugno roco del protratto silenzio.

«È segno che qualcuna arriverà.»

Fonti e moventi

C'è qui un ricongiungimento che è un cucire.

Lembi di storie ascoltate da quando ero piccola, cucite con ricerche, studi e letture capaci di riconnettermi con epoche che, perdendo a poco a poco i loro ultimi testimoni, vanno facendosi più remote, ma finalmente raccontabili. Perché il principio di indeterminazione, che è sotteso a ogni narrazione, particolarmente fertile si rivela per la silenziosa storia delle antenate, specie di quelle appartenenti alle classi subalterne: un rimosso accadere millenario, che sa trovare nei vuoti e nei silenzi di un poco innocente oblio l'occasione di ricostituirsi attraverso la bugia virtuosa della finzione letteraria. Così anche le persone della mia famiglia, che a un certo punto ho sentito il desiderio di raccontare, assumono vita propria rispetto a ciò che furono nella realtà. Ma l'immersione recettiva in un tempo che non ho vissuto me le ha restituite in una pienezza inedita che mi ha reso consapevole del fatto che sono ormai calata in una temporalità diversa: circolare o, forse più propriamente, spiraliforme. Come se mi fossi sintonizzata di nuovo su un antico ritmo, ritrovato nelle pratiche condivise con altre donne che rappresentano l'orizzonte di senso in cui colloco il mio agire e quindi anche la mia scrittura.

Dentro tutto questo, ho continuato ad attingere a classiche e meno classiche fonti libresche nonché a una preziosa e ormai diffusa sitografia, che citerò in parte qui di seguito.

Per la ricostruzione del contesto locale della Bassa Modenese fra i fiumi Secchia e Panaro, ho utilizzato *Cavezzo in immagini*, curata dal fotografo Arrigo Barbieri; i saggi di Maurizio Pellegrini sui fatti fisici, le strutture e gli spazi della vita in *Per una storia di Cavezzo*; le videointerviste agli anziani cavezzesi fatte nel 2007 da Tito Dotti per la Libera Università dell'Autobiografia di Anghiari; *Il Bosco della Saliceta*, di Duilio Frigieri; *Sogni di gloria. Avvenimenti e personaggi del velodromo di Cavezzo* e *Racconti del Novecento*, di Giancarlo Benatti; *La vita contadina che io conosco*, di Tonino Pozzetti; *Hitler e la strega: 3 maggio 1938*, di Luca Marchesi e Fabio Montella e *I ricord ad na putina*, nella pagina Facebook di Leda Roncati.

La trascrizione della parlata dialettale ha conosciuto varie fasi, fra le quali mi sono mossa con una certa ariosità, supportata dal fatto che non esiste una grafia ufficiale unanimemente riconosciuta. Alla fine ho scelto di trascrivere a orecchio, indicando le vocali toniche con il loro timbro attraverso gli accenti acuti o gravi, e aggiungendo, dove necessaria a rendere l'idea di un tipico cantilenare, l'informazione sulla durata attraverso la segnalazione della lunga, alla maniera del latino, secondo la lezione di Sergio Erio Baldelli (Kennedy) enunciata in *Àl pòunt éd Sàcia. Il ponte del Secchia.*

Per approfondire la vita dei transumanti che, fino ai primi anni Ottanta del Novecento, scendevano dall'Appennino in pianura per trascorrervi l'inverno, ho consultato *Figlia di transumanti*, di Loretta Borri e, nel sito Confidenze, *Vita di pastori (I nomadi degli Appennini)*, di Maria Teresa Ugolini.

Per rievocare la Resistenza nella Bassa, con un occhio particolare sulle partigiane, ho letto e riletto *L'Agnese va a morire*, di Renata Viganò; di fondamentale importanza per le vicende minute è stato invece *Lotta di liberazione nella Bassa Modenese*, di Franco Canova, Oreste Gelmini e Amilcare Mattioli; poi, in ordine sparso, *La pianura e il conflitto*, di Domenico Bruno, Enrico Cavalieri e Luca Pastore; *Donne della Resistenza. Testimonianze di staffette partigiane della Pianura bolognese*, a cura del Comitato Antifascista «Il Casone del Partigiano»; *«Marisa» Umbertina Smerieri staffetta partigiana*, nella pagina dell'Anpi di Mirandola; *Come si diventa partigiani comunisti. Vita esemplare di Erminia Mattarelli*, testimonianza raccolta da Michela Di Mieri e pubblicata sul sito di Carmilla; *Donne e Resistenza in Emilia-Romagna*, di Aa.Vv.; *Rosso bolognese*, di Amedea Zanarini; *La Resistenza delle Donne*, di Benedetta Tobagi; *Un racconto sottovoce*, di Zelinda Resca (Lulù); l'articolo di Igor Cipollina, *La verità sull'Arrigona*, pubblicato sulla «Gazzetta di Mantova». Ho poi guardato i documentari *La donna nella Resistenza*, di Liliana Cavani; *La mia bandiera. La Resistenza al femminile*, di Giuliano Bugani e Salvo Lucchese; *Bandite! Storie di donne della Resistenza italiana*, di Alessia Proietti e Giuditta Pellegrini; *La liberazione raccontata dai partigiani modenesi. Ibes Pioli*, a cura del Comune di Modena; l'intervista a Anita Malavasi (Laila) nel sito European Resistance Archive. E ho consultato spesso i siti dell'*Atlante delle Stragi Naziste e Fasciste in Italia*, di *Partigiani d'Italia* e di *Memorie in cammino*.

Per le storie in risaia, ho letto *Mondine*, di Renata Viganò; le *Considerazioni di una mondina* di Ada Palavanchi (carte private); *Il canto delle donne antiche. Con garbo e sentimento*, di Placida Staro; ma soprattutto ho conosciuto delle mondine e le ho sentite cantare nei cori di Bentivoglio, Novi di Carpi e Porporana, che oggi continuano a diffondere i loro canti nelle voci delle discendenti.

Per i racconti al Pioppeto degli Zingari, ho utilizzato *Storie e fiabe degli zingari*, a cura di Diane Tong nella traduzione di Andrea Di Gregorio. Per rappresentare il mondo e le vicende dei rom e dei sinti all'epoca del romanzo, ho poi consultato *La cucina del viaggio. Motivi, significati e tradizioni della gastronomia rom*, di Angelo Arlati; *Figli del ghetto. Gli italiani, i campi nomadi e l'invenzione degli «zingari»*, di Nando Sigona; *Strada, patria sinta*, di Gnugo De Bar; i saggi brevi di *Un campo di concentramento per «zingari» italiani a Prignano sulla Secchia*, di Paola Trevisan, *Gli zingari nell'Italia fascista*, di Giovanna Boursier e *Rom e sinti perseguitati nell'Italia fascista* di Rosa Corbelletto; molto utili mi sono stati la raccolta *I figli del vento*, a cura del Cd/Lei di Bologna, e il sito *U Velto*, a cura dell'associazione Sucar Drom e dell'Istituto di cultura sinta.

La presenza delle erbarie mi lavorava dentro da parecchio tempo. Persistente sussurro. Mi hanno aiutata a dare loro tratti veritieri, oltre a qualche incontro straordinario, anche alcune opere: *I guaritori di campagna*, di Paola Giovetti; *Rimedi e superstizioni nella medicina popolare*, di Giuseppe Di Genova; *il Sangue, il Pane e le Rose. Come le mestruazioni hanno creato il mondo*, di Judy Grahn nella traduzione di Sandra Capri e Luisa Vicinelli; *Italian Magic – Secret Lives of Women*, di Karyn Crisis; *Madame Gerbelle. Storia di un dono*, di AA.VV.

Uno spazio a parte meriterebbero le fonti musicali: gli ascolti e le cantate che ormai da tanti anni mi faccio da sola e con altre persone permeano la mia scrittura e sarebbe ingiusto non citarle. Cercherò però di focalizzarmi solo sullo spazio geoemotivo di questo romanzo, ricordando l'ampio repertorio dei canti in risaia e dei canti di lotta, unito alle dondine dei pastori, alle ninnenanne e ai canti rituali raccolti da etnomusicologi come Alan Lomax, Roberto Leydi e Stefano Cammelli.

Due voci, su tutte: Giovanna Daffini e Maria Grillini. A raccontarci le contadine, le pastore, le risaiole, le erbarie. Le donne antiche che ci portiamo dentro.

In questo ricongiungimento che è un cucire ho così descritto anche un mio ritorno a casa. Alle radici della mia storia familiare integrata in una genealogia più vasta, a cui non sapevo dare nomi e volti precisi ma che da sempre ho sentito agitarsi nella mia irrequietezza. Come un richiamo.

Ringraziamenti

A Violeta Parra,
per il dono

Ci sono due donne a cui in primo luogo va la mia gratitudine e si chiamano Solidea e Annalita. Solidea Cavalieri è mia zia. Tutto questo è partito dai suoi racconti d'infanzia registrati e trascritti fra un piatto di tortellini in brodo e il bollito, nel suo tinello alle porte del parco Enzo Ferrari a Modena, quattro anni fa.

Annalita Bellei è la mia amica lettrice. Davanti al suo camino scoppiettante, sull'Appennino dalle parti di Serramazzoni (ma noi le diciamo Serra Amazzoni), a più riprese mi ha letto le pagine del romanzo, fin dalla prima versione, infondendomi la sensazione che le mie erbarie stavano prendendo vita davvero. È lei che mi ha portato il nome di Armida, sua nonna.

Le storie della zia le ho intrecciate con quelle di mio papà, Giovanni, che da piccola me le raccontava al posto delle favole. È con lui che la Motta ha preso dentro di me lo spazio di un luogo epico, ma vicino nell'amore. Altre vicende o le stesse che ognuno raccontava a modo suo, le ho imparate dallo zio Embro e dalla nonna Nadina, dalla loro voce finché erano al mondo e poi grazie a mio fratello Enrico, che di storia orale se ne intende e mi ha passato delle registrazioni preziose. Lungo la stesura, non per caso, mi è capitato di conoscere mio cugino Simone Cavalieri, nipote di Gino e appassionato raccoglitore di storie familiari, soprattutto dell'epoca della Resistenza, che gli scorre nelle vene come se fosse oggi (e per qualcuno, per fortuna, quella capriola di vita è ancora un oggi). A lui devo certi documenti, certi articoli e certe lettere che mi hanno fatto sistemare dei tasselli. Desidero poi ringraziare Elena Castellari, per le erbe spiegate nelle passeggiate lungo l'argine di Panaro e per le mani che guariscono. La fiducia nell'inspiegabile che ci riallinea con la consapevolezza di un'unione perduta, ho imparato a coltivarla anche insieme a Angela, Camilla, Giulia, Isadora, Marcella, Stefania, Sandra, Valentina e Beatrice. E naturalmente con Sofie. Per la sorellanza, vorrei fare qui i nomi di tutte le donne che amo, che sanno commuovermi e farmi ridere. Ma sono tante, sono fortunata, e ne potrò citare solo alcune. A loro va la mia gratitudine profonda, perché ogni giorno insufflate calore nel mio stare nel mondo.

A Valentina Timpani, per lo spirito antico. A Valerie Donati, per profondità e superficie. A Giuditta Pellegrini, per il «realismo magico nella Bassa». Alle Agrimanto – Chelu Deiana, Alessia Di Eugenio e Antonella Lanotte – per le musiche che sanno di terra. Ad Anna Maria Civico, per lo schiudersi di un cammino verso la voce radicale di ognuna. A Lucrecia Velasco, per la vicinanza discreta. A Valentina Pigmei, per lo sguardo esperto e l'affetto. A mia cugina Natascia Cavalieri, per certe parole sulla nonna. A Giulia Gadaleta, che mi ha parlato di LetteraFutura. A Caterina Dellacasa e alle bibliotecarie di Cavezzo, per la disponibilità e l'apertura. A Morena Gavioli, che mi ha inviato le *Considerazioni di una mondina*, di Ada Palavanchi. E poi a Giancarlo Sissa, per la cura nelle parole. A Luigi Pellacani detto Nardo, per la testimonianza diretta della Resistenza in via Gavioli a Cavezzo. A Giampaolo Pierotti, per il nome di Faléstra. A Jeff, Alessandro Rotta, che dopo il terremoto del 2012 subito mi scrisse per sapere della Motta e che questo romanzo aspettava di leggerlo. Ad Almo Smerieri, per la telefonata e le corone sui cippi partigiani. A Vladimiro Cantaluppi, per certe canzoni. A Giovanni Tufano e a Carla Signorini Ricci, che fra i primi hanno letto. Alla Baca Mira, erbaria in terra slava, e a tutto il rione Michetti.

All'amore che è arrivato un 31 gennaio, nel giorno di San Geminiano patrono di Modena, che un tempo ci trovavamo a festeggiare con tutta la famiglia allargata fino agli zii della Motta. E allora è stato più facile riconoscerlo, Filippo Cammelli: prossimità di gesti, sagoma e postura. Un'altra parentela.

E c'è, alla fine e all'inizio di tutto, un grazie che troppo poco spesso pronuncio: per la mia mamma, Carla Ballandi.

Indice

Questo libro è stampato fabbricato da Grafica Veneta S.p.A.
con un processo di stampa e rilegatura certificato 100% carbon neutral
in accordo con PAS 2060 BSI standard

Finito di stampare nel mese di marzo 2024
per conto di RCS MediaGroup S.p.A.
da Grafica Veneta S.p.A., Via Malcanton 2, Trebaseleghe (PD)
Printed in Italy